2014

GUANGDONGSHENG QUYUJINGJI FAZHAN BAOGAO

广东省区域经济发展报告

2014

广东省发展和改革委员会 编

暨南大學出版社
JINAN UNIVERSITY PRESS

中国·广州

图书在版编目（CIP）数据

广东省区域经济发展报告（2014）/广东省发展和改革委员会编．—广州：暨南大学出版社，2015.12

ISBN 978-7-5668-1685-6

Ⅰ.①广…　Ⅱ.①广…　Ⅲ.①区域经济发展—研究报告—广东省—2014　Ⅳ.①F127.65

中国版本图书馆CIP数据核字（2015）第287424号

出版发行：暨南大学出版社

地　址：中国广州暨南大学
电　话：总编室（8620）85221601
　　　　营销部（8620）85225284　85228291　85228292（邮购）
传　真：（8620）85221583（办公室）　85223774（营销部）
邮　编：510630
网　址：http：//www.jnupress.com　http：//press.jnu.edu.cn

排　版：广州市天河星辰文化发展部照排中心
印　刷：深圳市新联美术印刷有限公司

开　本：787mm×1092mm　1/16
印　张：15.5
字　数：246千
版　次：2015年12月第1版
印　次：2015年12月第1次

定　价：45.00元

前言

为全面系统地反映广东省的区域发展情况，促进区域协调发展，为各级党委、政府决策作参考，根据省领导的指示，广东省发展改革委从2008年开始，每年组织编写出版年度《广东省区域经济发展报告》，至今已出版六期。

为保持延续性，便于分析对比，《广东省区域经济发展报告（2014）》沿用了上一期的篇章结构，分综合篇、区域篇、专项篇三个篇章和附录，以翔实的资料，全面反映了2014年广东推进区域经济发展的情况。综合篇介绍了2014年广东经济社会发展总体情况、区域发展的主要成效和主要工作，并对广东在全国发展中的地位及与沿海发达省（市）的比较进行了分析；区域篇介绍了珠三角、粤东、粤西、粤北四大区域的发展情况，并对21个地级以上市及顺德区的区域发展和合作特点、县域经济发展情况、重大区域发展平台规划建设等进行了重点阐述；专项篇详细介绍了区域发展十项主要工作情况。本书的附录收录了2014年出台的《国家发展改革委关于印发赣闽粤原中央苏区振兴发展规划的通知》《国家发展改革委关于印发珠江—西江经济带发展规划的通知》等两份文件和“2014年广东区域经济发展大事记”。

本书在编写过程中，得到了广东省经济和信息化委、省财政厅、省商务厅、省统计局、省海洋渔业局、省港澳办、省台办、省扶贫办等省直部门和各地级以上市发展改革局（委）的大力支持，在此表示衷心的感谢！由于水平有限，如有错漏之处，敬请批评指正。

编　者

2015 年 10 月

目录

Contents

区域篇

专项篇

附 录

综合篇

一、经济社会发展概要

2014年，广东省坚持稳中求进的工作总基调，全面落实稳增长、促改革、调结构、惠民生、防风险各项措施，经济运行总体平稳。全省地区生产总值67 809.85亿元，比上年增长7.8%；① 人均地区生产总值63 469元，首次突破1万美元，增长7.1%；地方公共财政预算收入8 065.08亿元，增长13.9%；居民消费价格上涨2.3%；全省年末常住人口10 724万人；城镇化率68%。

（一）产业发展

产业结构持续优化。三次产业结构为4.7∶46.3∶49.0。现代服务业增加值占服务业比重达58.4%，以战略性新兴产业为主的高技术制造业增加值占规模以上工业比重达25.1%，先进制造业增加值占规模以上工业比重达47.6%。推动珠江西岸先进装备制造产业带建设，首批总投资331亿元的13个项目开工建设。汽车、轨道交通、航空等装备制造业发展壮大。北斗卫星导航应用示范工程等战略性新兴产业重大项目顺利推进。工业机器人、3D打印等的制造和应用取得新进展。研究与试验发展经费支出占生产总值比重达2.4%，区域创新能力稳居全国第二位，每百万人口发明专利申请量699件，有效发明专利在全国率先突破10万件。出台支持大型骨干企业发展的若干政策措施，年主营业务收入超百亿元、千亿元的企业分别达201家、20家。

① 本书主要数据来源：《广东统计年鉴2015》。所述的“增长”，除特别标明外，均指“比上年增长”。

（二）对外经贸

进出口总体平稳。克服国际市场低迷和高基数异常因素影响，全年实现进出口总额10 765.84亿美元，降幅由一季度的－23.1%收窄到－1.4%。其中出口6 460.87亿美元，增长1.5%；进口4 304.97亿美元，下降5.5%。贸易结构优化，一般贸易占进出口总额比重提高到38.6%。加工贸易“委托设计＋自主品牌”方式出口占出口总额比重达66.2%。修订鼓励进口技术和产品目录，认定10家省重点培育进口商品交易中心。大力培育外贸综合服务企业，跨境电子商务快速发展，交易量占全国近七成。“引进来”和“走出去”步伐加快，实际利用外资268.7亿美元，增长7.7%；境外投资新增协议投资额124.9亿美元，增长138.2%。

（三）基础设施

全年完成固定资产投资25 928.09亿元，增长15.9%。其中服务业投资、民间投资分别增长15.9%、20.3%，占比分别达66.1%、58.1%。省重点项目完成投资5 392亿元，为年度计划投资的119.8%。全省高速公路通车总里程达6 280公里，跃居全国首位，实现全省联网收费“一张网”。韶赣、贵广、南广等铁路建成运营，新增铁路运营里程545公里、总里程超过4 000公里。乐广高速、阳江核电1号机组等72个项目建成投产。深茂铁路江门至茂名段等138个项目开工建设。启动西江、北江航道扩能升级工程。新增电源装机容量500万千瓦。加大信息基础设施建设力度，实施“光网城市”工程，新增光纤入户357万户，无线局域网热点覆盖进一步扩大。通信基础设施产业联盟成立。中国移动南方基地、中国电信亚太信息引擎、中国联通国家数据中心和一批云计算数据中心相继建成。

（四）区域发展

珠三角地区转型升级步伐加快。推进广州南沙、深圳前海、珠海横琴等重大转型升级平台建设，出台实施智慧城市群建设和信息化建设、科技创新等五个一体化规划。珠三角地区现代服务业增加值占服务业比重、先进制造业增加值占规模以上工业比重分别提高至61.8%、53.1%。珠三角地区工业技改投资超过1 000亿元、增长34.2%，主营业务收入超千亿元企业达19家。粤东西北地区振兴发展成效明显，主要经济指标增速继续高于全省和珠三角地区。交通基础设施建设取得重要进展，新增3条高速公路出省通道和连山、南澳两县通高速。产业园区加快扩能增效，40个省产业园新建成项目275个、在建项目979个、新签约项目590个，规模以上工业增加值占当地工业比重提高到16%。实施一批地级市中心城区扩容提质项目，新区规划建设有序推进。设立121亿元粤东西北振兴发展股权基金。全面对口帮扶工作扎实推进，帮扶资金达43亿元，引进产业项目990个。13个县（市、区）纳入国家原中央苏区振兴发展政策扶持范围。区域合作取得新进展。联合港澳成功举办第十届泛珠论坛暨经贸洽谈会。珠江—西江经济带发展规划获国家批准，粤桂合作特别试验区、广佛肇（怀集）经济合作区建设加快。新型城镇化稳步推进。出台实施促进新型城镇化发展的意见，编制全省新型城镇化规划和珠三角全域规划纲要。广州、东莞、惠州、深圳光明新区纳入国家新型城镇化综合试点。

（五）资源环境

节能减排不断强化。完成电机能效改造370万千瓦，新增649.5万千瓦，现役燃煤火电机组完成降氮脱硝改造，淘汰燃煤小锅炉1 962台、“黄标车”和老旧车68.4万辆。全年单位生产总值能耗下降3.56%，化学需氧量、二氧化硫、氨氮、氮氧化物排放量分别下降3.65%、4.17%、3.79%、6.82%。

污染治理力度加大。新增污水日处理能力89万吨，全省所有地级以上市集中式饮用水源地水质达标率100%。完成近4 000个空气污染治理项目，珠三角PM2.5、PM10年均浓度分别下降10.6%、11.4%。生态建设有效推进。全面推进新一轮绿化广东大行动，新建生态景观林带2 750公里，森林覆盖率达58.69%。新增社区体育公园207个，新建绿道约2 000公里。开展美丽海湾建设试点。

（六）体制机制

行政体制改革步伐加快。基本完成省市县政府机构改革、事业单位分类改革，积极推进工商、质监行政管理体制调整。新取消和下放省级行政审批事项69项，抓好国家下放事项的接、管、放。制定并公布省市县三级行政审批事项通用目录，公开46个省直单位694项行政审批事项清单，公布首批11个省直政府部门权责清单，开展省市县纵向权责清单试点，行政审批标准化试点任务顺利完成。加快推进省网上办事大厅建设，省直部门80%以上行政审批事项和70%以上社会服务事项实现网上办理，珠三角所有镇街开通网上办事站。全面铺开商事制度改革，新登记企业及其注册资本分别增长41.4%和121.2%。深化社会组织管理体制改革，基层社会管理体制改革试点稳步推进。政府购买服务制度以及向社会转移职能的标准体系进一步完善。探索率先基本建立现代财政制度，深入开展预算管理、转移支付制度、专项资金管理、政府公共资源公平配置等改革。珠三角金融改革创新综合试验区建设进展顺利，农信社改革重组、村镇银行培育发展等取得新成绩。深化投资体制改革，探索建立企业投资项目清单管理制度。价格改革扎实推进。省级公共资源交易平台建设加快。加强对全省国资国企改革的顶层设计，有序发展混合所有制经济，开展国资与民资对接活动。启动省属国企负责人薪酬制度改革。珠三角和山区县农村综合改革扎实有效，农村土地确权登记颁证试点稳步开展，农村集体产权制度改革有序推进。

（七）社会民生

全省民生类支出6 177.11亿元，增长11.2%，占地方一般公共预算支出的67.6%，同比提高0.5个百分点。全省拨付十件民生实事资金1 940.98亿元，完成年度预算的112.4%。城镇新增就业159.6万人，完成年度任务的133.0%。年末城镇登记失业率为2.4%，控制在预期目标内。城镇、农村常住居民人均可支配收入分别为32 148元、12 246元，分别增长8.8%、10.6%。城镇企业职工基本养老保险、失业保险、医疗保险、工伤保险、生育保险参保人数分别达4 809万人、2 840万人、9 804万人、3 093万人、2 801万人，均完成预期目标。新开工建设保障性住房6.6万套、棚户区改造4.1万户，基本建成保障性安居工程10.9万套，超额完成国家下达任务。

表1 广东省2014年宏观经济主要指标表

	2013年		2014年	
	绝对数	比上年增长(%)	绝对数	比上年增长(%)
一、广东省生产总值（亿元）	62 163.97	8.5	67 809.85	7.8
第一产业	3 047.51	2.5	3 166.82	3.2
第二产业	29 427.49	7.7	31 419.75	7.9
第三产业	29 688.97	9.9	33 223.28	8.0
二、人均地区生产总值（元）	58 540	7.8	63 469	7.1
三、固定资产投资（亿元）	22 828.65	18.2	25 928.09	15.9
四、社会消费品零售总额（亿元）	25 453.93	12.2	28 471.15	11.9
五、外贸进出口总额（亿美元）	10 918.22	11.0	10 765.84	-1.4
出口总额	6 363.64	10.9	6 460.87	1.5
进口总额	4 554.58	11.1	4 304.97	-5.5
六、实际利用外商直接投资（亿美元）	249.52	6.0	268.71	7.7

（续上表）

	2013 年		2014 年	
	绝对数	比上年增长(%)	绝对数	比上年增长(%)
七、城镇常住居民人均可支配收入(元)	29 537	9.5	32 148.00	8.8
农村常住居民人均可支配收入(元)	11 068	10.7	12 246.00	10.6
八、居民消费价格指数（%）	102.5	2.5	102.3	2.3
九、地方公共财政预算收入(亿元)	7 081.47	13.7	8 065.08	13.9
地方公共财政预算支出（亿元）	8 411.00	13.8	9 152.64	8.8
十、金融机构信贷收支（亿元）				
中资金融机构人民币存款余额	111 881.34	14.8	118 907.82	6.3
中资金融机构人民币贷款余额	66 888.77	14.3	76 096.24	13.8

二、区域经济发展综述

2014 年，广东积极推进珠三角地区“九年大跨越”，加快粤东西北地区振兴发展，珠三角转型升级加快，区域发展协调性进一步增强。

（一）四大区域发展分析

广东全省划分为珠江三角洲、粤东、粤西、粤北四个区域。珠江三角洲地区包括广州、深圳、珠海、佛山、江门、东莞、中山、惠州、肇庆 9 市；粤东地区包括汕头、潮州、揭阳、汕尾 4 市；粤西地区包括湛江、茂名、阳江 3 市；粤北地区包括韶关、河源、梅州、清远、云浮 5 市。2014 年，全省年末常住人口 10 724 万人，其中珠三角占 53.8%，粤东、粤西、粤北分别占 16.1%、14.7%、15.4%。珠三角城镇化率最高，达 84.1%，比上年提高了

0.1 个百分点；粤东、粤西、粤北分别为59.5%、41.0%、46.4%，分别比上年提高0.1、0.5、0.4 个百分点。从业人口继续流向珠三角，珠三角年末从业人员占全省的62.2%（比上年提高了0.3 个百分点），比常住人口占比提高8.5 个百分点；粤东、粤西、粤北年末从业人员占全省的比重分别为12.3%、12.1%、13.4%，低于常住人口占比。

表2 2014 年广东省四大区域基本情况

	面积及占全省比重		年末常住人口及占全省比重		城镇化率
	面积（万平方公里）	占比（%）	人口（万人）	占比（%）	（%）
全省	17.97	–	10 724.00	–	68.0
珠三角	5.48	30.5	5 763.38	53.8	84.1
粤东	1.55	8.6	1 728.61	16.1	59.5
粤西	3.26	18.2	1 576.09	14.7	41.0
粤北	7.68	42.7	1 655.91	15.4	46.4

1. 粤东西北地区经济继续保持快速增长。2014 年，粤东、粤西、粤北生产总值分别为 5 064.17 亿元、5 776.57 亿元、4 630.02 亿元，分别增长9.2%、10.0%、8.9%，均高于全省平均增长率和珠三角增长率。珠三角地区生产总值 57 650.02 亿元，增长 7.8%，占全省总量的 78.9%。粤东、粤西、粤北人均生产总值明显增加，分别为 29 393 元、36 770 元、28 047 元，分别增长 8.5%、9.3%、8.2%，也高于全省平均增长率和珠三角增长率。珠三角人均生产总值超10 万元，达100 448 元，增长7.0%。四大区域人均生产总值最高与最低之比是3.58：1，低于上年的3.64：1，差距在缩小。

表 3　2014 年广东省四大区域地区生产总值情况

	地区生产总值			人均地区生产总值		
	绝对数（亿元）	增长（%）	占全省比重（%）	绝对数（元）	增长（%）	位次
全省	67 809. 85	7. 8	–	63 469	7. 1	–
珠三角	57 650. 02	7. 8	78. 9	100 448	7. 0	1
粤东	5 064. 17	9. 2	6. 9	29 393	8. 5	3
粤西	5 776. 57	10. 0	7. 9	36 770	9. 3	2
粤北	4 630. 02	8. 9	6. 3	28 047	8. 2	4

注：地区生产总值在计算分区域占全省比重时，分母为 21 个市相加的合计数。

2. 产业结构升级步伐加快。2014 年，广东三次产业结构为 4. 7 ∶ 46. 3 ∶ 49. 0，第三产业比重比上年提高 1. 2 个百分点。四大区域第三产业比重均比上年有所提高，珠三角、粤东、粤西、粤北分别提高 0. 4、1. 0、1. 9、0. 8 个百分点。粤东西北加快推进工业化，第二产业仍是拉动经济增长的动力，其增速分别比第三产业高 0. 4、6. 6、4. 3 个百分点。粤东、粤西、粤北规模以上工业增加值分别为 2 196. 51 亿元、1 902. 15 亿元、1 506. 75 亿元，分别增长 13. 2%、15. 2%、14. 4%，增幅比珠三角分别高 4. 8、6. 8、6. 0 个百分点。全省先进制造业增加值达 13 419. 81 亿元，占规模以上工业增加值比重达 47. 6%。其中珠三角先进制造业比重达到 52. 2%，比上年提高 0. 2 个百分点；粤东西北占比最高的是粤西，达 46. 2%，最低是粤东，只有 16. 4%。全省高技术制造业增加值 7083. 66 亿元，占规模以上工业增加值比重 25. 1%。其中珠三角高技术制造业增加值占规模以上工业增加值达 29. 6%，比上年提高 0. 2 个百分点，占全省比重达 94. 5%；粤东西北占比最高的是粤北（10. 6%），比上年提高 0. 8 个百分点。

表4 2014年广东省四大区域三次产业结构和增长情况

	三次产业构成（%）			三次产业增长（%）		
	第一产业	第二产业	第三产业	第一产业	第二产业	第三产业
全省	4.7	46.3	49.0	3.2	7.9	8.0
珠三角	1.9	45.0	53.1	2.8	7.5	8.2
粤东	8.3	55.3	36.4	3.9	9.8	9.4
粤西	17.1	42.1	40.9	3.4	14.5	7.9
粤北	15.5	41.7	42.8	4.0	11.7	7.4

表5 2014年四大区域现代产业情况

	先进制造业增加值（亿元）	占规模以上工业增加值比重（%）	高技术制造业增加值（亿元）	占规模以上工业增加值比重（%）
全省	13 419.81	47.6	7 083.66	25.1
珠三角	11 786.03	52.2	6 695.68	29.6
粤东	360.29	16.4	186.90	8.5
粤西	879.37	46.2	41.79	2.2
粤北	394.13	26.2	159.28	10.6

3. 粤东西北地区三大需求增速均快于珠三角地区。2014年全省完成固定资产投资25 928.09亿元，增长15.9%，其中粤东西北地区增长均超过20%，均高于珠三角和全省平均水平。全省社会消费品零售总额28 471.15亿元，增长11.9%，粤东、粤西、粤北分别增长12.7%、12.6%、12.7%，均快于珠三角的10.9%。全省完成出口6 460.87亿美元，增长1.5%，粤东、粤西、粤北分别增长6.4%、13.0%、16.4%，珠三角出口大幅回落，仅增长1.1%，比上年减少了9.7个百分点。全省实际利用外商直接投资268.71亿美元，增长7.7%，其中粤东增长最快，为10.7%，粤西仅增长2.8%。

表6 2014 年广东省四大区域三大需求情况

	固定资产投资（亿元）	增长（%）	社会消费品零售总额（亿元）	增长（%）	出口（亿美元）	增长（%）	实际利用外商直接投资（亿美元）	增长（%）
全省	25 928.09	15.9	28 471.15	11.9	6 460.87	1.5	268.71	7.7
珠三角	17 542.28	14.6	20 655.78	10.9	6 137.68	1.1	248.61	7.8
粤东	2 910.51	25.1	2 781.03	12.7	167.29	6.4	6.89	10.7
粤西	2 533.33	23.3	2 787.90	12.6	62.38	13.0	4.23	2.8
粤北	2 941.98	26.7	2 246.43	12.7	93.52	16.4	8.98	4.9

4. 财政金融稳定增长。2014 年，全省地方公共财政预算收入 8 065.08 亿元，增长 13.9%，其中珠三角地区增速为 15.1%，比上年提高了 2 个百分点；粤东西北地区增速均低于上年，分别比上年低 7.7、6.1、1.0 个百分点。全省年末中外资金融机构本外币存款余额 12.79 万亿元，增长 6.8%，其中珠三角达 11.08 万亿元，占 86.6%，增长 6.3%；粤东西北地区存款增速均快于珠三角，分别增长 8.4%、12.1%、11.9%。全省中外资金融机构本外币贷款增长 12.2%，其中粤西增速最快，增长 18.0%，粤东、粤北分别增长 14.8% 和 15.4%，均高于全省平均水平和珠三角水平。

表7 2014 年广东省四大区域财政金融情况

	地方公共财政预算收入（亿元）	增长（%）	中外资金融机构本外币存款（亿元）	增长（%）	中外资金融机构本外币贷款（亿元）	增长（%）
全省	8 065.08	13.9	127 881.47	6.8	84 921.79	12.2
珠三角	5 375.37	15.1	110 800.56	6.3	76 017.12	11.8
粤东	288.15	9.1	5 924.42	8.4	2 573.24	14.8
粤西	277.76	11.1	5 113.37	12.1	2 839.04	18.0
粤北	383.27	16.7	6 043.11	11.9	3 492.40	15.4

5. 公共服务水平稳步提高。2014 年，全省医院达到 1 291 间，其中珠三角有 788 间，粤东、粤西、粤北分别有 118、173、181 间，分别比上年增加 17、9、9 和 3 间。各区域文化设施比较均衡，与上年比基本保持稳定。社会保障工作稳步推进。2014 年，全省城镇职工基本养老、失业、基本医疗、工伤、生育保险参保人数分别增长 15.0%、5.0%、6.8%、1.2%、3.3%。在四大区域中，基本养老保险粤北增长最快，达 23.1%；失业保险珠三角增长最快，达 5.6%；医疗保险粤北增长最快，达 36.9%；工伤保险粤西增长最快，达 4.8%。

表 8　2014 年广东省四大区域社会文化建设情况

	医院（间）	文化馆（间）	公共图书馆（间）	博物馆（含美术馆）（间）	档案馆（间）	公共汽车（辆）
全省	1 291	147	138	192	218	55 086
珠三角	788	57	57	111	97	48 692
粤东	118	24	23	21	27	1 958
粤西	173	23	17	16	29	1 840
粤北	181	42	40	41	50	2 596

注：除医院、公共汽车数外，各区域不包括省直单位部分。

表 9　2014 年广东省四大区域社会保险参保人数

	城镇职工基本养老保险（万人）	失业保险（万人）	医疗保险（万人）	工伤保险（万人）	生育保险（万人）
全省	4 809.47	2 840.18	9 804.18	3 092.59	2 801.28
珠三角	3 623.51	2 483.26	4 737.60	2 640.62	2 420.77
粤东	349.81	139.56	1 658.84	139.60	129.57
粤西	247.13	83.42	1 623.62	94.47	83.04
粤北	379.92	133.95	1 784.12	156.45	118.26

注：各区域不包括省直单位部分。

（二）区域发展主要工作

1. 推进珠三角地区“九年大跨越”。突出抓好项目建设、技术改造、重大平台、骨干企业和科技创新“五大抓手”，产业核心竞争力、自主创新能力显著增强。产业结构调整取得新进展，推进70个省级现代服务业集聚区建设，现代服务业增加值占服务业比重达61.8%。重点领域改革先行先试，珠三角工商登记制度改革率先全面铺开，工商登记前置审批由121项大幅压减至13项。省网上办事大厅连通珠三角全部街镇。区域创新能力连续七年居全国第二位。顺利完成五个一体化规划实施中期评估，编制实施信息化和智慧城市群建设、科技创新、生态安全、物流和旅游等新的五个一体化规划。中国（广东）自由贸易试验区正式获批。73个建制镇全部建成污水处理设施。率先开展珠三角空气质量预报。

2. 继续深入实施促进粤东西北地区振兴发展战略。全力推进交通基础设施建设、产业园区扩能增效、中心城区扩容提质“三大抓手”和对口帮扶各项工作。粤东西北地区三次产业结构为14.2：46.9：38.9，第二、三产业占比分别提高0.3、0.2个百分点。实现规模以上工业增加值5 824亿元，增长14.2%，其中先进制造业增加值1 659亿元，占比达29.1%。新建成通车高速公路450公里，新增3条高速公路出省通道，韶赣、贵广、南广铁路建成通车。加快编制12个新区专项规划，扎实推进开发建设；省设立121亿元粤东西北振兴发展股权基金。对口帮扶工作加快推进。党政联席会议、对口帮扶指挥部、合作共建产业园区投资开发公司等多层次帮扶机制全面建立。8个合作共建产业园投资开发公司全部投入运作，注册资金总额达74.9亿元，其中帮扶市出资51.6亿元。各指挥部引进亿元以上产业项目568个，计划总投资约4 625亿元，其中已开工项目239个、已投产项目81个。社会民生和生态环境持续改善。建成教育强市3个、教育强县35个，覆盖率分别达25%、42%。县级公立医院改革实现100%覆盖，全面实施大病保险制度和疾病应急救助制度。完成四大重点生态工程建设任务，完成大气污染治理项目1 843项，

12 市环境空气质量达标率为 88.4%。

3. 推进重大区域发展平台建设。推进国家有关政策的落实，加快深圳前海、珠海横琴、广州南沙等国家级区域发展平台建设。广州南沙新签项目投资总额超 4 500 亿元，累计引进总部企业 30 家，颁布实施全国首个新区条例《广州市南沙新区条例》。深圳前海产业累计入驻企业超 2 万家，其中金融企业约占 60%，在全国率先破冰开展跨境人民币贷款业务，全国首家互联网民营银行前海微众银行开业。珠海横琴率先实现分线管理并正式封关运作，新增注册企业 2 459 家，注册资本 1 547 亿元，企业总计达 7 363 家。推进粤东西北新区规划建设，开展新区基础设施、产业发展、生态保护、低碳发展等专项规划编制工作。积极争取将汕头华侨经济文化合作试验区上升为国家战略。2014 年 9 月，国务院下发《关于支持汕头经济特区建设华侨经济文化合作试验区有关政策的批复》（国函〔2014〕123 号）。编制深汕特别合作区发展总体规划，规划经省政府常务会议审议通过。推动粤东西北振兴发展股权基金设立和投资。2014 年 2 月，省政府常务会议审议通过《广东（人保）粤东西北振兴发展股权基金设立方案》。截至 2014 年年底，13 个市基金投资决策已全部完成，基金已按照 13 市项目进度资金需求，投资放款 58.37 亿元。

4. 有序推进海洋经济综合试验区建设。开展广东海洋经济综合试验区建设专项督查。2014 年 9 月，广东省顺利通过国家发展改革委组织的全国海洋经济发展试点阶段性评估。加强海洋经济区域合作，粤港澳、粤闽、粤桂琼三大海洋经济合作圈建设已纳入广东省与周边地区合作协议。统筹开发利用海岸带（含海岛地区）、近海海域和深海海域三大海洋保护开发带取得积极进展。海洋经济综合实力继续保持全国领先，2014 年全省海洋生产总值达 1.35 万亿元，增长 13.8%，占全省地区生产总值的 19.9%，占全国海洋生产总值的 21%，稳居全国首位。

5. 推进产业园区扩能增效。落实扶持政策，2014 年共安排园区专项扶持资金近 70 亿元，安排园区专项用地指标约 1.5 万亩。推进合作共建，珠三角地区落实对口帮扶责任，建立完善园区合作共建机制，基本实现机制、人员、资金、项目“四到位”。截至 2014 年年底，全省 40 个省产业园新建、续建工业项目合计完成固定资产投资1 242.29亿元；规模以上工业增加值1 449.96亿元，增长20.3%；实现全口径税收226.7亿元，增长28.5%。其中，粤东西北地区34个省产业园规模以上工业增加值1 122.43亿元，占粤东西北地区规模以上工业增加值比重由2013年的17.3%提高到19.1%。

6. 积极推进泛珠三角区域合作。落实第九届泛珠大会期间合作各方签署的省（区）间合作协议及备忘录，推动基础设施、产业、市场环境、社会事务等领域的合作取得新进展。全力办好第十届泛珠大会，“9+2”各方共达成合作项目780个，总金额5 493亿元，涵盖产业升级、工业投资、基础设施、园区开发、商贸物流等诸多领域。充分借助泛珠平台，推动省际合作交流。会同广西方面推动《珠江—西江经济带发展规划》获国务院批复同意（国函〔2014〕87号），《粤桂合作特别试验区总体发展规划（2013—2030年）》获两省区政府批复同意。

7. 做好对口支援工作。2014年对口支援全年直接投入财政资金28.91亿元，安排和实施项目235个，其中对口支援西藏林芝4.56亿元，安排和实施项目99个；对口支援新疆喀什22.55亿元，安排和实施项目98个；对口支援四川甘孜1.8亿元，安排和实施项目38个。通过智力援助活动，促进粤藏、粤新人员交流、交往，选派当地干部人才到广东等地跟班学习，组织广东各类专家到西藏、新疆开展支医、支教活动。发挥内引外联作用，促进粤藏、粤新经贸合作交流。全年共有70多批100余家单位进藏考察指导工作，招商引资协议资金达40余亿元。举办粤新产业合作论坛，大力宣传推介喀什营商环境。组织企业参加第十届喀交会、第四届亚欧博览会和第四届兵团名优地产品展销会等，达成经贸合作项目16个，合计9.1亿元。

（三）2015年区域发展主要思路

1. 加快珠三角地区转型升级。全面落实创新驱动发展战略，大力培育发展创新主体，加快区域创新体系和创新载体建设，全力创建珠三角国家自主创新示范区。推进产业升级，打好工业转型升级三年攻坚战，推动新一轮技术改造，推进骨干企业培育。建设珠江西岸先进装备制造业产业带和珠江东岸电子信息产业带建设。推进重大项目、重大平台和现代服务业集聚区建设。积极推进国家改革试点，深化投融资体制改革，加快建设珠三角金融改革创新综合试验区。推进自贸试验区各项政策措施落地和开发建设。加快建设信息化先导区，努力建设珠三角宽带城市群。实施“互联网+”行动计划，培育发展信息化新业态。落实生态安全体系一体化规划，推动珠三角建成全国首个森林城市群。深入推进珠三角一体化，出台珠三角轨道交通一体化方案，加快金融服务一体化，制定异地务工人员享受基本公共服务办法，实现珠三角通信资费一体化，基本实现物流节点布局和基础设施一体化。

2. 推动粤东西北地区振兴发展。推进交通基础设施建设，确保济广高速平远至兴宁段等6条计划通车高速公路如期建成，实现全省“县县通高速”；加快推进深茂铁路江门至茂名段等5个干线铁路项目建设；加快中委炼油、中科炼化、陆丰核电等重大龙头项目建设，确保湛江钢铁基地1号高炉2015年建成投产。扎实推进对口帮扶工作，完善对口帮扶工作机制，加强县级对口帮扶，推动珠三角与粤东西北地区专业镇开展全面对接合作。全力办好各项民生实事，加快财政资金拨付进度，做好底线民生保障等工作。加快保障性住房建设、棚户区改造特别是农村危房改造。

3. 推进重大区域发展平台建设。继续推进落实国家对深圳前海、珠海横琴、广州南沙的支持政策。力促中新（广州）知识城上升为国家战略，打造知识产权枢纽和知识密集型产业集聚高地。加快编制粤东西北中心城区扩容提质建设规划，重点推进新区、起步区建设，粤东西北振兴发展股权基金2015年年底基本完成投资放款，加快实现新区起步区控制性详细规划全覆盖，各地新增的医院、学校、文化、教育等公共服务项目优先向新区布局。

4. 促进产业园区扩能增效。推动各地依托国家审核公告的开发区申报认定省产业转移工业园，基本实现粤东西北地区有条件发展工业或有项目引进的市县都有产业转移园区或产业集聚地。鼓励和指导粤东西北地区有条件的新区规划产业转移园区或产业集聚地，推动园城互促发展。提升园区土地集约节约水平，加强闲置土地处置，加大对违法用地的监督检查和处理力度。

加快完善污水处理厂和管网，提高园区环保水平。

5. 继续支持原中央苏区及革命老区发展。积极推动广东省原中央苏区用好用足“西部政策”。在基础设施、公共服务、民生项目、生态补助等方面会同原中央苏区所在市谋划建设一批重点项目，争取将其纳入中央预算内投资，获得国家更多的扶持。向国家争取将广东省贫困革命老区纳入国家支持范围。

三、区域经济发展比较

2014 年，广东省紧紧围绕“三个定位、两个率先”的总目标，坚持稳中求进的工作总基调，主动适应经济发展新常态，积极有效应对困难挑战，扎实推进稳增长、促改革、调结构、惠民生、防风险各项工作，经济社会发展取得新的成绩。

（一）广东在全国区域发展中的地位

经济实力进一步增强。2014 年全省实现地区生产总值 67 809.85 亿元，增长 7.8%，占全国 10.7%，经济总量从 1989 年起连续 26 年居全国第一。广东人均地区生产总值达到 63 469 元，首次突破 1 万美元。广东财政收入居全国首位，来源于广东的财政总收入达 19 080.13 亿元，占全国的 13.6%；地方一般公共预算收入 8 065.08 亿元，总量连续 24 年居全国首位。

对内对外开放进一步扩大。2014 年，广东外贸进出口总额达 10 765.84 亿美元，连续 29 年居全国首位，占全国的四分之一。截至 2014 年年底，广东实际利用外商直接投资累计达 3 507 亿美元，约占全国的四分之一。跨境电子商务快速发展，交易量占全国近七成。中国（广东）自由贸易试验区成功获批。

产业结构持续优化。2014 年，三次产业结构为 4.7∶46.3∶49.0。湛江钢铁、中海油深水海洋工程装备制造基地、惠州炼化二期扩建等项目建设加快推进，北汽增城工厂首款轿车顺利下线，先进制造业增加值占规模以上工业比重达47.6%。北斗卫星导航应用示范工程等战略性新兴产业重大项目顺利推进，高技术制造业增加值占规模以上工业比重达25.1%。金融、物流、信息服务、科技服务、文化创意等现代服务业快速发展，增加值占服务业比重提高至58.4%。

自主创新能力进一步增强。2014年广东研究与实验发展经费支出占生产总值比重达2.4%，技术自给率提高到71%，区域创新能力稳居全国第二位。每百万人口发明专利申请量699件，有效发明专利在全国率先突破10万件，PCT国际专利申请量连续13年保持全国第一，知识产权综合发展指数、保护指数和环境指数均居全国首位。

生态文明建设走在全国前列。2014年广东单位生产总值能耗下降3.56%，能耗水平居全国第二低；化学需氧量、二氧化硫、氨氮、氮氧化物排放量分别下降3.65%、4.17%、3.79%、6.82%。建设生态景观林带2 750公里，完成森林碳汇工程造林355万亩，森林覆盖率达58.69%。截至2014年年底，广东碳市场交易总额8.14亿元，占全国的58.5%。

（二）广东与山东、江苏、浙江、上海沿海四省（市）比较

1. 从总体经济看，广东经济总量继续居全国首位，但人均地区生产总值相对较少。2014年，广东经济总量继续居于全国首位，超过江苏2 721.6亿元，与上年基本相当；广东地区生产总值增速快于上海和浙江，但慢于江苏和山东。广东人均地区生产总值总量仅大于山东，落后于江苏、浙江和上海，相当于上海的65.2%；人均地区生产总值增速仅快于上海，慢于浙江、山东和江苏。从三次产业结构看，广东服务业比重较高，仅低于上海；工业比重低于山东、江苏和浙江，规模以上工业增加值相当于江苏的93%。

表 10　2014 年广东与沿海四省（市）经济发展总体比较

	地区生产总值		人均地区生产总值		三次产业结构
	绝对数(亿元)	增长（%）	绝对数（元）	增长（%）	
广东	67 809.85	7.8	63 469	7.1	4.7∶46.3∶49.0
山东	59 426.59	8.7	60 879	8.1	8.1∶48.4∶43.5
江苏	65 088.30	8.7	81 874	8.4	5.6∶47.7∶46.7
浙江	40 153.50	7.6	72 967	7.3	4.4∶47.7∶47.9
上海	23 560.94	7.0	97 343	6.0	0.5∶34.7∶64.8

2. 从三大需求看，广东投资、消费增长平稳，进出口呈负增长。2014 年，广东完成固定资产投资 25 843.06 亿元，增长 15.9%，投资增速快于江苏、山东、上海，慢于浙江，但固定资产投资总额仍仅相当于江苏的 62.2%。广东实现社会消费品零售总额 28 471.15 亿元，增长 11.9%，社会消费品零售总额总量仍居全国首位，但消费增速慢于山东、江苏。广东外贸进出口总额达 10 765.84 亿美元，下降 1.4%，其中出口增长 1.5%，进出口、出口总额居全国首位，但增速慢于其他沿海省市。

表 11　2014 年广东与沿海四省（市）三大需求比较

	固定资产投资		社会消费品零售总额		进出口总额		出口总额	
	绝对数（亿元）	增长（%）	绝对数（亿元）	增长（%）	绝对数（亿美元）	增长（%）	绝对数（亿美元）	增长（%）
广东	25 843.06	15.9	28 471.15	11.9	10 765.84	-1.4	6 460.87	1.5
山东	41 599.13	15.8	25 111.50	12.6	2 771.20	4.0	1 447.50	7.9
江苏	41 552.75	15.5	23 458.10	12.4	5 637.62	2.4	3 418.69	4.0
浙江	23 554.76	16.6	17 835.31	11.7	3 551.50	5.8	2 733.54	9.9
上海	6 012.97	6.5	9 303.50	8.7	4 664.10	5.7	2 101.60	2.9

3. 从生产要素看，广东自主创新能力较强，能源利用水平较高。2014 年，广东 PCT 国际专利受理量占全国一半以上，发明专利授权量为 2.23 万件，居全国第二位，低于北京，高于其他沿海发达省市。广东拥有的国家企业技术中心和国家工程技术研究中心数量居全国首位，区域创新能力连续 6

年居全国第二，位居江苏之后。2014 年广东研发经费支出占地区生产总值比重为 2.40%，高于全国、浙江和山东，但低于江苏和上海。广东能源利用水平在沿海发达省市中最高，2014 年广东单位生产总值能耗为 0.490 吨标准煤/万元，为全国第二低。

表 12　2014 年广东与沿海四省（市）生产要素主要指标比较

	发明专利授权量（万件）	研发经费支出占地区生产总值比重（%）	单位生产总值能耗降低（%）
广东	2.23	2.40	-3.56
山东	1.05	2.30	-5.00
江苏	1.97	2.50	-5.92
浙江	1.34	2.34	-6.11
上海	1.16	3.60	-8.71

4. 从社会发展看，广东就业形势较好，但城乡居民收入差距仍然较大。2014 年年末，广东城镇登记失业率 2.44%，低于其他发达沿海省市。2014 年广东城镇和农村常住居民人均可支配收入分别增长 8.8% 和 10.6%，城乡居民收入比为 2.63：1，城乡居民收入差距仍大于山东（2.46：1）、江苏（2.30：1）、浙江（2.09：1）、上海（2.25：1）。

表 13　2014 年广东与沿海四省（市）社会发展主要指标比较

	城镇常住居民人均可支配收入		农村常住居民人均可支配收入		年末城镇登记失业率（%）
	绝对数（元）	增长（%）	绝对数（元）	增长（%）	
广东	32 148	8.8	12 246	10.6	2.44
山东	29 222	8.7	11 882	11.2	3.30
江苏	34 346	8.7	14 958	10.6	3.01
浙江	40 393	8.9	19 373	10.7	2.96
上海	48 841	8.8	21 192	10.3	4.20

区域篇

一、珠江三角洲地区

（一）发展概述

2014年，珠三角地区实现地区生产总值57 650.02亿元，增长7.8%；人均地区生产总值突破10万元大关，达100 448元，增长7.0%；固定资产投资17 542.28亿元，增长14.6%；社会消费品零售总额20 655.78亿元，增长10.9%；地方公共财政预算收入达5 375.37亿元，增长15.1%，高于全省平均水平1.2个百分点。

——产业结构调整取得新进展。珠三角三次产业结构为1.9：45.0：53.1。70个现代服务业集聚区建设加快推进，现代服务业增加值占服务业比重达61.8%。规模以上工业增加值达22 583.28亿元，增长8.4%，先进制造业增加值和高技术制造业增加值占规模以上工业比重分别达52.2%和29.6%。珠江西岸先进装备制造产业带首批13个项目开工，总投资331亿元；惠州中海油炼化二期动工建设，中国北车珠海基地实现试产。广州乐金8.5代液晶面板顺利投产，中山北斗卫星导航应用示范工程等重大项目顺利推进，战略性新兴产业增加值占规模以上工业比重达13.6%。新业态、新产业蓬勃发展，全省电子商务交易额达2.62万亿元、信息消费总额达8 600亿元，均增长20%以上，绝大多数来自珠三角地区。

——重点领域改革先行先试。珠三角工商登记制度改革率先铺开，全面实行注册资本认缴登记制，工商登记前置审批由121项大幅压减至12项，市场活力充分激发，新设立市场主体104.5万户，增长20.2%。省网上办事大厅连通珠三角全部街镇，九市及顺德区开通企业专属网页和市民个人网页，行政审批事项和社会事务服务事项网上办理率分别达83%和74%。广州、佛山在全国城市年度法治政府评估中分列第一、第三位。珠三角金融改革创新综合试验区加快建设，发行企业债券235.8亿元，增长33.6%，前海、广州、广东金融高新区三大区域股权交易市场累计挂牌企业6 000多家，直接融资99亿元。

——“五大抓手”扎实推进。重大项目建设方面，新开工、完工1亿元以上项目为1 608、1 463个，分别增加128、250个，项目投产率达35.6%。477个省重点项目完成投资3 187.2亿元，为年度计划的124.3%。科技创新方面，研发经费支出比重达2.65%，研发人员达4.78万人/年，技术自给率超70%。新型研发机构达106家，新增“973”首席科学家项目9项、国家重大基础研究设施2家、国家级孵化器9家。国家技术转移南方中心落户深圳，深圳成为全国首个以城市为单位的国家自主创新示范区。重大平台建设方面，广州南沙新签项目投资总额超4 500亿元，累计引进总部企业30家。深圳前海累计入驻企业超2万家，其中金融企业约占60%，在全国率先开展跨境人民币贷款业务。珠海横琴率先实现分线管理并正式封关运作，新增注册企业3 638家，注册资本2 229亿元，企业总计达7 162家。惠州环大亚湾新区、江门大广海湾经济区、肇庆新区等新区加快建设。珠海西部生态新区、东莞粤海银瓶合作创新区启动发展总体规划编制。技术改造方面，出台推动新一轮技术改造促进产业转型升级的意见和工业企业技术改造指导目录，建立工业企业技术改造监测系统，完成工业技改投资1 140.5亿元，增长38.9%，占工业投资比重达24.6%。骨干企业培育方面，年主营业务收入超百亿、千亿元企业分别达192家和19家，分别增加20家和4家；民营超百亿企业66家，增加10家，占珠三角地区超百亿企业的1/3。

——珠三角一体化迈出新步伐。珠三角五个一体化规划深入实施，高速公路实现收费“一张网”，贵广铁路、南广铁路等3个轨道交通项目和广乐高速公路等3个高速公路项目建成投产。跨市地方道路衔接、异地就医即时结算、老人优待资格互认等重点示范事项取得积极进展。五个一体化规划实施中期评估顺利完成，编制实施信息化和智慧城市群建设、科技创新、生态安全、物流和旅游等新的五个一体化规划。经济圈建设纵深推进，广佛肇（怀集）经济合作区路网及“七通一平”建设基本完成；深莞惠出台交通运输一体化规划，首条贯穿三市的公交线路正式运营；珠中江累计建立公共技术和服务平台 30 个，三市互认定点医疗机构达 17 家。

——开放型经济水平有新提升。中国（广东）自由贸易试验区正式获批。在 CEPA 框架下率先基本实现粤港澳服务贸易自由化。港珠澳大桥、粤澳新通道、广深港高速铁路等跨境基础设施建设进展顺利。香港中文大学（深圳）面向全国 17 个省市招生。粤澳游艇自由行试点工作有序推进，中山神湾港区获批全国首个对外开放游艇码头。首届广东 21 世纪“海上丝绸之路”博览会签约金额 1 747 亿元。加工贸易“委托设计 + 自主品牌”方式出口比重达 66.2%，跨境电子商务总额约占全国七成。

——节能减排和生态建设取得新成效。累计淘汰“黄标车”及老旧车 53.3 万辆、燃煤小锅炉 1 464 台，12.5 万千瓦以上燃煤发电机组全部建成脱硫设施，73 个建制镇全部建成污水处理设施。率先开展珠三角空气质量预报，PM2.5 平均浓度下降 10.6%，区域空气达标天数比例为 81%，提高 5.9 个百分点。单位生产总值能耗下降率超额完成年度和“十二五”进度目标，实现电机能效提升约 290 万千瓦，完成注塑机节能改造 5 556 台，累计推广新能源汽车 1.2 万辆，新增绿色建筑超过 1 200 万平方米。完成生态景观林带建设 850.5 公里、森林碳汇工程 30 万亩、“三旧”改造面积超 4 万亩。

表 14　2014 年广东省珠三角九市主要经济指标

	地区生产总值		人均地区生产总值		第三产业增加值		地方公共财政预算收入	
	绝对数（亿元）	增长（%）	绝对数（元）	增长（%）	绝对数（亿元）	增长（%）	绝对数（亿元）	增长（%）
珠三角	57 650.02	7.8	100 448	7.0	30 640.14	8.2	5 375.37	15.1
广州	16 706.87	8.6	128 478	7.6	10 897.20	9.4	1 243.10	8.9
深圳	16 001.82	8.8	149 495	7.6	9 184.22	9.7	2 082.73	20.3
珠海	1 867.21	10.4	116 537	9.3	884.57	8.8	224.31	15.5

（续上表）

	地区生产总值		人均地区生产总值		第三产业增加值		地方公共财政预算收入	
	绝对数（亿元）	增长（%）	绝对数（元）	增长（%）	绝对数（亿元）	增长（%）	绝对数（亿元）	增长（%）
佛山	7 441.60	8.3	101 617	7.7	2 705.68	7.3	501.19	14.4
#顺德	2 419.68	7.9	96 722	7.4	936.56	7.9	174.21	13.0
惠州	3 000.37	10.0	63 657	9.4	1 162.27	7.5	300.75	20.2
东莞	5 881.32	7.8	70 605	7.4	3 066.55	6.3	455.21	11.2
中山	2 823.01	8.0	88 682	7.4	1 195.26	7.9	251.74	11.7
江门	2 082.76	7.8	46 237	7.5	893.12	6.8	177.20	12.1
肇庆	1 845.06	10.0	45 795	9.3	651.26	10.2	139.13	15.2

（二）广州市

1. 概况。2014 年，广州市实现地区生产总值 16 706.87 亿元，增长 8.6%。三次产业结构为 1.42：33.56：65.02，服务业增加值增长 9.4%，达到 10 862.94 亿元，占地区生产总值比重 65.0%。地方公共财政预算收入 1 243.10亿元，增长 8.9%。城市居民消费价格总指数上涨 2.3%，城镇登记失业率 2.26%，万元生产总值能耗下降 3.62%。全市固定资产投资 4 889.50 亿元，增长 14.5%。社会消费品零售总额 7 144.45 亿元，增长 11.2%。

2. 推进广佛肇经济圈建设情况。

——推动基础设施对接，多项重大交通工程完工。一是建立高层次交通对接协调机制。2014 年 2 月，广州牵头与佛山、肇庆等周边六城市召开交通建设协调会议，七市主要领导出席，会议共确定 58 个重点交通对接项目，其中涉及广佛肇经济圈的跨界项目 26 个，占总数近半。至年底，共召开两次书记市长级别、三次政府副秘书长级别的协调会议，高层次、常态化的协调机制不断完善。二是不断完善跨区域路网建设。肇花高速、广明高速佛山陈村至西樵段均于2014年12月31日建成通车，西二环乐平互通立交于12月22日通车，金沙洲大桥扩建完成，三花公路改造工程一期（二标）工程已经完工，X503线六和至青岐公路大旺段改建工程基本完成，大大提升了广佛肇区域内的交通便利度。黄榄干线接番顺公路全线完成88%的工程量，顺德至省道S111段即将通车。广佛肇高速公路肇庆段开展全线施工，2014年完成投资66.7亿元，占年度投资计划的111%。广明高速公路广州段完成年度投资275%。龙溪大道（广州西环—五丫口大桥段）快速化改造工程如期开工。海华大桥工程许可已获批，施工图设计已完成。花都区红棉大道（风神立交以南段）施工招标已完成，即将开工建设。三是加快轨道交通建设。贵广、南广高铁于2014年12月26日建成通车，大大拉近了广佛肇之间及经济圈与沿线城市的时空距离，促进与北部湾经济区和大西南地区的合作交流。继续推进广佛肇城际轨道交通项目建设，佛肇段预计2015年建成通车。广佛地铁（西朗至沥滘段）土建工程完成80%，7座车站中6座主体结构封顶。佛山轨道交通2号线前期工程已开工，将引入广州南站。南沙港铁路项目可行性研究报告已上报，预计2015年开工建设。广佛环线（佛山西站—广州南站）抓紧施工建设，正在组织用地报批材料。广佛环线（佛山西站—广州白云机场）线路方案基本落实。广佛江珠城际线的预可行性报告已进入审查阶段。四是共建共享城市基础设施。肇庆高要市与佛山燃气继续推进合作项目，建成一期场站5座，100公里的市政管已全部竣工并通气，包括高要市城区及金利镇等主要乡镇都已使用天然气。

——加强产业对接，重点建设产业合作园区。一是共建产业合作园区。以产业园区为载体，务实推进经济圈产业合作。广佛肇（怀集）经济合作区建设初见成效。合作区发展总体规划经省政府同意，由省发展改革委印发实施。园区路网及“七通一平”建设基本完工，9条道路具备车辆通行条件。园区内实现土地平整面积5 000亩，全年新征地1 100亩，累计完成征地6 100亩。合作区共引进项目64个，总投资84.13亿元，其中，动工建设项目20个，已投产项目14个。二是深入推进金融一体化。继续推动互设金融机构，继2011年广州银行佛山分行开业后，2014年12月，广州银行肇庆分行正式开业，广州银行分支机构实现对经济圈的全覆盖。加快金融基础设施建设，佛山辖区金融机构均参加了广州的票据交换，广州的支付结算金融服务平台已覆盖至佛山，广佛间的资金结算已在技术上基本实现同城化。促进股权交易市场与企业成长发展合作。2014 年 6 月，肇庆市政府分别与广州股权交易中心、广东金融高新区股权交易中心、广州金融资产交易中心签订协议，建立了战略合作关系。三是协同开展多领域合作。加强旅游推广工作。广佛肇三市旅游网已实现了互联互通。以贵广、南广高铁开通为契机，2014 年 9 月，三市旅游局联合召开多场“多彩广佛肇”旅游推介会。加强港口航运协作。充分发挥南沙港对佛山、肇庆的辐射作用。截至目前，南沙港区至佛山港、肇庆港的“穿梭巴士”航线达 6 条，每条航线每周往返南沙港区 2 次，2014 年完成运输量 7 万 TEU。广佛肇地区港航企业与广州航运交易所的合作银行、保险、融资租赁、法律咨询等现代航运服务机构达成业务合作，构建共同发展的业务基础。继续推进金沙洲综合商业城项目建设。

——协同环境保护，优化区域生态。一是重点推进广佛跨界河涌治理。2014 年 7 月 22 日，广佛两市市长召集了广佛同城化暨广佛跨界河涌综合整治联席会议，部署广佛 16 条跨界河涌的综合整治工作。目前，广州方面已经开工建设的河涌有：石井河、流溪河、花地河（牛肚湾涌）、新街河、田美河、铜鼓坑、天马河。佛山市已全面启动第一批 42 条重点河涌的“一河一策”治理，开工率达 70% 以上。二是深入开展珠江水域保洁工作。在做好内河涌保洁的基础上，开展外江河的水浮莲清理和保洁工作，西南涌水浮莲清理和保洁已完成专项化清理并通过验收，效果良好，2014 年 7 月 1 日正式进入两年期的常态化保洁。5 月，广佛两市水务、城管部门召开年度协调例会，进一步完善沟通机制，共同商讨芦苞涌水浮莲清理和保洁的工作方案。三是共同抓好饮用水源保护。广州市协同佛山市和顺德区配合完成了顺德水道南洲水厂水源、广州西江引水水源环境状况评估。完成青岐断面水质自动监测站（青岐子站）增加重金属及有毒有害项目监测工作。佛山会同肇庆市对各自保护区内及周边可能影响水源地水质安全的环境因素进行了排查，及时消除威胁水源安全的污染隐患。肇庆市境内饮用水源保护区布设监测断面已经开展监测，在西江流域的三榕峡断面、贺江广西与肇庆封开交界断面分别建设了水质自动监测站，实时监控西江和贺江水质变化状况。三市环保局还建立了跨界环境污染联合执法机制，设立专职联络员，完善三市监测预警与信息通报机制，加强预警技术交流。四是重点开展空气污染防治工作。广州市出台了《广州市大气污染综合防治工作方案（2014—2016年）》及2014年工作计划，紧紧抓住“减煤、限车、降尘、控油烟”四个关键环节，积极开展大气污染综合治理。已有31个监测点位发布包括PM2.5在内的空气质量信息。佛山市出台《佛山市大气污染防治行动实施方案（2014—2017年）》，配套出台《佛山市2014年陶瓷行业大气污染综合整治方案》等多份方案，促使企业削减污染物的排放，实现稳定达标排放，同时推动了产业升级。肇庆市制定了《肇庆市改善环境空气质量综合治理工作方案》等系列文件，加强工业企业的污染整治，加大陶瓷等行业“煤改气”工作力度，强化工地和道路扬尘控制，加快淘汰“黄标车”和老旧车，并将加快推进县级自动监测站点增设工作。五是广佛共同推广“超洁净排放”改造技术。广州出台《广州市燃煤电厂“超洁净排放”改造工作方案》，计划在2015年上半年完成全市10台总装机容量260万千瓦燃煤机组的改造任务。广州市恒运电厂9号机组、华润电厂1号机组已完成“超洁净排放”改造并投入运行。

——深化民生合作，促进公共服务一体化。一是推动教育合作。2014年4—5月，广佛肇三市共同举办了初中英语“同课异构”专题教学研讨等活动。7—8月，三市联合举办广佛肇首届网络学习夏令营。12月，召开了广佛肇教育局交流合作座谈会，成功举办首届广佛肇高职院校英语口语竞赛。二是推进卫生和食品药品监管合作。2014年3月，广佛肇清深五地人感染H7N9禽流感疫情联防联控工作会议在广州举办，共同开展埃博拉出血热医疗救治及应急处置综合演练。4月，召开广佛肇药品流通监管合作座谈会，就药品批发企业跨市配送药品信息共享和假进口药品查处等问题进行了讨论研究。三是开展人才服务对接。4月，2014年外籍人才招聘会（广州）召开，佛山、肇庆组织有关单位参加招聘。6月26日，第五次“广佛肇人才一体化大学生专场招聘会”举行，共360多家用人单位提供近8 000个职位，有力推动了广佛肇大学生就业。三市实现就业服务信息联网，建立全面覆盖、互联互通的人力资源市场信息网络。落实广东省第八届区域发展经济技术合作洽谈会的各项人力资源合作项目，做好劳动力转移工作。四是密切文化体育交流。“同根同心‘秀’广府——首届广府书画摄影大赛”获奖作品在三地巡展。11月，广佛肇清原创音乐作品展演及广佛肇博物馆研讨会分别举办。12月，三市在佛山召开了2014年广佛肇图书馆联合年会，在肇庆市举办广东省第六届群众音乐舞蹈花会。三市还共同参加了第四届“书香岭南·悦读生活”摄影大赛，联合举办或互相参加了广州国际龙舟赛、2014年亚太地区龙舟公开赛、广州横渡珠江、广佛肇网球邀请赛等一系列体育活动。6月6日，广佛肇清四市联合主办的第三届“爱我珠江亲水节”在肇庆星湖开幕，并邀请云浮、梧州、贺州等上游城市参加，宣传保护珠江。五是加强“三非”外国人管理。在2012年签署的《广州与佛山市公安出入境管理部门城际外国人管理联动协作工作协议》的基础上，广佛肇三市进一步统一了对重点国家人员签证管理标准，加大对“三非”外国人的查处力度，采取疏堵结合措施，加快对三地“三非”外国人的清理工作。

——强化规划衔接，开展县区合作。一是继续加强广佛地铁线网规划对接。拟定了佛山市地铁6号线（原5号线）接入广州轨道线网的3个方案，并就广州地铁7号线延伸至顺德北滘开展规划工作。二是推进南海滘口片区交通优化整合。三是佛山高明区和肇庆高要市积极开展县域经济合作。金利至高明富湾堤围段路面改造工程完成。促进两地劳动力对接，初步形成人力资源交流信息平台，逐步实现人才资源共享。基本形成环保联合审批意向，联合应急工作已明确联络员。加强双方的教育交流合作，逐步实现学籍互认。

（三）深圳市

1. 概况。2014年，深圳市地区生产总值16 001.82亿元，增长8.8%；人均地区生产总值149 495元，稳居国内副省级以上城市首位；地方公共财政预算收入2 082.73亿元，增长20.3%；转型升级全面突破，战略性新兴产业增加值占地区生产总值比重达35.6%，比上年提高1.1个百分点；固定资产投资额完成2 717.42亿元，增长13.6%，其中社会投资占固定资产投资比重超过八成；社会消费品零售总额4 919.00亿元，增长9.3%；服务贸易规模首超千亿美元，成为外贸发展生力军。全社会研究与发展经费支出超过640亿元，占地区生产总值的比重超过4%。PCT国际专利申请量占全国比重接近五成，连续11年居全国首位。

2. 推进深莞惠经济圈建设情况。深圳市认真贯彻省委、省政府有关决策部署，与东莞、惠州共同努力，全面落实《深莞惠区域协调发展总体规划》，扎实推进三市党政联席会议确定的重点事项，不断加强与汕尾、河源两市的合作，召开了“深莞惠经济圈（3+2）党政主要领导联席会议”，审定通过了《深莞惠交通运输一体化规划》，签署了河流治理、交通衔接等领域21项重点合作事项，推动深莞惠经济圈建设取得新的成效。

——突出交通先行，促进深莞惠经济圈要素更便利流动。在出台实施《深莞惠区域协调发展总体规划》的基础上，三市共同编制完成了《深莞惠交通运输一体化规划》，并经联席会议审定后实施，将建设“九纵八横九联”高速公路网和“四纵两横一支”城际轨道网，着力打造深莞惠“一小时经济圈”。一批跨界重大交通基础设施加快建设，清平高速二期、梅观高速扩建工程建成通车，深圳外环高速公路已开工建设，东宝河新安大桥即将动工。穗莞深城际线初步设计已获批复，深惠城际线目前正在开展详细规划研究工作，深圳地铁6号线、11号线已经预留与东莞R1线、R3线衔接的条件。跨界公交线路推进顺利，首条贯穿深圳、惠州、东莞三市的公交线路“深惠3线”正式运营，惠州大亚湾至深圳大鹏跨界公交线开通方案已达成共识。

——突出产业合作，着力提升区域经济整体竞争力。一是与东莞、惠州两市的产业合作向纵深拓展。深圳创新金融、商贸物流、观光旅游等现代服务业加快向东莞、惠州延伸服务，招商银行申请在惠州设立异地支行。深圳机械、家具、珠宝、钟表等行业协会牵头，在东莞、惠州开展专业园区建设对接工作。三市共同在武汉、厦门举办深莞惠旅游联合推介会，在广东旅游博览会上深莞惠展区被评为最佳展台。二是与汕尾产业合作更加紧密。共举办三次深汕联合招商推介会，签约项目 96 个，总投资额 808.58 亿元。深汕（尾）特别合作区建设步伐加快，华润电厂、腾讯数据中心等一批产业项目即将建成投产。三是与河源产业合作不断深化。《深圳（河源）产业城控制性详细规划》编制完成。首次“深圳—河源对口帮扶招商推介会”在深圳召开，签约投资额 142.8 亿元，深能源河源电厂二期项目、中兴通讯（河源）项目等开工建设。

——突出环保联动，不断提升区域环境质量。一是环保信息共享和执法协作加强。认真落实《深莞惠大气污染防治区域合作协议》，“深莞惠环境信息共享系统”上线运行，实现大气环境监测、水环境监测、环境应急安全以及机动车尾气管理等四部分信息 2010 年以来各项数据的共享。加强环保联合执法，开展了“深莞惠联合整治黑烟车专项行动”，查处高排放车辆 1 262 辆。二是界河及跨界河流治理加快。龙岗河干流大松山段整治工程、观澜河干流全部河道整治工程已完成，坪山河干流综合整治工程开工建设。三是区域大气环境不断改善。深圳全面实施大气环境质量提升行动，国Ⅴ汽油全面推广使用，新能源汽车推广应用超过 8 600 辆。加快淘汰黄标车，累计近 6 万辆黄标车申请提前报废，并计划从 2015 年 1 月 1 日起全市禁行黄标车。全面开展碳排放权交易，成交量累计超过 170 万吨，金额突破 1.15 亿元，成为全国碳交易最活跃的市场。东莞、惠州、汕尾和河源等地的企业、机构参与深圳碳交易市场，五市政府共同推进区域碳交易市场建设。深圳、东莞、惠州、汕尾和河源五市的空气质量均处于优良水平。

——突出民生为重，全面加强社会建设领域合作。一是实施《关于建立深莞惠三市社会组织合作机制工作方案》，在社会组织信息共享、跨地域行业协会登记管理体制、建立联合监管机制等八个方面加强合作，加快推进三市社会组织服务一体化发展。二是落实《深莞惠三市公安局深化警务协作框架协议》，在指挥调度、刑事办案、经侦办案、治安管控、交通管理、维护社会稳定、应急救援等方面开展全方位的警务协作。三是推进公共服务互联互通，疾病防控、文化服务、法律服务、应急管理等合作不断深化。

3. 深汕（尾）特别合作区建设情况。

——以引进优质项目为导向，大力推进招商选资工作。立足为深圳乃至珠三角地区未来产业做配套，围绕“产业高地、生命绿洲、未来之城”的发展定位，重点发展云计算、再制造、电子商务、国际物流、邮轮游艇、海洋渔业等十大主导产业。一是组建招商精英团队，充分利用主流媒体、微信自媒体、海鲜美食节、大型展会开展宣传推介活动。二是积极发挥深圳市商会、行业协会、招商合伙人的公共推介优势，开展定向招商、精准招商和全产业链招商。三是以商引商，借助华润、台塑、清华同方等龙头企业，带动一批上下游配套企业落户，打造一批附加值较高的跨区域新型专业园。举行了4次招商推介会，先后与深圳特建发集团、清华同方、金科纳米、康强管材等73家企业签订了投资协议，签约项目金额1 155亿元，其中有5家是世界500强企业。

——以项目建设为中心，千方百计推进项目落地。一是实行重大招商项目领导联络协调责任制，建立“一个项目、一名领导、一套班子、一个平台、一抓到底”的工作机制，明确任务清单和完成时限，每周召开一次例会检查落实情况，协调解决项目落地的相关问题。二是出台加快项目落地建设的措施，规划、城建、环保等部门提前介入，实行“大并联”，加快规划选址和用地预审，核发用地蓝线图，支持企业提前开展项目勘察、方案设计、环境影响评价等前期工作。三是加快土地组件报批，创新土地出让方式，协调企业积极建设投产，做到签约项目加快开工、在建项目加快竣工、竣工项目加快投产。全年分别举办了4次重大项目集中动工仪式，37个项目相继开工，总投资金额250.1亿元，平均投资强度达到4 398元/平方米（293万元/亩），全年产业项目完成固定资产投资38.4亿元。华润电厂、腾讯数据中心、晟火科技、田园沐歌、瑞和、大百汇、中瑞、华瑞等一批产业项目即将建成投产。

——以当地政府为依托，大力推进土地征收和储备。一是编制合作区2014和2015年度土地征收和储备计划，合作区与海丰县委、县政府建立征地工作联席会议制度，分别成立征地拆迁对接和专责工作机构，明确工作分工，定期研究解决工作推进中的难题，确保土地征收计划有力推进。二是积极开展土地遗留问题清理清查工作，对合作区范围内违法用地和违法建筑依法依规进行查处，对拖延开工的项目和闲置用地进行约谈和依法回收，依照合作区总体规划和发展目标，加快土地整理，提高土地利用率。三是依法、依规、依情、依理推进土地征收工作，严格按照土地征收和管理的相关法律法规，做到“顾及群众利益，尊重历史问题，促进项目落地，实现发展目标”，既考虑合作区大建设、大发展的用地保障，又确保社会稳定、惠及民生。

——以科学规划为依据，启动道路基础设施建设。坚持规划引领、产城融合的发展理念，高起点开展重点开发片区控规和专项规划的编制工作，高标准开展市政基础设施建设前期工作，为合作区全面开发建设做好充足准备。一是《深汕特别合作区发展总体规划（2015—2030年）》经省政府常务会议审议通过并批准印发，绘就了合作区发展的蓝图。二是开展324国道市政化改造及鹅埠片区6条主次干道勘察设计等前期工作，力争用3年左右时间形成覆盖15平方公里用地的“井”字形主次干道系统，推动合作区交通基础设施大互联大互通。其中鹅埠片区6条主次干道计划2015年一季度动工；324国道市政化改造工程已完成初步设计。三是利用社会资本和力量，通过PPP方式引进深圳特建发集团、盐田港集团、水务集团、燃气集团负责合作区范围内市政基础设施、小漠港区、水资源开发、供水、污水处理、燃气投资建设、运营管理等工作，其中污水处理厂等一批市政基础设施和公共配套项目已开工建设。四是开展了鹅埠片区城市化设计，重点打造成为合作区的生态绿谷、科技融城和活力都市。开展了小漠港区的规划设计，近期发展散杂货业务和集装箱支线业务，中远期将作为周边地区中转港和内陆省份出海口。组织开展了鲘门滨海片区规划竞赛，重点涵盖了国家中心渔港及配套园区、海洋文化旅游区、海洋产业研发服务管理区和滨海休闲观光生活区。

（四）珠海市

1. 概况。2014年，珠海市地区生产总值1 867.21亿元，增长10.4%；规模以上工业增加值881.04亿元，增长11.4%；固定资产投资完成1 135.05亿元，增长23.5%；社会消费品零售总额完成815.71亿元，增长13.2%；外贸进出口总额完成550亿美元，增长1.3%，其中，出口额完成290.15亿美元，增长9.2%；实际吸收外商直接投资完成19.3亿美元，增长14.4%；地方公共财政预算收入完成224.31亿元，增长15.5%；居民消费价格总指数上涨3.1%；城镇登记失业率为2.26%。

2. 推进珠中江经济圈建设情况。

——举办高端峰会，提出珠中江区域合作新方向。2014年7月，在江门市召开了珠中江经济圈第九次党政联席会议暨“蓝色崛起”海洋经济论坛。珠中江共同探索了蓝色崛起的路径，将海洋经济作为珠江西岸发展的新引擎。8月和12月，在珠海分别举办了省部共同推进珠江西岸先进装备制造产业带发展合作协议签署暨项目签约仪式、珠江西岸先进装备制造产业带建设“六市一区”工作会议等。把珠江西岸打造成广东制造业发展“升级版”和新的增长极，成为珠中江深化区域合作、加强经济圈建设的新方向和新动力。2014年，三市新签订合作协议5项，累计达64项。

——共谋交通建设，完善珠中江区域合作的基础。积极实施《珠中江交通基础设施一体化规划》，不断完善经济圈内外衔接。珠海、中山首条跨界道路——濠隆南路与造贝工人新村路衔接工程建成通车；广中江高速等顺利推进；宝翠桥、人民西路与坦洲环洲东南路衔接工程开工；中开高速、香海大桥抓紧开展前期工作。广佛江珠城际轨道交通工程、深茂铁路江门至深圳段分别列入2015年预备项目和动工建设计划。珠中公交IC卡实现互通，互通公交线路10条；中江互通公交线路1条。签订了《珠中江港口发展战略合作框架协议》，举办西江港口联盟年会、西江港航发展峰会等活动，西江战略不断深化。全国首条低空航线“珠海—阳江—罗定”线开通。

——开展产业协作，谋划珠江西岸先进产业带建设。举办省部共同推进珠江西岸先进装备制造产业带发展会议、珠西先进装备“六市一区”工作会议、珠海滨水游艇产业规划论证暨投资洽谈会等活动。珠中江三市都开展了装备制造专题招商活动，取得了良好成果。编制相关装备制造产业发展规划、首届投资贸易洽谈会方案和工作计划。召开珠中江推进产业布局一体化第三次工作会议，加强海洋工程、游艇、轨道交通设备等制造业的协调与合作。发布珠中江第二批5个公共技术服务平台，累计达30个。珠中江旅游合作联盟开展了苏锡常“最美珠江西岸游”旅游推介会，并签订《“珠中江苏锡常”旅游战略合作框架协议》，首次构建长三角与珠三角旅游联盟机制。

——实施环境共治，共同建设珠中江生态文明区域。携手同走生态文明发展之路，共同打造美丽宜居环境。建立了环境联合治理机制。珠海、中山环保部门成立了“前山河流域环境保护联络领导小组”，印发了工作方案。江门、中山环保部门联合召开了专题座谈会，研究了跨界环境污染治理工作。前山河流域治理取得新进展，珠海市以“河流复兴、城市更新”和“创建国际宜居城市”为整体目标，实施一系列整治工作；中山市开展三乡镇、坦洲等地的疏浚清淤工程。三市共同开展了西江水资源保护工程建设，一批水质净化厂建成投入使用。

——以民生为本，积极推进基本公共服务一体化。积极推进医疗卫生、劳动社保、文体教育等基本公共服务对接互认。签署了《珠中江三市基本医疗保险定点医疗机构互认合作协议》，三市共有17家定点医院互认，实现了三市参保人异地就医费用即时结算。召开了珠中江预防医学（疾病控制）学术交流年会。签署了《珠中江公共法律服务紧密合作框架协议》，开展法律事务合作。珠中江旅游部门与31个高铁、游轮沿线城市签订了结盟协议，共同开拓高铁沿线旅游市场。举办了2014年珠中江澳系列文化体育邀请赛活动。制订了《珠中江城市（镇）供水同网实施方案》。

（五）佛山市

1. 概况。2014年，佛山市地区生产总值7 441.60亿元，增长8.3%。三次产业结构为1.9∶61.6∶36.5，第三产业占比较上年提高0.4个百分点。固定资产投资2 612.45亿元，增长15.0%；省重点建设项目完成投资513.9亿元，为年度投资计划的115.5%；社会消费品零售总额2 400.58亿元，增长13.1%。进出口总额688.2亿美元，增长7.6%，其中出口467.2亿美元，增长 9.9%；进口 221.0 亿美元，增长 3.2%。

2. 推进广佛同城化、广佛肇经济圈建设情况。按照 2014 年 2 月 21 日广佛同城化第六次市长联席会议部署，广佛两市按照《广佛同城化 2014 年度重点工作计划》，协同推进广佛同城化各类项目实施。

——深化规划衔接，力求区域一体。推进南海滘口片区交通优化整合。广州市已基本完成《南海—滘口片区交通优化整合方案》的编制，有关成果已纳入《五眼桥片区控制性详细规划》；佛山市南海区推进《广佛路 A 段（江夏立交—滘口）500m 控制性详细规划》编制。两市已经就两个规划成果进行对接和协调。继续加强两市地铁线网规划对接，拟定佛山市地铁 6 号线（原 5 号线）接入广州轨道线网的 3 个方案，并就广州地铁 7 号线延伸至顺德北滘开展规划工作。

——深化基础设施对接，力求共建共享。不断完善跨区域路网建设。多项交通对接工程完工，西二环乐平互通立交于 2014 年 12 月 22 日建成通车，广明高速佛山陈村至西樵段于 12 月 31 日通车，金沙洲大桥扩建项目已建成。黄榄干线接番顺公路全线完成 88% 的工程量，顺德至省道 S111 段即将通车。广明高速公路广州段完成年度投资 275%。龙溪大道（广州西环—五丫口大桥段）快速化改造工程如期开工。珠江大桥放射线接广佛新干线（广佛出口放射线二期）佛山段施工图设计已完成。海华大桥工程许可已获批，施工图设计已完成。花都区红棉大道（风神立交以南段）施工招标已完成，即将开工建设。佛清从高速南段一期工程全部签订征地协议，正抓紧开展征拆工作。

——加快轨道交通衔接和建设。广佛地铁（西朗至沥滘段）土建工程完成 80%，7 座车站中 6 座主体结构封顶。佛山轨道交通 2 号线前期工程已开工，将引入广州南站。南沙港铁路项目可行性研究报告已上报，预计 2015 年开工建设。广佛环线（佛山西站—广州南站）抓紧施工建设，正在组织用地报批材料。广佛环线（佛山西站—广州白云机场）线路方案基本落实。广佛江珠城际线的预可行性报告已进入审查阶段。

——深化产业互动，力求共同繁荣。继续推进金沙洲综合商业城项目建设。项目建成后，将成为金沙洲地区第一家集商务、休闲、旅游、会展于一体的大型多功能商业综合体。深入推进金融同城。积极推动广佛两地互设金融机构，已有渣打、汇丰、恒生、东亚、永亨、南洋、大新 7 家港资银行的广州分行在佛山市设立 14 家分支机构，广州农商行、广州银行、广州证券也已相继进驻佛山。加速推进通存通兑，浦发、华夏、广州、招商、兴业等 23 家商业银行已免收广佛间的行内汇兑和存、取款手续费。加快金融基础设施建设，佛山辖区金融机构均参加了广州的票据交换，广州的支付结算金融服务平台已覆盖至佛山，广佛间的资金结算已在技术层面基本实现同城化。

——深化环保协作，力求天蓝水清。重点推进广佛跨界河涌治理。广州方面已经开工建设的河涌有：石井河、流溪河、花地河（牛肚湾涌）、新街河、田美河、铜鼓坑、天马河。佛山市已全面启动第一批 42 条重点河涌的“一河一策”治理，开工率达 70% 以上。深入开展珠江水域保洁工作。在做好内河涌保洁的基础上，联合开展外江河的水浮莲清理和保洁工作。推广“超洁净排放”改造技术。借鉴广州市经验，《佛山市电力行业“超洁净排放”改造工作方案》于 2014 年 4 月印发，拟分三阶段完成全市 9 家电力行业的改造治理。

——深化民生合作，力求市民幸福。加强人才人事服务管理对接。2014 年 4 月 26 日，外籍人才招聘会（广州）召开，佛山组织 18 家单位参加。6 月 26 日，第五次“广佛肇人才一体化大学生专场招聘会”举行，共 360 多家用人单位提供近 8 000 个职位。密切文化体育交流。依托“魅力佛山　四季情韵”艺术惠民工程，将广州大剧院上演的优秀剧目引入佛山，使广佛居民同享高雅艺术带来的文化盛宴。“同根同心‘秀’广府——首届广府书画摄影大赛”获奖作品于 2014 年上半年先后在广州、佛山巡展。两市还联合举办或互相参加广州国际龙舟赛、2014 年亚太地区龙舟公开赛等体育赛事活动。此外，在教育、卫生、食品药品监管及城市综合管理等领域，两市均开展了富有成效的合作，不断推动广佛全面同城。

——推动广佛肇经济圈建设。继续推进广佛肇城际轨道交通项目建设，佛肇段预计 2015 年建成通车。肇庆高要市与佛山燃气继续推进合作项目。顺德龙江（德庆）产业转移工业园项目总投资 11.6 亿元，已累计投入资金 6.43

亿元，2014年投资1.53亿元。完成了顺德水道南洲水厂水源、广州西江引水水源环境状况评估。完成青岐断面水质自动监测站（青岐子站）增加重金属及有毒有害项目监测工作。佛山市出台了《佛山市大气污染防治行动实施方案（2014—2017年）》，配套出台了《佛山市2014年陶瓷行业大气污染综合整治方案》等多份方案，促使企业削减污染物的排放，实现稳定达标排放。2014年12月，三市在佛山召开了2014年广佛肇图书馆联合年会。利用佛山秋色欢乐节的平台，邀请广州、肇庆等周边城市表演团队参加欢乐节巡游表演。佛山高明区和肇庆高要市积极开展县域经济合作。

3. 佛山中德工业服务区规划建设情况。2014年，佛山中德工业服务区围绕“定目标”“定方向”“定思路”，狠抓空间拓展、中德项目招商与在建项目建设，推动产业、城市和人共融发展。高标准营造国际化营商软环境，高水平搭建国际工业服务支撑体系，瞄准欧洲，引进优质高端工业服务项目；以“产、城、人”融合发展的欧洲理念，推动产业载体和基础设施建设，力争建设成为中欧城镇化示范区。佛山中德工业服务区内纳入统计的新建和续建重点项目合计37项，总投资额为618亿元，至2014年12月，新建和续建重点项目累计已完成投资约203亿元。

——高起点编制发展总体规划。在《广东佛山中德工业服务区发展总体规划（2013—2030年）》统领下，开展佛山新城（乐从镇）城市发展策略咨询竞赛并选定了第一优胜方案，从“产、城、人”三维视角描绘佛山新城未来空间发展蓝图。开展《佛山新城生态规划（顶层设计）研究》《佛山新城绿色低碳城市建设研究》《佛山新城绿色建筑专项规划》等研究工作。

——中欧新型城镇化合作示范区成功挂牌。2014年4月，在“2014年中国城镇化高层国际论坛”主论坛期间，佛山新城、中德工业服务区与国家发展改革委城市和小城镇改革发展中心、欧洲发展机构协会签订框架性合作协议，从全国多个候选城市中突围，与上海市临港地区一同成为首批中欧城镇化合作示范区，显著提升了佛山新城在欧洲的知名度，对欧合作再添有力抓手。在“中欧新型城镇化合作示范区”挂牌后，积极推动和落实对欧城镇化项目，充实中欧城镇化合作。与欧中可持续化城市化示范中心、欧洲易赛投资集团就欧中可持续城市化园区（SUP）项目进行了多次接洽，并形成了项目对接具体方案，为项目落地奠定良好基础。

——高标准打造法治化、国际化营商环境。一是探索“引制德国”，建立法治化、国际化营商环境。与德国弗劳恩霍夫协会合作开展“中德工业服务比对研究”、与德国 TüV 北德集团合作开展“佛山发展机遇调研”、与商务部国际贸易经济合作研究院共同开展的“仿真德国·引制”研究。二是完善政策配套、服务平台建设。及时制定了多项招商优惠及服务政策，包括《关于扶持2014年前100个欧洲重点招商项目落户优惠政策》《关于鼓励各级行业协会入驻中德工业服务区的方案》等，为各招商平台的搭建创造了良好环境。三是拓展思路，多方合作创造共赢。与国家商务部投资促进事务局签订《产业投资促进合作协议》，推动合作共建“中德投资促进中心”“中欧专家俱乐部”等；与中国经济联络中心签订战略合作协议，双方将加强在经贸、投资、咨询等领域的合作，共享各类经贸项目信息。

——高水平搭建国际工业服务支撑体系。一是打造国际化研发创新平台，佛山中国科学院产业技术研究院、北航技术转移有限公司等一批项目已落户，德国 TüV 北德先进技术展示中心及孵化中心、德国 RIB 软件公司大数据服务中心等一批项目正在积极推进。二是开放性职业教育及人才集聚平台顺利推进，中德职业技术培训学院、德国高级专家组织（SES）等项目顺利运营。三是国际商务和中介服务平台取得突破，“云制造”、中德工业服务区协同创新中心等服务平台的建设均取得突破性成果；与德中卫生组织已达成合作意向；与德国工商大会就2014年合作计划基本达成一致。四是精心筹划国内外招商推介活动。在德国汉诺威举办“德国·中国（顺德）投资推介会暨智慧工厂对接会”以及在德国慕尼黑举办“佛山中德工业服务区投资合作交流会”等，吸引了欧洲时报、开元网等德国主流媒体现场参与并报道，加强了与会企业对服务区的认识。五是总部经济集聚平台成果初现，欧司朗亚太区总部、史太白技术转移（佛山）公司等一批著名企业总部相继落户，总投资额超150亿元的服务区 CBD 一期加速建设。六是撬动民企资源建设对欧合作平台。支持广东物联天下集团与匈牙利 TESCO 公司签订合作协议并与17家匈方企业签订框架协议，拟打造“匈牙利中心”；宝裕集团联手 TüV 北德集团打造“宝裕智城”项目。“美的创业园”承载先进制造装备、新材料、智能芯片设计和制造、节能产品和高端产业服务业等产业。

——高质量建设欧洲标准的城市环境。一是建设一流的国际化产业服务载体。佛山中欧服务中心总建筑面积约 26 万平方米，由 7 栋主楼组成，包括行业协会与技术转移大楼等。中德高技术实验园项目建筑面积约 10 万平方米，将建设包括智能制造与数字化研究、精密设计制造与加工、生物医药、IC 设计与检测、材料设计与检测等类别产学研机构实验室以及中外高端技术、管理、市场专家人才公寓在内的综合物业。高技术服务平台建筑面积约 20 万平方米，将建设成为具有国际水平的绿色节能示范性建筑，成为高技术企业和研发服务机构的孵化器。二是构建便利发达的交通设施。全力推动交通枢纽中心、广佛环线、广佛江珠线、广佛地铁二期以及主干道路建设速度，加快打通东西向、南北向几条主干道，搭建智能高效的 TOD 交通系统。三是打造优美宜人的生态环境，建设优质齐全的生活配套设施。服务区绿化率超过 40%，加速建成中央文化区、都市休闲区以及长约 8 公里的滨河景观带。重点对已建成滨河景观带的功能性配套及人性化设施进行持续提升，建成五人足球场、模型车场、音乐喷泉等一批惠民景观项目。

（六）惠州市

1. 概况。2014 年，惠州市地区生产总值突破 3 000 亿元，达到 3 000. 37 亿元，增长 10. 0%，增幅高于全省 2. 2 个百分点；人均地区生产总值突破 1 万美元，达 63 657 元，增长 9. 4%。三次产业结构为 4. 7 : 56. 6 : 38. 7，服务业增加值占地区生产总值的比重比上年提高 1. 7 个百分点。地方公共财政预算收入 300. 75 亿元，增长 20. 2%，增幅高于全省平均水平 6. 3 个百分点。来自惠州的税收总收入 763. 1 亿元，增长 4. 7%，其中，国税收入 542. 6 亿元，增长 3. 8%；地税收入 220. 5 亿元，增长 7. 0%。全市金融机构本外币存、贷款余额分别为 3 394. 60 亿元、2 436. 97 亿元，分别比年初增长 8. 1%、

19.6%；存贷比达 71.8%，创历年来新高。居民消费价格指数累计上涨 2.1%。完成固定资产投资 1 606.71 亿元，增长 19%。实现社会消费品零售总额 968.70 亿元，增长 12.3%。

2. 推进深莞惠经济圈建设情况。

——多层次的合作机制继续得到完善。在市级层面，经过多年的融合，深莞惠经济圈党政主要领导联席会议已日趋完善。2014 年，经省政府同意，汕尾、河源两市加入深莞惠经济圈建设，党政主要领导联席会议工作机制进入了“3 +2”协同发展新格局；在部门层面，深莞惠经济圈各市工作部门之间的合作、协商也逐步形成了制度化、常态化。在深莞惠三市公安机关深化警务协作联席会议上，惠州与深莞两市签署《深莞惠三市公安局深化警务协作框架协议》，进一步深化与深圳、东莞两市公安局的警务协作。按照轮值安排，惠州市承办了首次“深莞惠 + 汕尾河源”一体化五市文化合作联动联席会议和“3 +2”区域信用合作第一次联席会议，五市分别签署了“3 +2”文化合作、区域信用合作两个备忘录，共同推动文化和信用等领域的联动发展。

——区域一体化进程进一步加快。惠州与深莞两市拟共同建设对接道路 21 项，已完成博深高速等 11 项，其余 10 项正在按计划推进。环大亚湾公路、惠阳内环东路等跨界连接路建设加快推进，莞惠城轨惠州段完成年度投资计划的 105.7%。淡水河和潼湖流域惠州境内新建 2 座污水处理厂，“两河”流域水质基本保持稳定。共同承办深莞惠旅游武汉推介会。深莞惠经济圈的市场互通、资源共享、环境共保、互利共赢程度继续提升。

3. 县域经济发展情况。惠州市位于广东省东南部、珠江三角洲东北端，全市土地面积 1.13 万平方公里，海域面积 4 520 平方公里，常住人口 472.6 万人。辖惠东、博罗、龙门三县，惠城、惠阳两个区，设有大亚湾经济技术开发区和仲恺高新技术产业开发区两个国家级开发区，有 53 个镇（乡）、16 个街道办事处。惠东、博罗、龙门三个县总土地面积 8 649 平方公里，占全市总面积的 76.2%；常住人口 230.7 万人，占全市总常住人口的 48.8%；2014 年，县域经济实现地区生产总值 1 082 亿元，占全市的 36%；完成税收收入（含国税、地税）113 亿元，占全市的 14.8%；完成地方公共财政预算收入

74.1 亿元，占全市的24.6%。博罗县连续七年跻身全国县域经济百强县。龙门县域旅游综合竞争力连续四年位居全省十强。

——惠东县。2014 年，惠东县地区生产总值440.2 亿元，增长 14.2%。三次产业结构为 9.3 ∶ 49.1 ∶ 41.6。人均地区生产总值 47 510 元，增长 13.7%。固定资产投资 222 亿元，增长 19.2%。社会消费品零售总额 188.6 亿元，增长 13.8%。外贸出口总额 13.2 亿美元，增长 12.4%。地方公共财政预算收入 30.2 亿元，增长 30%。全体常住居民人均可支配收入 17 041 元，增长 10.3%。全县新增规模以上工业企业 41 家。全年工业用电量为 13.9 亿千瓦时，增长 4.9%，比上年提升 3.5 个百分点。实现工业增加值 205.3 亿元，增长 18.8%，增幅比上年提升 0.6 个百分点，其中规模以上工业增加值 143.2 亿元，增长 26.5%。

——博罗县。2014 年，博罗县地区生产总值 501.05 亿元，增长 14.1%。连续七年跻身全国百强县，连续两年位列广东县域经济综合发展力前三甲，首次入选省旅游综合竞争力十强县。实现规模以上工业增加值 245.1 亿元，增长 24.4%；完成社会消费品零售总额 136.97 亿元，增长 10.5%；固定资产投资 230.4 亿元，增长 23%。地方公共财政预算收入 33.92 亿元，增长 24.1%。城镇居民人均可支配收入 2.28 万元，增长 9.7%；农村居民人均可支配收入 1.43 万元，增长 10.5%。博东科技园成功引进粤斯特环保薄膜等项目，园区自来水厂基本完工，首期土地平整已完成 80%。惠州市（石湾）汽车产业园引进中新汽车零部件等项目 4 个。68 个县以上重点项目共完成投资 72.3 亿元，占年度计划 113.3%。2013 年以来新立项的 78 个亿元以上项目中，已动工建设 58 个，建成 1 个。网上办事大厅已延伸到镇，实现镇镇全覆盖，可网上办理率达 93.6%。

——龙门县。2014 年，龙门县地区生产总值 140.76 亿元，增长 15%；地方公共财政预算收入增长 29.6%，突破 10 亿元大关；社会消费品零售总额 45.59 亿元，增长 14.5%；外贸进出口总额 1.48 亿美元，增长 27.7%。三次产业结构为 14.1 ∶ 44.1 ∶ 41.8。实施“企业成长计划”，新增亿元以上工业企业 14 家；新增规模以上工业企业 30 家、总数 89 家；实现规模以上工业增加值52.4亿元，增长29.3%。成功创建全国“平安农机”示范县。28个省级贫困村2013年度考核均获优秀等次。粮食总产量10.47万吨，增长4.3%；农业总产值30.34亿元，增长5.1%。10个省市重点项目超额完成年度投资计划。固定资产投资130.76亿元，增长42.6%，其中工业投资40.81亿元，增长82.1%，基础设施投资19.51亿元，增长35.9%。全县接待游客742万人次，实现旅游收入31.9亿元，分别增长15.2%和21.5%。县域旅游综合竞争力连续四年位居全省十强。森林覆盖率76.1%。

（七）东莞市

1. 概况。2014年，东莞市地区生产总值5 881.32亿元，增长7.8%；人均地区生产总值70 605元，增长7.4%。规模以上工业增加值2 490.84亿元，增长8.8%；固定资产投资1 427.11亿元，增长9.8%；社会消费品零售总额1 942.29亿元，增长8.7%。三次产业结构为0.3：45.9：53.8。地方公共财政预算收入455.21亿元，增长11.2%，其中税收收入占比80.2%。年末本外币存款9 323.3亿元，贷款余额5 562.4亿元，分别增长5.0%和11.5%。先进制造业和高技术制造业占规模以上工业增加值比重分别达47%和36.8%。全年新增百亿企业3个，增至10家。全年电子商务交易额达2 900亿元，增长26%，智能手机年出货量达2.3亿部。产品内销提速，全年工业品内销比例达52%，同比提高2.9个百分点。

2. 区域发展和合作特点。

——加快推进深莞惠经济圈合作开发。一是认真做好规划编制衔接。定期与深惠两市商讨规划定位对接事项，共同推进总体规划、交通、旅游等6项规划编制。区域协调发展总体规划已印发组织实施，交通运输一体化规划、旅游发展与产业一体化合作规划已完成编制，其他规划编制也正在加快推进。二是推进与深圳、惠州的融合发展。积极谋划将东面和北面接壤惠州，南面毗邻深圳的东莞粤海银瓶合作创新区纳入省级重大区域发展平台。在编制银瓶合作创新区发展总体规则中，强化与深圳、惠州两市的融合发展。三是开展东莞市东部片区一体化发展战略研究。以东莞新一轮总体规划修编为契机，开展东莞市东部片区一体化发展战略研究，主动承接深圳产业转移，进一步加强东部片区与惠州的合作发展，推进区域统筹协调发展。

——加快推进珠三角“五个一体化”进程。一是加快基础设施一体化进程。穗莞深城际轨道东莞段、莞惠城际轨道东莞段加快建设，东莞轨道1号线、3号线与深圳轨道线路的衔接方案确定，涉及东莞的24个跨市路网对接项目全部启动，10个项目已完工。二是加快环境保护一体化进程。石马河流域5家污水处理厂改扩建工程动工，164公里截污主干管网投入使用，茅洲河长安三洲污水处理厂二期扩建工程已完成；成立三市环境大气专责小组等组织架构。三是加快产业布局一体化进程。主动接受深圳产业辐射，特别是汽车零部件产业辐射，助推深莞惠汽车零部件产业体系构建。加强深莞惠金融、旅游、文化、农业等领域产业合作。四是加快城乡规划一体化进程。《深莞惠交通运输一体化规划》已通过审定，旅游发展与产业一体化合作规划完成编制。五是加快基本公共服务一体化进程。东莞三级以上医院与深惠两市所有三级医院实现了医学检验、影像检查结果互认，建立莞深一体化就医预约挂号平台，建立突发公共卫生事件联防联控工作机制。

——加强穗莞战略合作。一是加强协调沟通，不断完善两市合作工作联系制度。将临近广州的东莞水乡特色发展经济区定位为穗莞战略合作的重要平台；建立了联络制度，研究讨论解决突出问题的办法，开展项目督查。二是加强部门对接，将穗莞合作落到实处。积极推进15个穗莞合作交通项目；产业合作进一步加快，东莞市引进的广州企业数量增加、质量提高，共引进广州内资项目62宗，协议投资38.37亿元，实际投资17.19亿元；人才技术交流合作不断紧密。三是社会公共服务合作得到加强。文化艺术交流进一步密切。广泛开展文化艺术交流，积极引进广州优秀文化艺术作品，为东莞市民带来高雅的艺术享受。四是积极开展海事合作。对麻涌港区海昌散杂货码头工程的港池开挖项目进行研究和制定施工封航安全措施，确保了施工进度。五是加快推进穗莞跨界路网等重大基础设施建设。

——加大对口帮扶力度。确立帮扶韶关“一园一城七组团”工作思路，协助落实总投资250多亿元的项目103个；统筹落实对揭阳帮扶资金1.8亿元，实施到村帮扶项目710个。

3. 东莞水乡特色发展经济区建设情况。

——抓好环境治理和生态建设。推进“两高一低”企业全面整治与引导退出。研究出台系列政策，已完成对“10镇1港”的首轮实地督导，查处14家无证照污染企业，7家造纸企业同意退出。着力推进综合治水。实施“河长制”，逐步推进中小河流综合治理、内河涌整治、生活污水集中治理（包括截污次支管网建设）、生活污水分散治理、排污口全面摸查等工作。抓紧编制《水乡经济区水系综合规划》和《水乡经济区生态环境规划》，优化淡水河水系堤岸综合整治示范工程、中小河流综合整治示范工程以及生活污水分散治理示范工程的设计方案。开展生活垃圾处理、植树造林、湿地建设等工作，编制《水乡经济区田园规划》，开展岸线综合整治。经过一年努力，水乡经济区主要河涌已经从中度污染转变为轻度污染，水体环境质量大大提高。

——抓好重大项目建设。认真总结规划建设经验，理清项目推进思路，梳理项目实施条件，确保项目依法依规高效推进。虎门港穗丰年水道整治项目提前竣工，横海桥重建工程年内竣工，石龙红海大桥、疏港大道粤晖桥等一批项目如期推进，挂影洲中心涌水环境综合整治、石碣沙腰污水处理厂、横向南通道、梅沙大桥连接线、广深高速水乡段隔音屏设置5个基础设施项目以及中堂风情岛、水乡新城、沙田穗丰年3个示范片区项目如期动工。这些重大项目建设，有效改善了发展条件，增强了水乡经济区的发展潜力。

——抓好休闲旅游产业发展。把发展休闲旅游业作为先导，不断加快旅游资源整合、旅游项目打造和旅游环境建设。一是谋划休闲旅游业发展。多次召集相关部门研究休闲旅游业发展工作，研究起草了《关于促进水乡经济区休闲旅游业发展的工作方案》。二是筹划建设旅游专业团队。积极打造旅游资源整合、配套设施建设、市场开发、品牌塑造、示范项目建设、大型文化活动策划、环境治理7个专业团队，促进水乡经济区的旅游向纵深发展。三是加快旅游示范项目建设。已完成马滘河“花海漂流”、华阳湖夜游等示范项目建设。同时，依托水乡经济区生态环境和文化资源，以“乡愁”为主题，选取麻涌华阳、道滘大罗沙、大岭丫等村为试点，着力打造一批精品家庭式餐馆、旅馆和生态农庄，提升水乡经济区村容村貌水平和农村经济档次。

——抓好产业服务。一是制定产业发展指引。出台水乡经济区产业发展指引，明确产业发展导向，鼓励发展知识密集型、技术密集型、现代服务型和生态环保型产业，限制和禁止“两高一低”产业及不符合水乡经济区定位和功能布局、不利于生态环保和产业转型升级的产业项目。二是严格产业项目审核。根据水乡经济区发展总体规划和产业发展方向，严把项目审核关，凡是不符合发展规划和产业定位的项目，坚决不予通过审核。三是积极开展项目招商。接洽重大项目15个，武汉周黑鸭等项目落户麻涌等地，持续跟进中俄国际产业研究院、水乡经济区发展创新研究院、中华文化创意产业园、水乡经济区科技园等多个项目。

——抓好水乡管委会建设。按照水乡管委会“三定”方案，组建水乡管委会工作机构。积极开展思想建设、组织建设、作风建设和业务培训，建立健全管理制度，研究工作思路、工作机制和运作规则，促进机构运作逐步规范化。把水乡管委会办公区建设作为启动和促进水乡新城建设、拉动整个水乡经济区发展的重要抓手。

4. 松山湖台湾高科技产业园建设情况。

——对台合作取得新成效。莞台生物技术合作“莞榕计划”正式开始施行，开辟两岸携手共建全球领先生物技术产业基地的先河，2014年成功招引6个台湾准上市、上柜的优质生物技术项目。瞄准数字教育这一新兴蓝海产业，引进台湾数字教育龙头企业在松山湖设立学创教育科技有限公司，2014年成功在松山湖设立数字教育示范学校，实现产业发展和社会效益提高的双赢。实施“松源助学金”项目，资助4名优秀大陆籍高学历学生赴台湾交通大学深造。此外，积极参与和台湾“三三会”洽谈引进海峡商品交易所和海峡新金融产品交易中心项目，谋求两岸金融合作新突破。

——招商引资取得新进展。2014年，重点发展生物技术及高端电子信息（特别是核心环节集成电路设计）两大产业，全年引进优质项目51个，协议引资总额10.26亿元人民币。其中，引进优质生物技术产业项目33个，协议引资额7.59亿元人民币；引进优质电子信息类项目18个，协议引资额2.67亿元人民币。

——政策环境进一步优化。一是完善平台顶层设计。加快完善修订台湾高科技园发展总体规划，启动两岸生物技术产业合作基地发展总体规划编制工作，市政府出台《关于高水平建设东莞台湾高科技园的若干意见》。二是优化产业发展政策环境。积极申报海峡两岸生物科技与产业合作示范区，积极配合推进省食药监局审评认证分中心落户松山湖，配合打造食品药品审批“绿色通道”，争取更多的国家和省市级审批权限和优惠政策；修订高新区集成电路产业发展管理办法，增强平台集聚电子信息产业核心环节优质企业的吸引力。

——基础设施及配套环境进一步完善。平台各项建设工作顺利开展，重点工程包括高端人才住宿配套工程——台科花园于2014年9月底完成施工，同步启动其商业配套招商工作；高标准生物技术产业和电子信息产业厂房工程——育成中心二期和产业化中心顺利建设，预计2015年下半年完工，将提供近22万平方米的工业厂房和办公载体。

（八）中山市

1. 概况。2014年，中山市地区生产总值2 823.01亿元，增长8.0%；人均地区生产总值88 682元，增长7.4%；三次产业结构为2.5：55.3：42.2。地方公共财政预算收入251.74亿元，增长11.7%，其中税收收入占比73.3%；金融机构本外币存、贷款余额4 149.7亿元、2 644.9亿元，分别增长3.2%、14.2%。全社会固定资产投资额903.66亿元，增长15.0%；社会消费品零售总额981.80亿元，增长10.0%。外贸进出口总额369.6亿美元，增长3.8%，其中出口总额278.78亿美元，增长5.3%。

2. 推进珠中江经济圈建设情况。

——基础设施一体化。一是交通基础设施建设方面。广珠城际站场综合开发、南沙港铁路各项前期工作加快推进。广中珠澳城际轨道项目预可研报告已完成。深中通道项目经过多方努力，已于 2014 年 10 月完成工程可行性研究报告预评审，并上报国家立项。深茂铁路江门至茂名段已于 6 月启动建设。二是能源基础设施建设方面。积极推进清洁电源项目建设，黄圃“上大压小”热电联产工程已获国家发展改革委核准建设。为提高对珠海、澳门供电的可靠性，中山市开辟了送电第二通道（500 千伏加林至桂山线路），同时建成投运 500 千伏桂山至狮洋双回线路，中珠电网与省电网已具备双通道供电能力。完成中山市域天然气利用工程一期项目建设，建成天然气高压管线约 167 公里，为省实施天然气主干网一、二期和珠海液化天然气接收站项目做好配套准备工作。三是水资源基础设施建设方面。狠抓水资源管理“三条红线”，出台中山市最严格水资源管理制度实施方案，从完善规划、加强监管、加大应急储备、消除污染隐患等多方面建立健全供水安全保障体系。加强项目前期管理、施工组织和进度管理，保证各项水利工程建设稳步实施，提高区域防洪排涝能力。合作推进区域内水资源开发利用，《珠中江城市（镇）供水水源同网实施方案》已进入报批程序。四是信息基础设施建设方面。2014 年，中山与广州、深圳等全国 39 个城市共同入选“宽带中国”示范城市。全市光纤入户率达 49.4%，比上年提高了 24.87 个百分点，排位和增速均居全省第一；建成 3G/4G 基站 18 441 座，基本实现 3G/4G 重点区域覆盖；建成 WLAN 热点 3 544 个，无线接入点（AP）20 050 个，其中直接或间接免费使用 WIFI 服务涉及的 AP 数量占总量的 75% 以上。学校、商家、市场等公共区域的 WLAN 热点最为密集，建有 AP 数占全市总数的 65% 以上。围绕“三率、一数、两页、全覆盖”的工作任务，积极推进网上办事大厅中山分厅建设。

——产业布局一体化。大力发展以光电装备为重点的智能制造装备、船舶与海洋工程装备、节能环保装备、新能源装备、新能源汽车关键零部件、北斗卫星及应用这基础较好的六大先进装备制造产业。在推进珠江西岸先进装备制造产业带发展会议上，中山市共上报 23 个装备制造项目，投资总额 318 亿元，预计全部投产达产后可实现产值超 1 000 亿元。2014 年，中山市共有规模以上装备制造业企业 680 家，占全市规模以上工业企业总数的 24.7%；

实现增加值377.7亿元，占规模以上工业增加值28.8%。先进制造业、高技术制造业增加值占规模以上工业增加值比重分别为35.3%、17.4%，其中，先进制造业增加值占规模以上工业增加值比重比上年同期高出0.77个百分点。

——基本公共服务一体化。一是加快公共卫生体系建设。落实防控人感染H7N9禽流感工作，制定《中山市登革热疫情应急处置预案》，着力遏制手足口病高发态势。规范传染病检测网络实验室管理，全市22个镇级以上医院传染病检测网络实验室通过审核评估；制定《中山市公共卫生监督监测工作计划》，对公共场所进行了卫生监督专项抽检，中山市国家卫生镇达15个。推行阳光用药制度，对药品使用进行有效监控。建立医疗技术风险监测、预警、管理制度；科研评审工作进展顺利，通过网上评审出市立项192项，新技术新项目推广49项。二是加快公共交通服务建设。编制完成外市老年人免费乘车工作实施方案。实施《非本市户籍新中山老年人免费乘坐公共汽车工作实施方案》。新开通公交线路11条，优化调整公交线路28条，延长服务时间3条。完成2 000辆公共自行车投放工作，开通公共自行车二维码手机查询系统。三是均衡优质发展公共教育。进一步规范义务教育学校招生。出台《中山市义务教育阶段学校招生工作意见》，扩大市直属初中电脑派位范围，提高优质普高指标生比例。2014年直属初中电脑派位由2所学校扩大到4所市直属初中，由城区扩大到面向全市24个镇区，新增电脑派位学位180个，逐步提高进城务工人员随迁子女入读公办学校的比例。2014年中山市向社会公布的积分入学指标数为13 200人，比上年增加近50%；共有12 251名进城务工人员随迁子女获得入读公办初中、小学一年级资格，比上年增长40.5%。四是提高保障待遇，保障底线民生。进一步提高最低生活保障标准到533元，增幅11.0%；市统一救助平台正式运行，市镇两级民政部门、市红十字会、市慈善总会等全面实施救助信息共享；全面实施困难居民重特大疾病医疗救助制度。全市共救助456人次，市镇两级财政发放救助金约274万元。五是实施积极的就业创业政策，完善社会保障政策。加强二级市场和服务站规范管理。开展创建充分就业村活动，认定五桂山龙石等132个村为充分就业村，达标率达88%。推进省异地就医多向联网即时结算工作，珠中江三市互认定点医疗机构扩大至17家。加强社保精细化服务，完善电子社保建设，实现参保证明网上自助打印和属地自助打印。启动省内转移平台办理社保转移接续业务。

——环境保护一体化。一是加强水环境联合保护。加快推进中山—江门跨界区域水环境污染的整治工作。实施《古镇水道（中山段）水污染综合整治方案》，着力解决古镇水道（中山段）水环境污染问题。二是加强区域大气污染综合整治工作。市政府印发实施《关于中山市大气污染防治实施方案（2014—2017）》（中府〔2014〕49号）。开展中山市空气质量预报预警系统建设。三是制定环保和气象联动工作方案。制定《中山市环境保护局与中山市气象局共同推进空气质量预报预警工作联动方案》，以大气重污染预报预警为重点，建立信息通报、大气重污染预报预警会商机制，及时妥善应对重污染天气。四是推进重金属污染防治和重金属综合治理。制定《中山市重金属综合污染防治2014年度实施方案》，启动重金属污染场地修复试点，已完成修复场地的污染调查。划定土壤优先保护区域，建立土壤环境质量等级划分数据库。

——城乡规划一体化。一是优化城镇化空间布局。制定珠三角城市升级行动纲要编制指引，构建“珠中江+阳江”新型都市区。二是探索建立城乡发展一体化的规划管理和实施机制。制订事权下放工作方案，将规划管理行政审批权限全面向各镇区下放，并将规划审批职能引进到市的行政服务中心。三是编制城际重点交界地区的整合规划及专项规划，统筹规划变电站、污水处理厂、垃圾焚烧发电厂等公共设施建设。小榄镇污水处理厂改造工程已投运；古镇镇污水处理厂二期工程已建成。四是推进城际轨道站点周边土地TOD综合利用。南头镇、东升镇城际轨道站场TOD综合开发规划已上报。五是加大“三旧”改造力度。大涌镇第二期、板芙镇第一期增减挂钩项目材料已上报。

3. 中山翠亨新区建设情况。2014年，翠亨新区狠抓规划编制报审、基础设施和公共配套设施建设、标杆性项目引进及开发建设融资支持等重点工作，不断完善生产、生活配套，优化企业服务。新区起步区共有 24 家投产工业企业，规模以上企业 12 家，全年实现工业总产值 138.4 亿元，增长 11.6%；完成固定资产投资 31.99 亿元。

——战略平台建设取得新进展。一是新区获批成为海峡两岸交流基地。7 月，中央台办、国台办正式批准翠亨新区为海峡两岸交流基地，将为新区及全市发展增添动力。9 月，中山经贸考察团赴台湾考察专题推介新区，与台湾方面共签约项目 7 个，投资规模近 38.07 亿元。二是省政府明确中山市为海峡两岸中山论坛永久举办城市。三是粤澳合作取得新突破。2014 年粤澳合作联席会议上，中山市与澳门特别行政区签署了《关于合作建设中山翠亨新区的框架协议》，携手打造具有国际特色的粤澳全面合作示范区，共同推进翠亨新区建设。

——有序布局城市管理体系顶层设计。一是根据住建部智慧城市建设目标要求，加强与智慧城市行业的企业、机构的交流沟通。智慧城市顶层设计招标已确定中标单位，双方已签署顶层设计协议。二是规划体系基本成形。燃气、通信、电力、给水和抗震防灾专项规划已通过审批。三是规范土地资源开发利用。研究制定起步区土地资源管理办法。四是启动中瑞产业园项目。中瑞产业园定位为医药、食品、香精等生物医药和仪表仪器、纺织机械、电力设备等精密机械装备制造群。10 月，赴瑞士开展项目招引，拜访部分目标企业，建立了良好的关系。

——基础设施建设进度加快。一是密切跟进深中通道前期工作。深中通道工程可行性研究报告资讯评估通过专家论证。二是推进中山港东移工程。编制完成港区东移项目前期工作流程表并作为港区东迁指导性文件实施，明确项目 21 项前置审批工作。三是翠亨快线翠亨大桥已经通车，预计 2015 年年底全线通车。四是翠亨新区路网改造一期工程以横一路等五条道路为主要工作面，雨水、污水管道已基本完工，开始铺设路面。启动新区起步区绿化管养项目。

——健全招商引资机制体系。一是形成新区、火炬区招商紧密协作机制。与火炬区在产业导向、准入程序、项目洽谈、招商奖励、统计信息共享等方面建立两区全面协作工作机制，跟踪企业经济指标完成情况。两区联合印发《关于进一步加强招商引资工作的实施意见》《工业项目准入管理暂行办法》《企业服务及招商项目督办机制》及《招商项目退出机制》等制度文件，新区还根据实际情况单独印发了《中山翠亨新区起步区产业准入目录（2015年版)》。二是以产业目录引领项目招商。制定并及时更新新区起步区招商产业导向，严格依照“3+3+1”的产业导向把好项目准入关，在谈项目30个，其中重点洽谈项目10个。新区共引进落地各类项目24个，合同投资总额超148亿元，亩均投资强度达到522万元。三是多元化招商引资。通过贴身、优质的行政服务打造良好的投资软环境，中瑞工业园先行区、深圳医疗器械产业园、香港英皇中山全球华人文化村项目、新加坡滨水城游艇俱乐部、中兴智慧城市科技产业园等项目招引取得实质性进展。四是统筹转型升级进行产业布局。注重相关产业、上下游企业集聚，在纬六路两侧统筹安排一批电子信息产业企业，在西二围统筹安排一批健康医药产业项目，形成医药健康产业集群，发挥转型升级的带动效应。五是强化项目落地后跟踪督办。注重从制度上加强招商引资、产业发展引导、企业服务、招商项目督办及签约项目跟踪督办管理。配合新区项目退出和督查机制建设要求，对已签实质性投资协议的68个项目全面摸底，依法启动项目建设闲置用地回收工作。六是加强项目建设管理。完成新区城市综合管理信息系统建设项目公开招标前期筹备；研究制定政府投资项目建设管理暂行办法，严格控制工程设计变更，从严管理招标工作。

——推动投融资平台实体运作。一是围绕基础设施建设资金需求，先后与30家金融机构洽谈融资方案。建行中山市建设发展股权基金方案已获总行审批通过，预计可使用资金10.6亿元。二是开展课题研究，研究完成《中山翠亨新区金融科技产业融合创新试验区工作方案》《翠亨新区发展特色金融产业研究》及《翠亨新区创新融资模式研究》等报告。

——园区配套设施建设提速推进。一是中心河公园一期工程总投资约1.2亿元，计划分三个标段实施，中心河公园获立项批复和用地预审，并于2014年12月26日动工。二是临海科技金融新城设计项目完成招标，已完成城市设计方案。三是提速推进起步区重点地段城市项目设计招标，设计范围包括新区翠城道（原经三路）及周边地段，规划范围约 3 920 亩，已确定城市设计中标单位并提交初步成果。四是开展主要道路、湖泊和相关河道的命名工作。

（九）江门市

1. 概况。2014 年，江门市地区生产总值 2 082.76 亿元，增长 7.8%；人均地区生产总值 46 237 元，增长 7.5%；规模以上工业增加值 847.29 亿元，增长 11.0%；固定资产投资 1 111.65 亿元，增长 16.8%；社会消费品零售总额 923.35 亿元，增长 11.0%；外贸进出口总额 203.8 亿美元，增长 3.3%，其中出口 150.87 亿美元，增长 7.8%；地方公共财政预算收入 177.20 亿元，增长 12.1%；金融机构本外币贷款余额 2 024.5 亿元，增长 18.0%。全年新引进项目 122 个，总投资 448.4 亿元，其中超千万美元外资项目 35 个，超亿元内资项目 21 个。旅游总收入 279 亿元，增长 25.0%。

2. 区域发展和合作特点。2014 年，江门市进一步拓展区域合作领域，深化区域合作内容，珠中江经济圈工作取得新进展。同时，初步确定“江佛一家”融合发展思路，依靠相邻发达地市，协调发展区域经济。

——提出珠中江区域合作新方向。2014 年 7 月，在江门市召开珠中江经济圈第九次党政联席会议暨“蓝色崛起”海洋经济论坛。珠中江共同探索了蓝色崛起的路径，将海洋经济作为珠江西岸发展的新引擎。把珠江西岸打造成广东制造业发展“升级版”和新的增长极，成为珠中江深化区域合作、加强经济圈建设的新方向和新动力。

——完善珠中江区域合作基础。积极实施《珠中江交通基础设施一体化规划》，不断完善经济圈内外衔接。广中江高速等顺利推进。广佛江珠城际轨道交通工程、深茂铁路江门至深圳段分别列入 2015 年预备项目和动工建设计划。签订了《珠中江港口发展战略合作框架协议》，举办了西江港口联盟年会、西江港航发展峰会等活动，西江战略不断深化。

——谋划珠江西岸先进产业带建设。联合举办了省部共同推进珠江西岸先进装备制造产业带发展会议、珠江西岸先进装备“六市一区”工作会议、珠海滨水游艇产业规划论证暨投资洽谈会等活动。江门与珠海、中山均开展了装备制造专题招商活动，取得良好成果。编制了相关装备制造产业发展规划、首届投资贸易洽谈会方案和工作计划。加强了海洋工程、游艇、轨道交通设备等制造业的协调与合作。

——建设珠中江生态文明区域。建立环境联合治理机制。江门与中山环保部门联合召开了专题座谈会，研究了跨界环境污染治理工作。三市共同开展了西江水资源保护工程建设，一批水质净化厂建成并投入使用。

——积极推进基本公共服务一体化。积极推进医疗卫生、劳动社保、文体教育等基本公共服务对接互认。签署了《珠中江三市基本医疗保险定点医疗机构互认合作协议》，三市共有17家定点医院互认，实现了三市参保人异地就医费用即时结算。签署了《珠中江公共法律服务紧密合作框架协议》，开展法律事务合作。珠中江旅游部门与31个高铁、游轮沿线城市签订了结盟协议，共同开拓高铁沿线旅游市场。

——相邻地区优势互补共同发展。初步确定“江佛一家”融合发展战略布局。江门市根据江佛地缘相近、人缘相亲、文化相通的优势，按照“五同”思路，即“产业同兴、文旅通融、环境同治、办事同城、民生同享”，推进江佛两市全面合作、协调发展，提出了13项具体对接工作。

3. 县域经济发展情况。2014年，江门市县域实现地区生产总值962.08亿元，增长4.5%，占全市生产总值的46.2%。其中，台山市生产总值达323.28亿元，居首位。县域产业结构呈现“二、三、一”格局，三次产业结构为12.3∶50.4∶37.2，第三产业占比提升了0.4个百分点。县域工业增加值达358.14亿元，增长10.6%，占全市规模以上工业增加值的39.8%。县域实现固定资产投资591.76亿元，增长9.3%，占全市的53.2%。其中，开平、恩平增速达22%以上，高于全市平均水平。县域实现社会消费品零售总额559.72亿元，增长8.9%，占全市的55.8%。县域公共财政预算收入73.04亿元，增长9.7%，占全市的41.2%。

——台山市。2014年，台山市地区生产总值达323.28亿元，增长6.3%。人均地区生产总值34 084元，增长6.2%；地方公共财政预算收入22.71亿元，增长11.8%。先进装备制造业初具规模，汽车零部件产业加快发展，台山工业新城被授予“广东省重型汽车零部件产业基地”称号。全市重点建设项目56项，共完成投资132.1亿元，为年度计划101.4%。重大工程台山核电累计完成投资626.3亿元，1、2号机组土建工程处于收尾阶段。完成市区约34 000平方米的道路维修、26个社区小公园建设、台城河城区4处河堤大型出水口改造、石花山林相改造三期等工程。完成社会造林1万亩，森林覆盖率47.64%。社会养老保险和医疗保险参保率均达到99%以上。新开工公租房241套，建成公租房381套，全面完成华侨农场危房改造任务。

——开平市。2014年，开平市地区生产总值达267.18亿元，增长6.5%；人均地区生产总值37 908元，增长6.2%；地方公共财政预算收入19.35亿元，增长2.7%。全市专利申请量2 020件，其中发明专利申请量487件，均居江门市首位。全年实现农村经济总收入290.2亿元，增长8%；农民人均纯收入12 610元，增长10.8%。开平碉楼文化旅游区景观质量通过国家5A级景区省级评审。骨干路网加快完善，“三高一铁一环”（中开高速、鹤开高速、江罗高速、深茂铁路、环城公路）建设得到有力推进。全面开展“乡村美化工程”及“创建幸福新农村示范村”活动。在江门地区率先实施“三单”管理方式。实施“宽进严管”的商事制度，全市新登记市场主体4 583户，增长14.6%。

——鹤山市。2014年，鹤山市地区生产总值达230.78亿元，增长6.9%；人均地区生产总值46 092元，增长6.6%；地方公共财政预算收入21.44亿元，增长13.6%。完成固定资产投资133.52亿元，增长15.0%。着力帮扶中小企业，争取省级外贸扶持、产业结构调整等专项资金2 700多万元。实现规模以上工业总产值473.00亿元，增长12.5%；规模以上工业增加值112.05亿元，增长10.3%。紧抓先进（装备）制造业发展机遇，规划建设专用车、新能源汽车基地。成功举办鹤山（上海）装备制造业及物流业投资洽谈会，先后引入富华重工等大型先进制造业项目。社会消费品零售总额143.56亿元，增长9.3%。全年粮食播种面积达27.15万亩，总产量9.91万吨。各项强农惠农政策措施落实到位，落实各级农业专项资金投入合计约1.5亿元。

——恩平市。2014年，恩平市地区生产总值达140.84亿元，增长6.5%；人均地区生产总值28 271元，增长6.2%；地方公共财政预算收入9.53亿元，增长13.0%。市产业转移工业园引进先进机械装备组团项目38个，投资总额47亿元；镇（街）异地招商项目16个；新增投产项目23个；连续3年获省考核优秀名次。33个重点项目完成投资36.2亿元。落实工业企业增资扩产扶持政策，增资扩产项目61个，投入14.7亿元。投入1.4亿元推动交通设施建设。投入超1亿元完善供电线路，开展城市光纤网络改造。完成碳汇造林8 250亩，绿化美化乡村32个，建成森林家园4个。“山泉湾”温泉被评为国家AAAA级旅游景区。全年旅游总收入22.47亿元，增长16.36%，连续两年被评为省旅游综合竞争力十强县。调整行政审批事项448项。建立“马上办”工作机制，工程建设项目并联审批、竣工联合验收等工作得到有效推进。成立恩平市公共资源交易中心。推进商事登记改革，新发展市场主体2 763户。

4. 推进大广海湾经济区建设情况。

——打造粤港澳合作平台。澳门与江门市在“按照将澳门产业多元化发展需求与江门市资源优势相结合的思路，两地政府携手合作，共同争取将大广海湾打造成为粤澳合作新平台”方面达成共识。研究澳门与大广海湾产业合作、创新合作模式等工作已列入《实施粤澳合作框架协议2015年重点工作》。

——各重点区域发展势头良好。一是银洲湖产业片龙头带动作用渐显。大广海湾实现的规模以上工业总产值中，银洲湖占比在65%左右。二是银湖湾高端商务休闲旅游区雏形渐显。银湖湾是《广东省滨海旅游发展规划》重点开发的八大滨海旅游板块之一，已形成可连片开发的国有权属土地近47平方公里。三是广海湾临港产业集聚区功能渐显。通过实施香港惰性拆建物料处置工程，堆填陆域面积近万亩，完成整个处置工程后，将形成面积超过3万亩且所有权属政府的连片土地。四是上下川岛全域旅游格局渐显。川岛旅游范围逐步扩展至全岛，旅游岛的概念逐渐清晰。2014年上岛游客达到120

万人次，增长19.9%；旅游创收7.2亿元，增长26.3%。

——交通枢纽型节点功能得到强化。江门大道、新台高速南延线、深茂铁路加快推进；广佛江快速通道新会会城至崖门段、南沙港铁路江门段、广佛江珠城际轨道交通、中开高速（江门段）建设工程，以及新会崖门3万吨级航道整治工程、江门港广海湾港区广海湾作业区防波堤及进港航道工程、那扶河及镇海湾出海航道整治、银湖湾西区海堤工程，正抓紧开展前期工作；川岛深水港已启动前期研究；台山、恩平通用航空机场选址初步列入《广东省通用航空发展规划》。

（十）肇庆市

1. 概况。2014年，肇庆市地区生产总值1 845.06亿元，增长10.0%；人均地区生产总值45 795元，增长9.3%。第一、二、三产业增加值分别增长4.3%、14.0%和7.0%，其中规模以上工业增加值增长14.3%；三次产业结构为14.7：50.0：35.3，第二产业占比首次突破50%，工业增加值占地区生产总值比重比上年提高4个百分点。地方公共财政预算收入139.13亿元，增长15.2%。

2. 区域发展和合作情况。

——积极推进广佛肇经济圈建设。成功召开广佛肇经济圈第四次市长联席会议，确定继续在交通、产业、环保、民生四个重点领域推进一体化。广佛肇（怀集）经济合作区发展总体规划已获省批复并实施。合作区建设稳步推进，园区路网及“七通一平”建设基本完成，共引进项目64个，总投资84.13亿元，以装备制造、新材料、生物科技等为主，已投产项目14个，已动工项目20个，投资额34.5亿元。

——全面推进两广战略合作。一是深入推进肇庆市与梧州市战略合作。2014年4月，在肇庆市召开了第三次肇梧市长联席会议，审议并原则通过《2014年肇梧战略合作重点工作计划》等内容。9月，在梧州市召开了第四次肇梧市长联席会议，会议主要研究加快推进粤桂合作特别试验区建设工作，审议通过试验区首批合作项目实施计划表等重要事项。粤桂合作特别试验区列入国家《珠江—西江经济带发展规划》，并上升到国家战略层面。试验区建设完成投资2.89亿元，为年度计划投资的144.5%。市委、市政府统筹安排5 000万元支持试验区建设，进一步强化了资金保障。二是加快推进肇庆市与贺州市战略合作。两市政府已同意签署《推进粤桂产业合作示范区建设工作备忘录》，两省区发展改革委共同组织举办专家评审会对规划进行评审并一致同意通过。

——对外经济合作成效显著。出台《肇庆市创新招商引资行动计划(2014—2016年)》。与省商务厅签署了《肇庆市人民政府　广东省商务厅共建珠三角连接大西南枢纽门户城市战略合作协议》。赴东盟三国（缅甸、新加坡、印尼）开展系列经贸交流活动，先后开展了“珠三角—东盟·大西南经贸合作交流会”“广东省百家商会山区行”肇庆站以及赴西班牙、法国、英国、美国、加拿大和台湾地区开展系列经贸交流和登门招商等活动。全年实际吸收外资13.3亿美元，增长7.4%，比预期目标高2.4个百分点。

3. 县域经济发展情况。2014年，肇庆市县域经济持续健康发展。广宁、德庆、封开、怀集四个山区县地区生产总值、规模以上工业增长和固定资产投资等指标超过全市平均水平，其中，地区生产总值累计完成572.45亿元，比上年增10.2%，比全市增速高0.2个百分点；规模以上工业增加值191.79亿元，增长14.4%，比全市增速高0.1个百分点；固定资产投资293.64亿元，增长20.2%，比全市增速高1.2个百分点。四会市在2014年广东县域经济综合发展力测评中位居第一，怀集加快构建肇庆城市副中心。

——加快推进产业转型升级。2014年，广宁县、德庆县、封开县、怀集县分别完成规模以上工业增加值44.52亿元、57.08亿元、32.60亿元、57.60亿元，分别增长16.4%、15.6%、15.5%、14.3%。广宁县以江积工业基地和高新产业基地二期（维信）项目为依托，重点发展新型材料、生物制药、先进装备制造产业等新兴战略性产业，成功引进变形镁合金新材料深加工、衍生健康产业等项目。有序推进创建“国家循环经济示范县”工作，编制《广宁县循环经济发展规划（2014—2025年）》和《申报广宁县创建国家循环经济示范县实施方案（2014—2018年）》，并通过专家组评审，被省经济和信息化委确定为广东省循环经济试点。德庆县重点发展林产化工、木材深加工、电子机械和新型建材，四大支柱产业2014年实现产值183.57亿元，税收入库1.74亿元，占全县工业税收的58%。天龙化工等多个重点工业项目实现投（试）产，新增产值8.4亿元，创税5 900万元。封开县借助粤桂合作特别试验区的政策优势，做好产业规划，以华润水泥、铜钼等矿产资源为依托，引导工业项目向产业集聚地集中，加大产业的协作配套。重点发展新型建材、铜钼矿深加工等产业，以工业固体废渣、建筑废物回收利用为核心，以水泥产品加工为纽带，对接水泥行业与加工业，规划建设封开水泥循环产业园。怀集县重点发展林产化工（木材深加工）、水电、糖醇制造和汽车零配件等产业；建设中山大涌（怀集）产业转移工业园，发展金属加工、木业、纺织、电子、食品等产业。

——加快推进园区载体建设。广宁产业集聚发展项目用地新开发约3 500亩，已吸引63家企业进驻。肇庆华南再生资源产业基地被定为“肇庆市循环经济教育示范基地”，与浙江大学合作建设“华南再生资源联合研发中心”。高新产业基地二期（维信项目）6幢双层厂房已封顶，研发大楼进入装修阶段，宿舍区开始施工。林浆纸一体化产业基地（鼎丰生活用纸项目）“三通一平”基本完成，设备采购完毕。德庆县狠抓工业发展平台建设，新投入建设资金1.54亿元。全面完成县城工业园污水处理厂建设及污水管网、天然气管道铺设工程，加快建设工业大道、110千伏变电站及园区绿化等配套工程。封开县以粤桂合作特别试验区为抓手，与中建集团、粤电集团、太平洋建设集团、珠江钢管集团等一批企业签订了合作协议。广佛肇高速公路、广梧高速封开连接线扩宽工程、平凤拓展区污水处理厂、110千伏变电站、堤路改造、广信大桥等一批项目相继启动和建设。珠江—西江经济带粤桂枢纽水上驿站项目被列入西江航道3 000吨级扩能升级工程投资计划。怀集县坚持“产城互动”“产业兴城”的发展理念，将产业园区扩能增效与中心城区扩容提质结合起来。推进广佛肇（怀集）经济合作区首期总体规划前期工作，起步区控制性详细规划前期工作已完成。探索建立广佛肇（怀集）经济合作区园区管理和利益分成机制，加快产业园区与城区规划衔接。合作区起步区已开发面积10 400亩，累计投入近5.5亿元用于基础设施建设，路网、水网、电网基本形成，9条道路具备车辆通行条件；共引进项目64个，总投资84.13亿元，其中，已投产项目14个，投资额10.12亿元，动工建设项目20个，投资额34.5亿元。

——加快推进重点项目建设。2014年全市重点项目投资计划安排重点建设项目100项，年度计划投资361.52亿元，其中山区县项目共26项（广宁县5项、德庆县3项、封开县4项、怀集县14项），年度计划37.10亿元。山区县全年累计完成投资57.69亿元，完成年度计划投资的155.5%，比全市进度快34个百分点，其中怀集、封开、广宁、德庆完成年度计划进度分别为162.5%、161.3%、135.5%、135.5%。

——加快推进新型城镇化建设。2014年，出台《肇庆市“两区引领两化”发展总体规划（2014—2020）》。山区各县以此为契机，加快开展新一轮总体规划修编，新城建设全面启动。封开县加快推进两广生态新城项目建设，集中力量推进广佛肇高速公路封开段建设，积极推动西江干堤达标加固工程、广信大桥、南丰二桥、封开西江水上综合服务区、县城区110千伏变电站搬迁和平凤220千伏变电站等项目建设工作。德庆县以县城西区开发建设拉大城市框架，全面推进县城路网建设，稳步推进排水排污管网和污水处理厂建设，全力配合广佛肇高速公路德庆段建设，推进悦城天然气站和德庆港区悦港码头建设。广宁县不断完善以县城区为重点的“一轴两带四组团”规划体系，加快城东新城和城西新区两大平台建设，抓紧东环路等重点城建工程的开发建设。怀集县加快构建肇庆城市副中心，大力实施县城“东扩西拓”战略，重点推进天湖城市综合体和高铁站前城市综合体建设，加快推进县城东、西部新城39个项目建设；冷坑镇被列为“全国重点镇”；二广高速怀集北段和贵广铁路怀集段工程建设全面完工。

4. 肇庆新区规划建设情况。2014年，肇庆新区以完善基础设施和公共配套服务为抓手，集中力量推进起步区建设，在产业招商、土地收储、资金筹集、改革创新等多个方面取得重大突破，2014年地区生产总值41.3亿元，增长 13.2%；固定资产投资完成 30.89 亿元，增长 23.0%，为顺利完成“三年打基础”目标任务奠定了良好基础。

——科学谋划，规划体系进一步完善。坚持规划优先原则，在发展总体规划顺利获批的基础上，2014 年 5 月，城市总体规划经省政府同意由省住房和城乡建设厅批复实施；7 月，重点地段城市设计与控制性详细规划获市人民政府批复实施；产业发展、基础设施、低碳发展三个专项规划，鼎湖区土地利用总体规划（肇庆新区项目部分），新区能源发展规划，公路网专项规划，核心区综合管廊实施方案已获批准实施。

——集中资源，强力推进起步区建设。新区一直把重点项目特别是基础设施项目作为起步区建设的重中之重，将 2014 年设为新区的“项目建设年”，全力推动 9 个续建项目、6 个新建项目及一批前期筹备项目建设。合同总投资超过 310 亿元，全年完成投资 51.18 亿元。一是以路网、水网搭建城市格局。完成了进港路扩建及总部三、四路建设工作，将长利大道、新区中路等 6 条主要道路纳入全市公路网规划。二是高端配套城市公共服务元素。着力打造“名学校”“名医院”。北京师范大学肇庆附属学校已于 9 月 1 日开学；中山大学附属第三医院肇庆医院项目顺利动工，计划两年半内建成使用。三是加快新能源、新概念项目建设。9 月，天然气分布式能源项目 2 号能源站首期工程顺利为北京师范大学肇庆附属学校项目提供用能服务。四是加快构建交通枢纽。肇庆东站枢纽客运站被新增列入国家“十二五”建设项目名单，东站站房建设完成，周边配套设施基本完善，满足高铁开通要求，于 2014 年 12 月 26 日与贵广、南广铁路同步建成投入使用。五是让人民群众共享改革发展成果。组建了居民安置小区项目公司，并完成立项、方案设计、用地征收等工作，按计划开展了地质勘探、场地填土施工。

——推动产城融合，加快构建现代产业体系。按照新区的产业定位，积极拓展产业合作领域。一是推动中央绿轴生态城项目建设，探索新型城市化及城市综合发展运营新模式，打造金融服务、总部经济、医疗教育等产业发展平台。项目已于 12 月 20 日“肇庆金秋”期间动工建设。二是启动站前商贸城项目。充分发挥新区连接珠三角、对接大西南的枢纽门户优势，建设集商贸会展、电子商务、物流仓储、旅游度假、文化体验等于一体的现代化商贸中心。三是推进环球金融中心项目建设，形成金融服务产业集聚发展平台，为文化创意、节能环保等企业提供金融支持及金融服务。项目已完成营销中心及园林绿化展示区建设。这批重大产业项目的落地，将有效带动新区人气集聚，为新区现代产业体系的构建夯实基础。

——明确方向，有针对性开展招商引资。编制《肇庆新区产业投资鼓励清单（2014）》，围绕节能环保、休闲养生、文化创意、现代物流、商贸会展等产业，面向北京、上海、广州、深圳及港澳等一线城市招商，以大企业、名企业为主攻方向，开展针对性推介、洽谈，成功引进环球金融中心、中央绿轴生态城、保利花园等一批辐射性、带动性、集聚性强的优质项目。

——夯实基础，强力推进土地和融资工作。一是多渠道开展融资工作。截至 2014 年年底，新区通过各种方式共融资 43.65 亿元，已到位资金 33.97 亿元，并积极采取 BT、BOT、引进战略投资者参与城市运营和开发等模式，拓宽融资渠道，保障项目建设资金需求。二是推进广东（人保）粤东西北振兴发展股权基金落地新区。肇庆新区是粤东西北振兴发展股权基金的首批试点，且是粤东西北区域以外唯一纳入基金投资范围的地级市新区。9 月 19 日，新区与相关各方完成正式协议的签署工作，已到位 6.6 亿元资金。三是加快推进土地收储。充分利用新型城镇化综合配套改革试点工作带动效应，累计完成征收流转储备土地约 27 000 亩，明确合理的土地出让价格及数量。开展基准地价评估编制工作，为新区土地出让提供价格指导；编制完成土地供应计划，为新区土地有序供应提供科学依据。

——改革创新，充分发挥示范效应。一是实行行政审批制度改革。试行超时默许制度。印发了《肇庆新区一般性行政审批事项超时默许试行办法》，于 10 月 1 日起正式实施，减少不必要的审批流程，行政审批效率大大提高。推动行政审批“两集中、两到位”（集中办公、集中审批，下放权限到位、审批监督到位）改革。独立建设网上办事大厅，除符合省建设基本要求外，增加行政审批系统及电子监察系统、阳光通短信系统、并联审批系统等内容。第一批进驻网上办事大厅的有 13 家单位、204 项服务事项。二是深化新型城镇化综合配套改革。全面完成土地流转工作。完成4 958.77亩土地的整体股份化流转工作，兑现补偿款3.07亿元及后续保障2 500万元。完善两级公司组建事宜，基本搭建起“两级土地股份化”的运营平台。推进房屋搬迁安置工作。加强流转土地的经营管理。对于符合开发条件的项目用地，马上组织收地和土地整理工作，为项目开发提供土地载体。三是编制《肇庆新区产业投资鼓励清单（2014）》，于11月中旬正式印发实施。初步筛选出适合新区产业发展的15个鼓励产业，其中包括68个发展方向，并进一步细化到近411项细分的产品和服务。这标志着新区在产业项目引进上思路更加清晰，产业发展范畴更加明确，更有利于产业项目落地和产业集聚发展。四是创新中央绿轴生态城开发建设新模式。以肇庆新区中央绿轴生态城项目为试点，探索“资金融通+产业导入”的城市建设投融资创新模式，化解资金瓶颈，打造低碳智慧绿色新型城市的首个示范项目，高起点带动中央绿轴片区开发。五是推进新区、鼎湖区一体化融合发展。新区充分依托鼎湖区各职能部门的力量，落实了新区行政审批、行政监管等相关职能的无缝对接。新区、鼎湖区联合印发实施了《肇庆新区环境保护工作实施方案》，新区环境管理统筹由鼎湖区实施，更有利于解决区域污染联防联治问题。

（十一）顺德区

1. 概况。2014年，顺德区实现地区生产总值2 419.68亿元，增长7.9%；人均地区生产总值96 722元，增长7.4%；全社会固定资产投资550.4亿元，增长15.1%；社会消费品零售总额826.3亿元，增长13.2%；外贸出口总值206.4亿美元，增长10.5%；地方公共财政预算收入174.21亿元，增长13.0%。

2. 区域发展和合作特点。

——完善基础设施互联互通。以内外衔接的高速城际铁路、高速公路网络为支撑，形成低碳、开放的现代综合交通运输体系。搭建起全方位发展的空间骨架，推进重点产业向优势地理位置集聚，支持货物运输与物流发展，引导城市经济产业结构布局优化调整。充分依托轨道交通枢纽站及沿途各站形成以交通枢纽站为中心的土地利用发展模式，以轨道交通引领城市集约化发展，推动城市空间布局和整体功能的优化和提升。抓住港珠澳大桥、虎门二桥以及未来的深中通道等区域性连接东西岸交通干线建设的机遇，进一步加强珠江东西岸的互联互通。

——强化区域产业驱动和协作发展。主动承接广佛主城区的综合服务辐射和产业、技术及人才外溢，促进本地区郊区办公、大型零售商业、新市镇、国际社区等的发育以及先进制造业、高新技术产业的互补，促使顺德成为广佛南翼副中心城区和广佛区域对接的重要衔接点；同时，利用产业的优势，联合和带动周边地区的发展，推动顺德的产业升级。通过城市服务功能对接，成为大珠三角西岸承北启南的纽带，强化顺德作为珠三角地区性副中心的地位。支持鼓励建立跨地区、跨行业的产业合作联盟。重点鼓励产业链各行业实施战略联盟合作，共同制定统一的技术标准，引领产业转型升级，走产业融合的开拓创新之路。

——加强社会事业合作。加强与港澳的教育交流与合作。推动支持本地学校与港澳优秀学校结成姊妹学校，建立校际间的交流与合作，包括师生互访、共建与开发课程、互派教师在姊妹学校培训、跟岗等。选派教师、行政干部到香港进修或参观学习，拓展教师的国际化视野与能力。加强职业教育交流与合作，加强泛珠三角电子信息技术产学联盟建设，发挥泛珠三角各地产业与教育优势；加强资源共享，深化校企合作，培育适合企业需要的技能型人才。

——培育对外开放新优势。推动企业与重点国家的合作，成立亚太经贸合作组织商务旅行卡持卡人协会，并借助此平台推动与重点国家企业的交流与合作。将建设友好城市的国家与企业“走出去”的需求相结合，推进友好城市之间的实质性合作。借助境外工业园区带动地方产业转型，稳定境外人员和资源供给。加强与沿线国家地方的人文交流。在此过程中，注意吸收民间资本，参与境外合作项目建设。

——推进生态文明建设。适量地控制开发量，特别是生产用地的开发，推动生态文明建设。在规划中尽量不新增建设用地，只保证绿核周边适量的居住及配套服务设施用地。在规划中应该充分利用区域绿核中的岭南水乡资源，提升“绿心服务”地位，打造生态水乡旅游节点，使之成为珠江口西岸重要的绿化核心、城市中的花园。有效利用顺德本土桑基鱼塘、岭南水乡等生态资源和岭南园林、民俗文化等历史文化资源，将各个元素有机结合，合理规划配置，打造休闲生态、优雅文化、商务度假三位一体的休闲旅游度假胜地，形成产业新极。

——其他深化泛珠合作的方面的内容。以省政府授权顺德区在珠江三角洲金融综合改革框架下开展产业金融改革试验区建设工作为依托，围绕“一个中心，六个平台”的建设思路，打造“全产业链金融”发展模式，深化科技金融融合发展，巩固资本市场服务体系，开拓互联网金融应用。

二、粤东地区

（一）发展概述

2014 年，粤东地区生产总值 5 064.17 亿元，增长 9.2%，高于全省平均水平 0.4 个百分点；人均地区生产总值 29 393 元，增长 8.5%，高于全省平均水平 1.4 个百分点；社会消费品零售总额 2 781.03 亿元，增长 12.7%，高于全省平均水平 0.8 百分点；地方公共财政预算收入 288.15 亿元，增长 9.1%，低于全省平均水平 4.8 个百分点。

——产业结构进一步优化。2014 年，粤东地区三次产业结构为 8.3 ∶ 55.3 ∶ 36.4，第三产业比重比上年提高了 1 个百分点。规模以上工业增加值 2 196.51 亿元，增长 13.2%，高于珠三角地区 4.8 个百分点。汕头、潮州、揭阳、汕尾市规模以上工业增加值分别为 660.49 亿元、329.88 亿元、974.68 亿元和 231.47 亿元，增速分别为 11.0%、11.1%、15.8%、14.4%。汕头市年主营业务收入超1亿元的企业达701家，新增83家，超10亿元的企业达16家。潮州市规模以上工业经济效益指数为225.82%，比上年提高31.1个百分点。揭阳市大力实施产业引进和产业“登高”工程，完成工业投资600亿元，被列为“广东省金融科技产业融合创新综合试验区”。汕尾市实体经济发展进一步加快，电子信息、电力能源、工艺制造、纺织服装四大主导产业增加值占规模以上工业增加值68.9%。

——“三大抓手”全面推进。一是交通基础设施建设方面。汕头市全力推进汕揭高速公路汕头段建成通车，广梅汕铁路龙湖南至汕头段增建二线及厦深铁路联络线项目已转入实质性施工阶段。潮州市突出抓好21个交通重点项目建设，基本完成韩江大桥维修工程、潮汕火车站进站公路、饶平环城北路和铁汫线改造工程等项目建设。揭阳市加快推进汕湛、潮惠、揭惠3条高速公路的揭阳段建设；港口项目完成投资8.56亿元；揭阳潮汕机场航空口岸成为国家一类口岸并正式开放，提升为全省3个国际机场之一。汕尾市全年完成交通建设投资32.2亿元，比上年翻了近一番，厦深铁路汕尾段配套设施逐步完善，潮惠高速公路汕尾段征地拆迁基本完成。二是产业园区扩能增效方面。汕头市产业转移工业园区周边的4条主干道升级改造项目已完成工程量的50%，疏港大道西段已经建成通车；纺织工业循环经济产业园潮南片区启动建设；大数据协同创新产业园项目第一期开工建设。潮州市加强与中山的对口合作，优化整合园区资源，形成总面积30多平方公里的中山（潮州）产业园“一园五区”发展新格局，全年实现工业增加值63.03亿元，增长21.7%。揭阳市全力推进空港经济区、海港经济区两大引擎和重点产业园区建设，中德金属生态城已投入资金27.41亿元，6家企业已投产。汕尾市“1+5”产业园区建设格局基本形成，深汕合作区发展总体规划获省批准，红草产业园获省级高新技术开发区、省市共建循环经济产业基地批准认定。三是中心城区扩容提质方面。汕头华侨经济文化试验区获国务院批复同意；海湾新区“六城一区”建设有序推进，东海岸新城围填海工程全面完成。潮州市理顺潮州新区管理开发机制，抓好新区各专项规划编制工作；加快总投资312亿元的27个起步区的重点项目建设，全面拉开韩东新城起步区发展框架。

揭阳新区核心区空港新城起步区建设全面启动，揭东新城、玉都新城建设拉开框架，榕城区旧城改造扎实推进。汕尾新区建设加快推进，基本完成新区专项规划编制，火车站站前广场及周边配套道路、生活垃圾无害化处理首期工程等市政基础设施建设加快推进。

——对外经济总体稳定。2014 年，粤东地区全年出口总额 167.29 亿美元，增长 6.4%，增幅在粤东西北三个区域中是最低的，但总量是最大的。粤东地区全年进口总额 56.54 亿美元，下降 10.3%，是粤东西北三个区域中最低的。粤东地区实际利用外商直接投资 6.89 亿美元，增长 10.7%，是全省四大区域中增速最快的，高出全省平均水平 3.0 个百分点。粤东四市中，出口增速最快的是揭阳市，达 16.0%；总量最大的是汕头市，达 69.55 亿美元，占了整个粤东的 41.6%；实际利用外商直接投资总量最大的是揭阳市，达 2.39 亿美元。

——固定资产投资持续增长。2014 年，粤东地区固定资产投资总额 2 910.51亿元，增长 25.1%，高于全省平均水平 9.2 个百分点。汕头、潮州、揭阳、汕尾市分别完成固定资产投资 1 002.73 亿元、313.01 亿元、1 093.80 亿元、500.97 亿元，分别增长 28.2%、23.4%、31.5%、8.4%。粤东地区共安排省重点项目 114 个，总投资 3 458.5 亿元，年度计划投资 446.1 亿元，全年完成投资 503 亿元，为年度计划投资的 112.8%。新开工建设宁波至东莞高速公路粤闽界至潮州古巷、普宁市大南山城市公园等 18 个项目，建成投产汕梅高速公路汕头至揭阳汕头段、潮州市珍稀南药铁皮石斛产业化基地等 12 个项目。

——民生保障水平稳步提高。2014 年，汕头、潮州、揭阳、汕尾市全体常住居民人均可支配收入分别为 17 266.3 元、15 242.5 元、14 953.2 元、15 211.6元；城镇常住居民人均可支配收入分别为 21 445.9 元、18 854.7 元、19 635.2元、19 036.2 元；农村常住居民人均可支配收入分别为 11 190.3 元、10 551.1 元、10 145.6 元、10 415.3 元。汕潮揭同城化惠民措施接连出台，三市住房公积金跨市贷款业务全面推开，医保同城化联网结算全面实现，广播电视互相落地，通信同城化方案出台实施。汕头市教育、医疗卫生、社会保障等十类民生支出141.48亿元，比上年增支12.5亿元。潮州市高考成绩创历年新高，全市上一本线人数1 792人，上线率达到8.5%，增长17%。

表15　2014年广东省粤东四市主要经济指标

	地区生产总值		人均地区生产总值		第三产业增加值		地方公共财政预算收入	
	绝对数（亿元）	增长（%）	绝对数（元）	增长（%）	绝对数（亿元）	增长（%）	绝对数（亿元）	增长（%）
粤东	5 064.17	9.2	29 393	8.5	1 843.60	9.4	288.15	9.1
汕头	1 716.51	9.0	31 201	8.3	721.07	8.6	123.97	10.6
潮州	850.22	8.2	31 301	7.8	323.29	7.9	41.26	11.2
揭阳	1 780.44	10.7	29 600	9.9	525.29	12.0	73.69	10.5
汕尾	716.99	8.9	23 928	8.3	273.95	9.0	49.23	2.2

（二）汕头市

1. 概况。2014年汕头市地区生产总值1 716.51亿元，增长9.0%；人均地区生产总值31 201亿元，增长8.3%；第一、第二、第三产业增加值分别增长3.9%、9.7%和8.6%。地方公共财政预算收入123.97亿元，增长10.6%，全市规模以上企业利润总额增长20%。

2. 汕潮揭同城化发展情况。

——进一步完善同城化工作框架和规划体系。一是召开汕潮揭同城化第三次联席会议。2014年5月5日，推进汕潮揭同城化第三次联席会议在揭阳市召开，会议通过了《2013年汕潮揭同城化工作总结》和《2014年汕潮揭同城化工作意见》，审议通过了《2014年推进汕潮揭同城化发展建设粤东城市群工作计划》，明确2014年实施的33个同城化重点项目，推动了2014年同城化工作有重点、按步骤开展。二是进一步明确同城化发展目标和措施。2014年2月，省发展改革委经省政府同意印发《关于加快推进汕潮揭同城化发展建设粤东城市群工作方案》，明确同城化工作的主要目标、重点任务和保障措施。汕头市出台了实施意见。2014 年 7 月，省发展改革委印发《汕潮揭交通运输同城化发展规划（2013—2020 年）》《汕潮揭同城化重点项目建设规划（2013—2020 年）》《汕潮揭同城化产业园区建设规划（2013—2020 年）》《汕潮揭基本公共服务同城化发展规划（2013—2020 年）》《汕潮揭同城化水资源保护与利用规划（2013—2020 年）》《汕潮揭城镇群发展规划（2013—2020 年）》六个专项规划，汕头市研究提出实施意见，进一步明确了推进同城化发展的长期目标、具体措施和步骤。

——继续推动落实一批便民惠民合作项目。公共交通同城化方面，在 2013 年推动一批毗邻公交线路延伸接驳的基础上，结合厦深高铁建成通车，开通第 181 路及第 218 路公交线路，共开通 9 条同城化驳接线路；开通中心城区以及潮阳、潮南、澄海至潮汕机场、厦深高铁站公交专线 6 条；同时优化高铁快线、机场快线的运行线路、运营时间和服务质量，逐步实现三市市民出行的无缝对接。医保同城联网结算方面，全力推动汕头、揭阳医保同城结算工作，实现与潮州市中心医院、潮州市人民医院、揭阳市普宁华侨医院、揭阳市普宁人民医院 4 家医院的医保住院记账联网结算。医疗检查结果和病历互认方面，已基本实现汕潮揭三市三级医疗机构医学检验、影像检查结果互认，促进了三市医疗卫生服务深度融合。通信同网同费方面，11 月，汕潮揭通信同城化协调会召开，通过《汕潮揭通信同城化实施方案》，保留三市现有长途区号，采取“叠加资费包”形式，取消长途费和漫游费。电信、移动、联通、铁通公司联合公布《汕潮揭通信同城化资费方案》。广播电视互相落地播出方面，汕头市广播电视台于 5 月采用电视无线接收进入网络的方式，实现三市电视节目互相落地。

——加强经济社会多个领域交流合作。一是着力推动实现三市交通网络互联互通。高速公路方面，汕揭高速公路汕头段建成通车并实现与沈海高速互联互通；潮惠高速汕头段征拆工作已完成；揭惠高速汕头段征地基本完成，拆迁完成 90%；汕湛高速加快推进濠江段控制性工程建设；潮汕环线高速前期工作全面加快推进。公路方面，国道 206 线汕头段，国道 324 线汕头段，省道 234 线汕头段，省道 237、337 线潮南路段等多条与潮州、揭阳连接的干线公路改造大修工程同步推进。铁路方面，广梅汕铁路增建二线汕头段转入实质性施工阶段；汕头港疏港铁路联合筹备组正式挂牌运作，预可研报告编制基本完成。二是加快推进三市产业协同发展。推进金融服务同城化，推动金融法人机构互相设立分支机构，支持广东华兴银行做大做强。鼓励三市各金融机构同城行内汇划、同城跨行汇划、同城自助设备汇划及其现金存取款交易实行同城标准。民生银行汕头市分行推出“潮心卡”业务，对潮汕地区ATM渠道取款和电子渠道结算实行免费，有效推动汕潮揭金融同城化建设。推动旅游业合作发展。密切与潮州、揭阳的联系，共同整合旅游资源、开展旅游宣传、拓展客源市场，开发精品线路，打造大潮汕旅游品牌。联合组织旅游企业参加“美丽中国之旅”港澳地区主题宣传推广活动，联合布展参加广东（东莞）“21世纪海上丝绸之路”国际博览会，建设汕头旅游网，完善区域旅游信息交流平台。三是着力推动社会服务同步提升。推动形成汕潮揭三市多层次、规模化学校合作交流机制，汕头市教育局和韩山师范学院通过共建粤东教师专业发展联盟，共同推动粤东基础教育事业的发展。促进区域教育资源均等化，开展放宽潮州、揭阳籍在汕头市务工人员随迁子女接受义务教育后参加升学考试录取条件试点工作。积极筹备建设潮揭人力资源市场。主动与潮州、揭阳两市沟通衔接，形成汕潮揭人力资源市场建设方案，对现有三市的实体市场和网络市场进行改造升级和整合优化，共同打造三市公共就业服务保障平台。开展跨市作案刑事犯罪案件侦破协助、突发公共卫生事件协同处置以及群体性体育工作等方面的交流合作。四是强力推进生态环境协同治理。开展练江污染治理、韩江水源保护工作，建立韩江流域饮用水水源水质监测与污染预警体系，拆除韩江流域河道堤防违法建（构）筑物954宗。多次召开三市环保联席工作会议，深入交流和研究解决区域环境污染整治问题，合作共同打击电子废物非法拆解行业，并与揭阳市首次开展跨市环保联合执法行动，清理取缔两市交界处10多家小熔铝作坊。

3. 县域经济发展情况。汕头市一直高度重视辖区内唯一县级行政区域南澳县的经济社会发展，2014年南澳县地区生产总值14.70亿元，增长7.5%。其中第一、二、三产业分别增长4.0%、8.5%、9.2%，三次产业结构为

27.9 ：43.6 ：28.5。规模以上工业增加值4.64亿元，增长7.9%。地方公共财政预算收入1.89亿元，增长15.3%。农业总产值16.16亿元，增长4.0%。固定资产投资17.04亿元，增长34.9%；社会消费品零售总额18.79亿元，增长10.4%；外贸出口总额242万美元，增长47.6%。南澳县在全省率先编制了列入国家第一批开发利用的三个无人居住海岛——凤屿、官屿、猎屿的保护和利用规划，并获由国家海洋局批准的海岛使用权，完成第二批无人居住海岛名称标志设置和立碑工作。建成了我国大陆首座海岛北回归线标志塔——“自然之门”及北回归线广场。青澳湾国家海洋公园已获国家海洋局批准，南澳入选“广东十大美丽海岛”，首次进入省旅游综合竞争力十强县市。2014年进岛旅游94.3万人次，增长6.8%；旅游综合收入4.25亿元，增长27.6%。

（三）潮州市

1. 概况。2014年，潮州市地区生产总值850.22亿元，增长8.2%；人均地区生产总值31 301亿元，增长7.8%；三次产业结构为6.9：56.4：36.7。规模以上工业增加值332.5亿元，增长11.1%。社会消费品零售总额395.8亿元，增长11.8%。居民消费价格总指数上涨1.5%。进出口总值34.2亿美元，下降12.5%，其中，出口28.5亿美元，增长2.5%。全年实际利用外商直接投资10 920万美元，增长8.1%。完成固定资产投资313亿元，增长30.1%。全市72个年度重点项目完成投资106.2亿元，占年度投资计划的95.2%。

2. 区域发展和合作的特点。

——参与海西城市群建设情况。一是发挥港口资源优势，合作开发深水良港。潮州港是国家对外开放一类口岸，是华南地区少有的天然深水良港，具有水深淤少、避风条件好、作业时间长、岸线腹地广阔等优良条件。近年来，潮州港投资聚集效应已初步形成，潮州大唐发电厂1～4号机组、华丰石化工业园、亚太通用码头一期工程等一批项目落户潮州港并建成投产。完善港口基础设施，加快推进与厦门港务集团合作开发的潮州港扩建货运码头工程建设。二是发挥历史文化名城优势，促进旅游合作与发展。以广济桥、古城牌坊街等文物景点为龙头，恢复潮州古城历史风貌，着力打造“国内外有重要影响力的历史文化名城”，全面提升潮州文化旅游的影响力。依托厦深高铁开通的契机，潮州市积极深化同深圳、厦门的区域旅游合作，邀请厦门市、深圳市旅游界人士和新闻媒体记者，到潮州参加厦深潮旅游合作推介活动，品旅游线路，洽谈区域旅游合作，共谋发展大计。三是发挥特色产业优势，促进产业合作与发展。潮州是“中国瓷都”“中国婚纱晚礼服名城”，是全国最大的陶瓷、婚纱和晚礼服生产出口基地。潮州陶瓷出口量约占全国的30%，电子陶瓷产量占全世界的60%；婚纱、晚礼服出口额占全国的50%以上。潮州的陶瓷、服装、食品、水族器材、不锈钢制品等特色产业，从原材料供需、产品配套、运输与市场等多方面，与海西经济区各个市有着广泛的合作基础，潮州全力建设国内重要的特色产业基地，并积极引进项目，不断推进产业发展与升级。福建久策集团投资的径南工业园空分项目已建成投产，为各行业提供便捷的工业气体供应服务。四是发挥特殊区位优势，促进对台经贸合作与发展。潮州是广东省距离台湾最近的城市，在台湾的潮籍乡亲约30万人，对台经济文化合作交流具有良好的基础。随着两岸关系的不断改善，对台经贸合作、文化交流进一步加强，潮州与海西经济区各个城市紧密合作，共同发展对台经贸关系。

——闽粤经济合作区规划建设情况。按照《广东省人民政府　福建省人民政府关于第九届泛珠三角区域合作与发展论坛暨经贸洽谈会期间两省高层会晤纪要》（粤府函〔2013〕203号），两省在广东潮州饶平和福建漳州诏安交界地带，规划建设闽粤经济合作区。规划中的闽粤经济合作区位于珠三角与海西两大经济区交汇处，作为历史上出海贸易的重要节点和东南沿海对台前沿，在对台合作、连接港澳、拓展东盟市场、建设“21世纪海上丝绸之路”等方面具有得天独厚的优势。2014年5月，省发展改革委印发《闽粤经济合作区规划建设工作方案》。潮州市积极与福建漳州方面加强对接协商，共同编制《闽粤经济合作区发展规划（2015—2030年）》。同时，成立了闽粤经济合作区建设工作领导小组，建立区域内多单位、多部门协同合作的工作机制。根据闽粤经济合作区区位、交通、产业、政策优势以及相关国家级、省级区域战略要求，将合作区定位为“21 世纪海上丝绸之路”重要节点、东部沿海地区省际合作试验区、闽粤台海洋经济开放合作区、原中央苏区振兴发展合作示范区以及区域生态文明共建先行区。闽粤经济合作区重点发展海洋产业、绿色食品加工、电子信息、节能环保、商贸物流、特色旅游、健康养生、文化创意等产业。

3. 县域经济发展情况。2014 年，饶平县地区生产总值 209. 91 亿元，增长 8. 2%；人均地区生产总值 23 339 元，增长 7. 7%。第一、二、三产业增加值分别增长 7. 9%、8. 2%、8. 3%；地方公共财政预算收入 6. 46 亿元，增长 13. 2%。规模以上工业增加值 75. 87 亿元，增长 8. 6%；农业总产值 68. 72 亿元，增长 8. 1%。完成固定资产投资 53. 02 亿元，增长 23. 2%；社会消费品零售总额完成 84. 54 亿元，增长 11. 8%。外贸出口总额 4. 97 亿美元，增长 10. 7%。一是特色经济稳步发展。电力生产、陶瓷制品制造、食品制造加工业、纺织服装、燃气生产和水族机电六大产业的产值为 236. 21 亿元，增长 7. 8%，占全县规模以上工业企业产值的 91. 2%。二是产业园区集聚能力不断增强。樟溪低碳工业园区、钱东食品城等工业园区建设进度有序推进，入驻企业不断增加，并成为吸纳城乡劳动力的主要阵地。全县城镇新增就业岗位 7 597 个。三是经济转型升级稳步推进。钱东镇被中国食品工业协会授予“中国盐焗鸡之乡”称号，成为全国唯一获此殊荣的乡镇。大力发展铁皮石斛、深海网箱、茶叶等现代特色农业。四是中心镇建设扎实推进。饶平县的三饶、新丰和钱东等中心镇基础设施有较大的改善，产业和人口不断集聚，城镇功能日臻完善。

4. 潮州新区规划建设情况。潮州新区核心区为韩东新城，面积约 40 平方公里。起步区面积约 18 平方公里，分别位于韩东新城和中山—潮州产业转移园径南片区。

——成立机构，建立工作机制。2014 年 4 月，省编办批准设立潮州新区管理委员会；2014 年 9 月，市编委印发了潮州新区管委会“三定方案”，定编 25 人，内设党政办、发展规划局、招商促进局、建设管理局、企业服务局。通过成立机构，落实专人负责，建立工作机制，形成合力推进新区加快起步建设。

——加快推进新区规划编制工作。编制潮州新区产业发展、基础设施建设、低碳生态、区域建设用海四个专项规划。2014 年 12 月 25 日，召开了专家评审会并初步通过审议；经市政府审批同意，已报省发展改革委备案。同时，推进控规全覆盖工作。潮州新区起步区已编制了控制性详细规划，总面积约 18 平方公里，其中位于径南工业园起步区（约 5 平方公里）控制性详细规划已批准实施；位于韩东新城起步区（约 13 平方公里）已编制完成，正按程序上报审批。

——将潮州新区起步区列为中心城区发展的重要平台，纳入中心城区扩容提质建设规划。将新区起步区纳入《潮州市中心城区扩容提质建设规划(2014—2020 年)》中，并基于优越的区位和生态环境优势，将起步区功能定位为潮州市行政服务中心、商贸服务中心、文体娱乐中心与滨水宜居城区，规划形成“两心两轴两廊多组团”的空间结构。

——全力推进起步区土地征收和管理工作。成立了韩东新城土地征收工作领导小组，明确了分工，落实了责任，全力推进起步区项目建设的征地工作。研究出台《关于加强潮州新区核心区土地和规划建设管理的通告》和《关于严控韩东新区违法违规用地和建设行为有关问题的通知》等文件，全面加强潮州新区的规划建设和土地管理工作。着力抓好在建项目的服务、协调工作，特别是集中精力抓好潮州大桥、韩东片区旧城改造涉及地面建筑物的拆迁、东大道及两侧土地的征收协调等工作。

——推进新区重点项目建设。为加快推进潮州新区起步区建设步伐，以产业园区和重大基础设施建设为切入点，结合新区控制性规划的功能布局，谋划了 27 个起步区重点建设项目，总投资 312.38 亿元，其中在建项目 9 个，总投资 168.75 亿元；正在规划建设项目 7 个，计划投资 39.8 亿；前期项目 11 个，计划投资 103.85 亿元。27 个起步区重点建设项目涉及交通能源工程、市政设施工程、宜居环境工程、地方特色产业、社会事业五大类。径南工业园作为新区起步区，园区一期用地 9 695 亩按“一轴三心多带”进行总体规划，园区规划定位为传统产业升级区，致力于发展新材料、陶瓷、电子信息等主导产业。控制性详细规划编制已完成，一期中首期4 567亩已基本完成场地平整，供水、供气和排水排污管网建设、道路亮化和绿化等工程已基本完工。园内在建项目18家，计划总投资50.5亿元，累计投资4.41亿元，投产1家。

（四）揭阳市

1. 概况。2014年，揭阳市地区生产总值1 780.44亿元，增长10.7%；人均地区生产总值29 600元，增长9.9%。规模以上工业增加值1 047.18亿元，增长15.8%。固定资产投资1 093.8亿元，增长31.9%。社会消费品零售总额759.02亿元，增长15.4%；外贸进出口总额54.62亿美元，增长16.4%；地方公共财政预算收入73.69亿元，增长10.5%。城镇常住居民人均可支配收入19 635元，农村常住居民人均可支配收入10 146元。

2. 推进汕潮揭同城化情况。

——交通一体化加快。紧紧围绕打造汕潮揭“一小时生活圈”目标，大力推动高速公路建设。汕头至湛江高速公路全线开工，揭博段完成征地任务，累计完成投资17.29亿元，占总投资56.52%；汕揭段累计完成投资2.97亿元，占总投资5.09%。揭阳至惠来高速公路揭阳段完成征地任务，累计完成投资29.25%。潮州至惠州高速公路揭阳段完成征地任务。潮惠高速厦深铁路潮汕站连接线揭阳段完成投资约600万元，项目新建部分桥梁完成钻孔、打桩，改造部分完成挖填路基。结合厦深高铁建成通车，共开通9条同城化驳接线路，逐步实现三市市民出行的无缝对接。

——通信同网同费取得突破。2014年11月27日在揭阳市成功召开汕潮揭通信同城化协调会，会议原则通过《汕潮揭通信同城化实施方案》，在保留原来区号的前提下，采取“5元叠加资费包”，取消长途费和漫游费为主的模式，于2015年4月1日起，用户只需到相应的电信运营企业办理有关手续，即可享受汕潮揭通信资费同城化的优惠。

——基本公共服务同城化扎实推进。开展粤东基础教育2014年教育研究课题申报立项工作，共有38项课题获得立项批准，其中揭阳市有21项。全力推动三市医疗卫生服务融合，揭阳市社保局启动了与汕大医学院第一附属医院等5家医院记账联网结算，标志着汕潮揭三市医保定点医院异地就医即时结算全面实现，解决了参保群众异地就医问题。三级医院医学检验和影像检查结果实现互认，推动二、三级医院符合条件医师异地多点执业；建立三市医疗事故、医疗损害的异地专家鉴定及医患纠纷异地专家协调制度，建立特殊专业鉴定专家库；建立三市大医院和基层医疗机构对口支援长效机制，探索推进稀有血型的三市供血合作机制，加强120急救网络体系对接，实现急救信息共享利用和急救网络联通。完善跨市治安协作、突发案件联动处置机制，推动平安潮汕建设，实现社会综合联防联治。

——经济社会合作领域不断拓展。积极推进汕潮揭三市跨市申请住房公积金贷款，从2014年7月1日起，汕潮揭三市缴存住房公积金的职工，可跨市申请住房公积金贷款。围绕打造粤东地区枢纽型人力资源市场的要求，汕潮揭人社部门着力推进人力资源市场整合，共同开展“汕潮揭人力资源市场”实体市场公共服务。围绕揭阳潮汕机场和厦深高铁潮汕客运中心站，整合三市旅游资源，扩大区域旅游产业合作，共同打造贯穿汕潮揭古城旅游精品线路；联合建立旅游招商引资机制，邀请福州、温州等地旅游业界人士到汕潮揭三地考察旅游市场，共同培育和拓展新兴的旅游业态；组织三市重点旅游企业赴港澳、台北分别参加2014年“美丽中国之旅”、2014台北两岸观光博览会，联合布展参加广东（东莞）“21世纪海上丝绸之路”国际博览会，推介潮汕旅游线路、文化品牌；同时加强协作区内旅游业务管理、质监、安全、交通等方面的合作，联合整治旅游市场秩序，推进无障碍旅游区建设。加强经贸交流合作，组织参加闽粤赣十三市党政领导第十八次联席会议。此外，在资源要素市场、协会合作以及群体性体育工作等方面加强交流合作。

——环境生态建设得到加强。练江流域水利基础设施建设扎实推进，《练江流域综合整治规划（水利部分）》通过省水利厅审查，汕头市、揭阳市两市政府已联合上报省政府。加强区域污染联防联治，建立汕潮揭环保联席会议制度，先后3次召开同城化环境污染整治联席会议，深入研商跨域河流整治、打击电子废物等环保问题；构建三市联防联治执法机制，合作共同打击电子废物非法拆解行业，汕揭两市首次开展跨市环保联合执法行动。揭阳市榕江重点区域120家重点工业企业整治全部完成，查处练江环境违法案件225宗。加强对海洋生态环境和海洋生态资源的监测合作，保护海洋资源。

3. 县域经济发展情况。2014年，揭阳市县域地区生产总值998.7亿元，占全市生产总值比重56.1%，普宁市、揭西县、惠来县生产总值分别增长12.5%、10.6%、10.0%。县域实现地方公共财政预算收入31.45亿元，增长14.4%，高于全市平均增幅3.9个百分点。完成固定资产投资595.38亿元，增长42.9%，高于全市平均增幅3.4个百分点。大力推进县域交通外通内联，潮惠、揭博、揭惠3条高速公路揭阳段全线建设，全年投资42.19亿元；6个在建国省道路改造工程完成投资1.48亿元，建设里程69.4公里；农村公路建设完成投资7.81亿元，改造里程504公里。全市县域义务教育标准化学校建设投入资金约7.34亿元，建设义务教育标准化学校353所。以深化基层医改为抓手，有效促进基层基本公共卫生服务均等化，全市共有乡镇卫生院65家、社区卫生服务中心（站）29个，农村卫生室2 265个，乡镇卫生院病床4 330张。

——普宁市。2014年，普宁市地区生产总值563.81亿元，增长12.5%；人均生产总值26 813元，增长11.8%；规模以上工业增加值385.11亿元，增长16.8%。固定资产投资288.56亿元，增长37.3%；社会消费品零售总额252.38亿元，增长16.2%。外贸进出口总额104 227万美元，增长17.1%。地方公共财政预算收入20.2亿元，增长12.6%，其中地方税收收入13.99亿元，增长12.7%。至12月底全市金融机构各项存款余额553.32亿元，增长11.2%；金融机构各项贷款余额244.35亿元，增长29.4%。

——揭西县。2014年，揭西县地区生产总值202.64亿元，增长10.6%；人均生产总值24 010元，增长10.0%；规模以上工业增加值48.25亿元，增长15.9%。固定资产投资76.94亿元，增长37.5%；社会消费品零售总额98.42亿元，增长15.3%。外贸进出口总额7 926万美元，增长18.0%。地方公共财政预算收入4.7亿元，增长19.1%，其中地方税收收入3.44亿元，增长20.2%。农林牧渔业总产值48.94亿元，增长6.2%。

——惠来县。2014 年，惠来县地区生产总值232.24 亿元，增长10%；人均生产总值 20 614 元，增长 9%；规模以上工业增加值 117.02 亿元，增长13%。固定资产投资 144.94 亿元，增长 37.3%；社会消费品零售总额 89.3 亿元，增长 15.1%。外贸进出口总额 21 529 万美元，下降 19.6%。地方公共财政预算收入 6.07 亿元，增长 18.2%，其中地方税收收入 4.11 亿元，增长 16.3%。

4. 揭阳新区规划建设情况。

——重要交通基础设施建设加快。长 28 公里的环岛路已完成 20 公里水泥路面工程。两纵四横 6 条主干道陆续开工建设，其中，空港大道已投入资金 1 亿多元，完成了 95% 的道路软基处理工作；发展大道南段已完成征地拆迁工作，进入实质性施工阶段；新城大道、建设大道部分路基已进入地表清理和填土阶段。

——中央商务区建设稳步推进。揭阳空港新城中央商务区规划用地约1 000亩，首期落地中央商务区共有 12 个总部项目，已陆续进入实质性施工建设阶段，其中南方传媒文化产权交易所粤东总部已进入地面工程建设，广东吉荣、博大金融、良康医药、达华节水 4 个总部项目已顺利完成土地招拍挂，并将进入主体工程实质性建设；中海油粤东总部、回力粤东总部、中诚等总部项目将陆续进入土地招拍挂程序。南方航空粤东总部、南粤银行粤东总部等项目已确定落户中央商务区。

——宜居新城建设扎实推进。南方（揭阳）潮汕文化创意产业园首期工程已投资 3.7 亿元，进入主体工程地面施工；水悦银滩宜居项目已完成三通一平、方案设计等前期工作；一品嘉园、东方新城两个项目均已封顶，并进入外墙装修阶段；龙祥花园已进入主体楼盘第八层建筑施工；中海油生活配套区 70 多亩用地、南方航空生活配套区 30 多亩用地已完成选址，正抓紧推进建设前期工作；长美村已与中房集团签订了“长美文化生态城项目”合作框架，项目规划、设计等前期工作正在全面推进。

——公共配套设施规划建设加快。启动市妇女儿童医院建设；积极引进绿旗集团与北京 301 医院建设一所三甲医院，已确定落户并完成初步选址；

围绕华南师范大学附属揭阳学校2015年秋季招生办学的目标，抓紧细化有关合作事宜，并启动了学校配套设施建设；抓紧启动占地1 000亩的奥林匹克生态公园规划建设，已完成规划设计初步方案，首个项目占地近90亩的揭阳体校及部分体育场馆已完成选址和初步方案设计；空港污水处理厂建设，已通过核准并完成征地，正抓紧启动建设；22千伏“映月”变电站已完成征地，进入钻探、设计阶段。

（五）汕尾市

1. 概况。2014年，汕尾市地区生产总值716.99亿元，增长8.9%。人均地区生产总值23 928元，增长8.3%。三次产业结构为15.9∶47.4∶36.7。规模以上工业增加值261.91亿元，增长14.4%。全社会固定资产投资500.97亿元，增长16.5%。社会消费品零售总额520.11亿元，增长9.8%。地方公共财政预算收入49.21亿元，增长2.2%。实际利用外商直接投资1.63亿美元，增长6.8%；城镇常住居民人均可支配收入19 036.2元，农村常住居民人均可支配收入10 415.3元。

2. 区域发展和合作情况。

——主动融入珠三角。一是积极融入深莞惠经济圈建设。认真贯彻落实省委进一步促进粤东西北地区振兴发展的决定和胡春华书记“坚定向西主动融入珠三角”的指示精神，积极主动融入深莞惠，打造“深莞惠+汕尾河源”协同发展新格局。2014年年初，汕尾市向省政府呈报《关于请求同意汕尾市加入深莞惠经济圈的请示》，获省政府批复同意按“3+1”（深莞惠+汕尾）模式参与深莞惠经济圈建设，参与相关联席会议，按照政府推动、市场驱动的原则确定相关合作事项，承接深莞惠地区辐射转移。10月，汕尾首次参加在东莞举行的深莞惠经济圈（3+2）党政主要领导联席会议。联席会议审议通过了21项五市近期共同推进的重点合作事项，汕尾市参与合作事项共9项，涉及机制共建、交通运输、生态环保、产业合作、警务协作等领域。二是加快深汕合作区建设。2014年11月，《深汕特别合作区发展总体规划》获省政府常务会议通过，明确了深汕特别合作区“四区一城”的战略定位：区域协调发展示范区、粤东振兴发展先行区、深圳产业拓展支撑区、承接珠三角产业转移协作区、现代产业新城。审议通过了《关于优化深汕特别合作区体制机制进一步加快合作区建设发展的若干意见》，通过优化创新体制机制，加快合作区发展。注册成立了深汕特别合作区投资控股有限公司，逐步解决合作区发展资金问题。委托授权合作区行使项目落地、规划建设方面的31项审批管理权限。加大招商引资和加快项目落地建设的力度，与深圳市政府联合组织了4次招商推介会，促成深汕特别合作区先后与清华同方、金科纳米、康强管材等73家企业签订投资协议，签约项目金额1 155亿元。2014年深汕特别合作区共开工建设项目37个，总投资金额超过250亿元，全年产业项目完成固定资产投资36亿元；已经签约正在开展前期工作的项目有36个，总投资900多亿元。合作区在建项目中来自深圳的投资合作项目有29个，总投资额超过230亿元。

——继续推进闽粤赣十三市合作。一是完善交通基础设施，构建区域快速便捷交通网络。结合厦深铁路开通运营的良好契机，积极开展协作区基础设施共建，构建区域快速便捷交通网络。潮惠高速公路全线动工，广州至汕尾高铁、龙川至汕尾铁路、兴宁至汕尾高速公路、天津至汕尾高速公路等前期工作加快推进。汕尾新港、甲湖湾转运码头、小漠石化码头等港口建设加快，汕尾交通管网进一步融入珠三角，初步实现区位嬗变，正在成为“粤东地区通向珠三角的桥头堡”“东岸十市通衢”。二是拓展农业合作领域，推进农产品流通。充分利用粤港澳、闽粤赣与国际市场良好的通道，加强与区域内各市农业生产、水产品养殖、农产品加工、水产品加工技术、市场开拓等方面交流与协作，通过积极组织优秀企业家和优质特色农产品参加区域内的各类展览展会，努力把汕尾优质特色农产品推向国内、国际市场。三是推动产业深度对接，实现合作共赢。引导和推动企业、行业与协作区各市企业、行业对接互动，按照“优势互补、互利互惠、长期合作”的原则，加强协作，深化制造业的对接，不断提升纺织服装、食品制造、金银珠宝首饰加工、圣诞工艺品等传统产业集群，大力发展电子信息、电力能源、石油化工等优势产业及其配套产业，有效实现互惠共赢。四是强化区域交流合作，全面发展服务业。旅游合作方面，积极参加协作区各市组织的旅游宣传推介、联合促销、线路对接、合作经营等活动；结合厦深铁路开通运营的良好契机，积极开展协作区间旅游一体化建设；完善旅游基础配套设施，加快景区景点改造升级，打造国内知名旅游目的地；建立鲘门汕尾旅游服务资讯站，组织开展旅游广告专项宣传工作，着力打造滨海度假游、生态绿色游、民俗风情游、红色教育游、古迹观光游五大旅游品牌，提升汕尾旅游的知名度和美誉度。经贸合作方面，积极发动组织本市企业参加区域内相关市举办的各项大型经贸活动，组织优势产品参加展销、展览，开拓区域市场；引进区域内各市名优产品，丰富汕尾市场，推进产品市场优势互补。现代物流业发展合作方面，加快商贸物流网点规划建设，优化商贸流通业布局，打造区域性物流中心；在公路建设、汕尾火车站及汕尾新港区的货运站场规划建设中引入物流理念，引导站场向物流基地发展；加快建设金银珠宝首饰、服装等专业市场和大型农产品、水产品批发中心，不断推进区域内各市的物流合作与发展。

3. 县域经济发展情况。汕尾市下辖 4 个县（市、区）和深汕特别合作区、红海湾经济开发区、华侨管理区，县域有海丰县、陆河县和陆丰市。县辖镇 41 个，街道 3 个，地域面积 4 456. 4 平方公里，占全市总面积的 84. 5%。2014 年，县域常住人口 248. 59 万人，占全市常住人口的 82. 7%；地区生产总值 504. 37 亿元，占全市的 70. 4%。县域经济发展特点：一是产业优化升级加快。三县（市）结合各自的资源禀赋，大力实施工业带动战略，初步形成各自的支柱产业。2014 年，全市县域规模以上工业增加值 148. 89 亿元；县域第三产业增加值 192. 21 亿元，增长 9. 1%，增幅比全市高 2. 9 个百分点；县域三次产业结构为 18. 2：44. 0：37. 8。全市经认定的省级专业镇 6 个，市级专业镇 6 个，形成了电子信息、纺织服装、食品饮料、金银珠宝首饰工艺品、圣诞礼品和电力能源六大支柱产业。建立了公平服装、可塘珠宝、碣石圣诞礼品、甲子家具配件、梅陇金银首饰工艺品、鹅埠制鞋、海城纺织、陆河青梅种植加工等一批专业生产基地。海亮、三禾、协兴、骏丰农产品、共拓实业等一批现代农业产业项目落户海丰。成功举办海丰可塘珠宝文化节、中国龙舟公开赛（汕尾海丰站）和陆河青梅节等节庆活动。二是新型城镇化建设步伐加快。全市有4个镇（街）被评为省宜居示范城镇，10个村被评为省宜居示范村庄；创建市级宜居城镇13个、宜居村庄29个。三是产业园区建设扎实推进。先后出台了《关于支持产业转移工业园建设工作方案》《关于全面推进产业园区建设的意见》等规范性文件。与深圳各区结对共建产业园区，由罗湖区帮扶陆丰市、龙岗区帮扶海丰县、坪山新区帮扶陆河县共建产业园区，全市初步形成了“1+5”产业园区格局。2014年以来全市共投入园区建设资金7.79亿元，目前已有入园投产企业94家，在建企业31家，已签订协议企业（项目）67家。2014年深圳、汕尾两市政府联合举办了四次大型招商推介会暨产业园区建设现场会，意向投资项目148个，投资总额达1 837亿元，签约金融服务授信额度140亿元。

——海丰县。2014年，海丰县地区生产总值240.28亿元，增长11.0%；人均地区生产总值29 630元，增长10.3%；三次产业结构为14.5：46.4：39.1；农业总产值57.1亿元，增长4.6%；工业总产值463.01亿元，增长19.1%，其中规模以上工业总产值355.7亿元，增长28.5%；地方公共财政预算收入15.32亿元，增长16.1%；固定资产投资234.3亿元，增长16.1%；社会消费品零售总额216.3亿元，增长10.4%；城镇化率62.6%。海丰县坚持以建设县城现代中等城市为目标，启动“大海城”城乡一体化战略。海丰县4个中心镇建成区总面积约30.27平方公里，城镇化率达到64%。农业产业化进程加快，推动农村土地流转，引进、创办了全国500强企业，如海亮、三禾等现代农业基地，加快农业生产由传统零散向集约化、规模化、基地化转变。以服装、珠宝、金银首饰、毛织为主的传统工业不断壮大，特别是可塘珠宝和梅陇金银首饰，经多年发展已初具产业规模及市场影响的基础和优势。以电力能源、石化、生物制药为主的新兴工业发展势头良好，华润海丰电厂1、2号机组建成试运行。加快推进15平方公里的生态科技城建设。海丰是广东省历史文化名城，“红、蓝、绿、古”旅游资源丰富，文化底蕴深厚，以县城红色、莲花山绿色休闲观光、鲘门美食为主的旅游业独具地方特色。

——陆丰市。2014 年，陆丰市地区生产总值 218.51 亿元，增长 11%；固定资产投资额 163.29 亿元，增长 13%；工业总产值 401.96 亿元，增长 24.3%，其中规模以上工业总产值达到 307.36 亿元，增长 32.4%；农业总产值 76.81 亿元，增长 4%；社会消费品零售总额 168.14 亿元，增长 10%；地方公共财政预算收入 16.25 亿元，增长 16%；农民人均纯收入 9 447 元，增长 8.9%。陆丰市立足能源基地建设，先后有中广核陆丰核电厂、宝丽华甲湖湾能源基地、华润风电、华能风电、甲东国华风电等项目落户。打造了大安大蒜、潭西反季节西瓜、陂洋反季节菠萝、乌石芝麻、南塘花生、上英广薯 87、博美豆枝、甲西七月荔、碣石红杨桃、潭西赤米“十大特色农产品”基地。依托资源优势和产业基地，改造提升珠宝首饰、圣诞礼品、五金家具、汽车配件、纺织服装、海产品加工等优势传统产业。推动“一镇一品”建设，形成“专、精、特、新”的特色经济和优势产业。

——陆河县。2014 年，陆河县地区生产总值 45.58 亿元，增长 7.5%；三次产业结构为 22.2∶18.4∶59.4；规模以上工业增加值 3.3 亿元，增长 18.2%；固定资产投资 15.73 万元，增长 15.9%；社会消费品零售总额 32.5 亿元，增长 10.1%；地方公共财政预算收入 3.73 亿元，增长 16.1%；外贸进出口 0.57 亿美元，增长 17.8%；实际利用外商直接投资 0.1 亿美元，增长 7%；城镇常住居民可支配收入 15 143 元，增长 8.6%，农村常住居民可支配收入 8 411 元，增长 7.9%。着力培植农业龙头企业，扶持壮大生宝木瓜、伟能青梅等龙头企业，大力支持重信灵芝、辉强油茶等生态产业和新田樱花（茶花）基地发展。依托“中国建筑装饰之乡”牌子，规划 3.26 平方公里的新河工业园区，建设高端化、现代化、生态化的新型建筑装饰材料产业城。

4. 汕尾新区规划建设情况。2014 年年末，汕尾新区常住人口 52.6 万人；地区生产总值 219.03 亿元，约占当年全市生产总值的 30.6%；全区人均地区生产总值为 41 601 元。汕尾新区规划在规划范围上将新、老城区融为一体，以老城区资源带动新区建设，以新区建设促进老城区更新提质，努力构建“一城（环品清湖中心城）、两园（红草高新技术产业园、白沙湖临港产业园）、三区（红海湾滨海度假区、马宫渔港旅游区、鲘门特色休闲区）”的空间发展格局，全面打造“宜居、宜业、宜游”的沿海岸、链条状、组团式的滨海新区。

——扎实推进规划工作。已完成中央商务区、红草高新技术产业园、金町湾首期（841 亩）的控规编制工作，中央商务区起步区的修建性详细规划进一步完善；组织编制汕尾新区产业发展、基础设施建设、低碳生态发展三大专项规划。

——重点项目顺利动工。有序推动征地工作，确保成熟一块、推出一块、开发一块。有效集中资源，明确目标，落实责任，加快重大项目建设。广物汽车城项目 9 月 23 日正式动工建设，年底前完成土地面平整。保利金町湾项目、红海湾片区大中华集团项目已动工建设。广晟南储、深圳海达舍利阁制药厂等项目也已签订协议。

——营造招商引资良好局面。中央商务区招商引资工作全面铺开，2014 年 9 月 22 日和 12 月 19 日举办汕尾中央商务区专场推介会以后，逐一对相关企业进行了跟踪回访。红草园区广物汽车城项目已完成土地平整并交付企业使用；广晟南储、宝民汽车用品项目，现正办理报建等前期相关手续。胜大光电、恒美珠宝及海达舍画阁药业项目已进入实质性阶段。

——投融资平台构建基本完成。2014 年 8 月股权公司依法依规完成了基金对接主体、回购主体的筛选，以及项目主体的组建、土地资产注入等前期工作。粤东西北振兴发展股权基金安排首期 7.79 亿元已全部到位，振兴公司与建行汕尾分行签订了 5.8 亿元的项目贷款。红草产业园投资开发有限公司运作方案已获批通过。加快筹建市交通建设投资有限公司。

——加快推动基础设施及市政设施建设。汕尾火车站站前广场及周边配套道路等市政工程已完成招标文件编制。环湖路东段、新湖大道等市政工程建设加快；外环快速路首期工程已出具红线图；火车站片区市政公共设施建设项目正在编制可研报告，已完成部分征地工作；工业大道西段市政工程已完成勘察设计招投标，同步开展前期工作。深汕高速公路长沙湾全互通立交出入口已于 2014 年 10 月 20 日顺利动工建设。加快推进生活垃圾无害化处理项目建设，已完成环评、可研、立项等前期工作，完成焚烧发电厂垃圾坑、综合楼主体结构工程、主要设备的订制及部分安装。引进省粤运公司开展战略合作，整合改造全市汽车运输资源；投资3.5亿元分批投入绿色环保公交车辆，打造“五十公里公交化”，全面改造升级交通出行条件。

三、粤西地区

（一）发展概述

2014年，粤西地区生产总值5 776.57亿元，增长10.0%，高于全省平均水平2.2个百分点；人均地区生产总值36 770元，增长9.3%，高于全省平均水平2.2个百分点；社会消费品零售总额2 787.90亿元，增长12.6%，高于全省平均水平0.7个百分点；地方公共财政预算收入277.76亿元，增长11.1%，低于全省平均水平2.8个百分点。

——产业结构逐步优化。2014年，粤西地区三次产业结构为17.1 ：42.1 ：40.9。粤西规模以上工业增加值1 902.15亿元，增长15.2%，高于全省平均水平6.8个百分点，在四大区域中是最快的。湛江、茂名、阳江市规模以上工业增加值分别为738.07亿元、734.35亿元、429.74亿元，增速分别为12.1%、16.8%、18.7%。湛江市重点推进钢铁、石化、造纸三大产业航母建设，发展钢铁、石化及其配套产业。茂名石化公司原油加工量1 803万吨，增长10.6%，乙烯产量114吨，居全国之首；茂名农业产业化进程加快，新增国家级农民专业合作社示范社12家，继续领跑全省。阳江市建成投产英格电气等一批工业项目，特种钢、电力能源等产业加快发展，新增年主营业收入超10亿元企业5家、超50亿元企业1家。

——“三大抓手”成效明显。一是交通基础设施建设方面。湛江市建成海湾大桥连接线二期、霞山港区30万吨散货码头，全市港口货物吞吐量达2.02亿吨，机场客运量突破100万人次。茂名市全年交通建设投资增长

79.4%，包茂高速粤境段路面工程开始施工，深茂铁路江门至茂名段全线开工；茂名港大道北段和南段10.8公里建设通车。阳江市全年完成交通基础设施固定资产投资20.6亿元，增长26%；建成新农村公路硬底化356公里，完成计划119%；深茂铁路阳江段于11月底全线实质性动工建设。二是产业园区扩能增效方面。湛江市全年园区新动工项目34个，完成产值1 000亿元，增长15%；产业转移园完成投资133.5亿元，建成项目6个。茂名市重点园区新签项目62个，其中在建39个，建成投产12个；茂名园、电白园和信宜园3个省级园区规模以上工业增加值77.09亿元，增长20.9%。阳江市着力提升园区产业发展规划，围绕推动产业梯度转移和产业跨区域对接推进重大项目落户产业园区；全年新投入园区开发建设资金7.3亿元，建设硬底化道路28公里、供排水管道20公里。三是中心城区扩容提质方面。湛江市加快智慧城市建设，海东新区动工重点项目32个，建成湛江奥体中心、沿海大道、海东观海长廊等5个项目。茂名市全面开发建设滨海新区起步区，全年完成投资36.5亿元，新引进项目10个，中海油LNG项目获国家批准开展前期工作。阳江市突出抓好滨海新区的规划建设，全面加快新区基础设施和公共服务设施建设。核心区二环南路、南浦大道一期等主要道路加快建设，冈列中心小学新校区已竣工。

——外向型经济稳步发展。2014年，粤西地区出口总额62.38亿美元，增长13.0%，高于全省平均水平11.5个百分点，在四大区域中，增速仅次于粤北；进口总额41.39亿美元，增长15.1%，高于全省平均水平20.6个百分点。粤西三市中，出口总额最大的是湛江市，达到29.41亿美元，增长12.1%；增速最快的是茂名市，达到21.1%，高于全省平均水平26.6个百分点。粤西地区实际外商直接投资4.23亿美元，增长2.8%，是四个区域增速最低的。

——重点项目建设成效明显。2014年，粤西地区固定资产投资总额2 533.33亿元，增长23.3%，高于珠三角地区8.7个百分点，高于全省平均水平7.4个百分点。全年共安排省重点项目127个，总投资4 731.6亿元，年度计划投资602亿元，全年完成投资643.8亿元，为年度计划投资的106.9%。新开工建设茂名南方碧玉商贸城、阳江海盛硅材料生产研发基地等

22 个项目，建成投产湛江广东冠豪高新技术股份有限公司特种纸及涂布纸产业基地、湛江粤西再生资源物流基地等 4 个项目。

——民生保障水平进一步提高。2014 年，湛江、茂名、阳江市全体常住居民人均可支配收入分别为 15 301. 8 元、15 266. 2 元、16 311. 2 元；城镇常住居民人均可支配收入分别为 21 317. 4 元、19 540. 5 元、21 239. 8 元；农村常住居民人均可支配收入分别为 11 381. 1 元、11 913. 5 元、11 488. 5 元。湛江市用于社会民生的财政投入 177. 4 亿元，占公共财政支出的 70%；就业专项资金支出 3 135. 61 万元，惠及群众 4. 5 万人次。茂名市基本完成基层公共文化设施全覆盖，公共文化服务队伍实现全额配置，全市文化馆、图书馆、博物馆全部向公众免费开放。阳江市江城区创建为省教育强区，新增省教育强镇 23 个，建成市养老院，完成 7 701 户农村低收入住房困难户住房、110 户棚户区住房改造。

表 16　2014 年广东省粤西三市主要经济指标

	地区生产总值		人均地区生产总值		第三产业增加值		地方公共财政预算收入	
	绝对数（亿元）	增长（%）	绝对数（元）	增长（%）	绝对数（亿元）	增长（%）	绝对数（亿元）	增长（%）
粤西	5 776. 57	10. 0	36 770	9. 3	2 359. 86	7. 9	277. 76	11. 1
湛江	2 258. 99	10. 0	31 420	9. 2	935. 46	7. 4	114. 42	8. 0
茂名	2 349. 03	10. 4	38 951	9. 7	1 010. 10	8. 9	100. 37	11. 1
阳江	1 168. 55	10. 5	46 938	9. 9	414. 30	6. 8	62. 97	17. 2

（二）湛江市

1. 概况。2014 年，湛江市地区生产总值 2 258. 99 亿元，增长 10. 0%；人均地区生产总值 31 420 元，增长 9. 2%；规模以上工业增加值 738. 07 亿元，增长 12. 1%；固定资产投资 1 020. 76 亿元，增长 28. 3%；社会消费品零售总额1 162.10亿元，增长15.0%；地方公共财政预算收入114.42亿元，增长8.0%；城镇常住居民人均可支配收入21 317.4元，农村常住居民人均可支配收入11 381.1元。

2. 区域合作情况。

——加强与北部湾经济区合作。制定《推进湛江与广西北部湾城市群一体化工作方案》，环北部湾"三关四港"七方协同发展顺利推进。为融入"一带一路"和"中国—东盟自贸区升级版"建设大潮，湛江市以北部湾经合组织为平台，积极推动粤桂琼三省、市高层领导互访交流，促成粤琼、粤桂框架合作协议的签署。2014年12月，在北部湾第八次成员大会上，钦州、湛江、海口、北海、茂名、防城港等市共同签署了友好合作备忘录，从产业、交通、旅游、文化、环保等领域，共同推进环北部湾成员城市之间的合作。

——加强与青岛市合作。2014年12月2日，青岛市与湛江市签署了全面战略合作框架协议。根据协议，两地将充分发挥各自比较优势，重点在港航、产业、旅游、金融、市场拓展、人才科研六个方面加强交流合作，携手开创跨区域合作、互利共赢的新局面。

——加强对外招商引资。与德国工商大会驻广州代表处建立战略合作伙伴关系，推动湛江与德国企业合作。在德国设立"湛江市驻德国经贸代表处"；与德国亚琛工业大学、德国钢铁协会等机构初步接洽，为学习借鉴欧洲先进的制造业特别是德国循环经济先进经验，建设东海岛中德钢铁石化循环经济产业示范园，引进更多战略合作者奠定基础。与德国西马克集团、法国道达尔集团、法孚集团、法液空集团等大型企业深入交流，加快在谈项目洽谈进展。与科威特石油国际（中国）有限公司和法国道达尔公司北京代表处等保持联系，力求中科项目合资公司早日成立。加快融入"21世纪海上丝绸之路"建设。在海上丝绸之路上，国家新增中方投资金额5.48亿美元，同比大幅增长18.6倍，占全市境外投资总额的98.8%，国家批准湛江成为全国首批海上丝绸之路的"战略支点市"。签订合作建设"中国—印尼湛江产业园"框架协议。设立驻国外经贸代表处3个。全年实际吸收外资1.5亿美元，增长14%。

——积极开拓国际市场。"走出去""请进来"相结合，助力企业抢抓出口订单。一是以扶持政策引导，组织30多家企业参加境外展会10多场次，签订贸易意向合同2亿多美元。其中规模较大的是组织15家企业参加水产世界第一展“波士顿水产展”，签订贸易意向合同1亿多美元。组织企业参加“亚洲海鲜展”，首次以湛江国家水海产品外贸示范基地统一展区布展，参展企业数、展位数、贸易合同签订数显著增加，10家参展企业签订贸易合同5 000多万美元。二是推动、支持行业协会在湛江市成功创办首届“中国国际水产博览会”。国内外30多个地区180多家水产企业和近万名水产专业人士参展，规模、成效达到全球第四大、全国第二大国际性专业水平。其中湛江市39家水产企业参加了展会，签订贸易合同达60多亿美元。同时组织湛江市水产行业协会及28家企业参加在湛江市举办的“中国海洋经济博览会”，签订贸易合同1 000多万美元。2014年，全市外贸进出口总额63.15亿美元，增长14.6%。其中，出口总额29.41亿美元，增长12.1%。

——推动外贸转型升级示范基地建设。2014年，湛江国家级水海产品示范基地出口持续增长，获批国家级出口食品农产品质量安全示范区，代表国家通过了美国FDA第18次水海产品质量监控体系考察评估。湛江省级小家电示范基地再次获得“中国电饭锅产业基地”称号，在规模、产业链配套、行业竞争能力等方面继续保持国内领先地位。多个研发产品获评“广东省高新技术产品”称号，出口家电由原来的单一型低端产品向全能型、数码智能型等高新产品发展。

3. 县域经济发展情况。2014年，湛江市县域地区生产总值1 181.66亿元，增长10.2%，高于全市平均增长速度。五县（市）生产总值全部高于120亿元，其中廉江市362.41亿元，增长15.5%。人均生产总值21 058元，增长8.3%。县域规模以上工业增加值、固定资产投资、社会消费品零售总额、外贸进出口总额等指标完成情况良好，分别增长25.8%、26.5%、12.1%、18.0%。遂溪中能酒精、廉江丰诚水泥加快建设。大唐雷州火电获得核准。京信电力前期工作基本完成，京能徐闻火电、华电廉江电厂前期工作加快。雷州、遂溪、徐闻产业园积极申报省级产业园区。推动“县县建港”，加快徐闻龙塘、雷州乌石、遂溪草潭、廉江龙头沙、吴川吴阳等县域港口建设，同步规划建设县域临港产业园区。财政资金重点向县域倾斜。全市5个县（市）地方公共财政预算收入31.18亿元，增长9.2%。可支配财力125.09亿元。市财政安排各县（市、区）公共财政预算转移支付补助22.81亿元，增长24.0%。加快培育专业镇。全市拥有专业镇41个，占乡镇总数的39%，其中省级专业镇16个，形成特色产业32个，特色产品55个。

——雷州市。2014年，雷州市地区生产总值230.93亿元，增长10.0%；人均地区生产总值15 743元，增长9.2%。固定资产投资48.23亿元，增长17.8%。社会消费品零售总额115.00亿元，增长12.9%。地方公共财政预算收入5.53亿元，增长3.6%。

——廉江市。2014年，廉江市地区生产总值362.41亿元，增长15.5%。人均地区生产总值24 468元，增长14.8%。规模以上工业增加值53.02亿元，增长19.3%。固定资产投资184.89亿元，增长4.0%。社会消费品零售总额135.82亿元，增长14.2%。地方公共财政预算收入9.47亿元，增长16.1%。

——吴川市。2014年，吴川市地区生产总值204.72亿元，增长11.0%。人均地区生产总值21 458元，增长10.2%。规模以上工业增加值53.02亿元，增长19.3%。固定资产投资89.31亿元，下降5.7%。社会消费品零售总额89.28亿元，增长11.4%。地方公共财政预算收入6.00亿元，增长12.5%。

——遂溪县。2014年，遂溪县地区生产总值246.88亿元，增长7.3%；人均地区生产总值27 077元，增长6.6%。规模以上工业增加值53.02亿元，增长19.3%。固定资产投资113.07亿元，增长20.6%。社会消费品零售总额84.47亿元，增长10.1%。地方公共财政预算收入6.14亿元，增长5.5%。

——徐闻县。2014年，徐闻县地区生产总值136.72亿元，增长0.2%；人均地区生产总值19 078元，下降0.5%。规模以上工业增加值53.02亿元，增长19.3%。固定资产投资26.79亿元，下降30.5%。社会消费品零售总额69.45亿元，增长10.3%。地方公共财政预算收入4.03亿元，增长3.5%。

4. 海东新区规划建设情况。2014年，海东新区管理委员会挂牌成立。全年共完成征地1 809亩。27个项目动工、14个项目建成，完成投资43.7亿元；海东快线加快建设。龙王湾海岸线生态修复工程回收滩涂4 905亩，正在吹填

1 300亩，已签订回收协议 1 575 亩。成功争取省振兴粤东西北发展股权基金 9.3 亿元支持基础设施建设，首期 1.2 亿元 11 月份已到位。完成 3 个专项规划编制工作，进一步完善控制性详细规划，启动 6 大类 12 个项目规划设计招投标。新区投资公司积极推动政银合作，与农发行签订 88 亿元贷款协议。

（三）茂名市

1. 概况。2014 年，茂名市地区生产总值 2 349.03 亿元，增长 10.4%；人均地区生产总值 38 951 元，增长 9.7%。地方公共财政预算收入 100.37 亿元，增长 11.1%；完成税收总收入 351.4 亿元，增长 10.1%。全市银行业金融机构人民币存款余额 1766.3 亿元，增长 12.7%。进出口总额 138 156 万美元，增长 13.0%，其中，出口总额 98 318 万美元，增长 22.0%。实际利用外商直接投资金额 15 574 万美元，增长 35.8%。三次产业结构为 16.1 : 41.5 : 42.4。固定资产投资 850.55 亿元，增长 28.8%；社会消费品零售总额1 093.90亿元，增长 11.3%。居民消费价格总水平上涨 3.0%。城镇常住居民人均可支配收入和农村常住居民人均可支配收入分别为 19 541 元、11 914 元。

2. 区域合作情况。

——推进湛茂阳临港经济圈建设。一是加快推进重要基础设施建设。深茂铁路江门至茂名段开工建设。加快推进黎湛铁路电气化改造、博贺疏港铁路前期工作。有效解决洛湛铁路、茂湛铁路建设遗留问题，茂湛铁路附属工程 S291、X624 公跨铁大桥完工。包茂高速茂名段路面工程开始施工。汕湛高速茂名段项目可行性研究报告获批复，实现四市（茂名、云浮、阳江、湛江）同步开工。沈海高速鳌头出口建成开通。玉茂高速南段已经省同意作为汕湛高速支线（湛江新机场支线）同步建设。港口建设稳步展开，博贺新港区通用码头工程岸线使用获得交通运输部批准。城乡路网不断完善。茂化快线路面改造段已完成。G207 信宜至高州段路面改造工程、G325 茂名段改造工程开工建设。海洋大道东段加快推进。茂名港大道基本建成通车。能源项目建设加快推进。中海油粤西 LNG 项目获得国家发展改革委同意开展前期工作。茂名石化廉江—茂名原油管道项目于 2014 年年底开工。电网工程建设完成投资 5.9 亿元，茂名热电厂 7#机组建成投产。信宜甘埇等 3 个风电场项目纳入“十二五”第四批风电核准计划。二是借鉴经验创新园区管理模式。茂名市积极借鉴湛江产业园、肇庆大旺产业园等省内先进产业园区发展和管理经验、创新园区管理新模式，不断提高园区管理效率。进一步完善管理、建设、开发三层架构，积极理顺园区管理办公室与当地经信、发改等部门的职责分工，加强协作。部分园区规划配套了商住用地，引进了银行、餐饮等第三产业服务设施，有利于集聚人气，留住人才。茂名市省级园区吸纳就业人员已近 2 万人，园区的发展带动了区域城镇化的同步发展。三是共同推进海洋经济发展。茂名市与阳江市签订了《关于共同推动海洋经济发展的战略合作框架协议》，加强两地战略合作，促进海洋经济跨区发展。此外，茂名市“并小建大，汰木建钢”的渔船改造升级工作被树为全省先进典型，工作经验在全省推广。四是贸易旅游相互促进。组织茂名企业参加阳江市第十三届刀博会等展会，着力提高企业在国际市场中的整体形象，增加外贸业务订单。积极参加湛江航空旅游茂名推介会，与湛江机场达成相关客源优惠协议，大大促进了茂名旅行社组团出游的积极性。发展生态观光产品，打造山地观光、休闲、探险、科考等产品，森林公园、天马山、仙人洞、甲门峡漂流等景点成为茂名吸引湛江、阳江等周边地区游客的特色景点。五是同城化合作增强。茂名、湛江、阳江三市流动就业人员在省内转移医保，互认缴费年限并实现累计计算，确保流动就业人员病有所医。公交车 IC 卡“岭南通·茂名通”“岭南通·湛江通”“岭南通·漠江通”在省内、香港地区实现一卡通，同城交通更加便利。

——与北部湾经济区合作情况。一是加强文化融合。利用《今日北部湾》刊物宣传茂名亮点。茂名市定期向北部湾经合组织联络处提交宣传茂名的稿件，利用北部湾经合组织推介平台提升茂名的知名度和影响力，为招商引资、促进与北部湾经贸合作创造条件。利用电视采访专题片宣传茂名。茂名市积极参加北部湾联络处组织举办的联合采访拍摄专题片评比会和北部湾形象大使大赛、广播电视交流会等。二是加强协调联动。2014 年 11 月 28 日，茂名市组队参加北部湾经济合作组织第八次成员大会暨第十二届广播电视交流与合作会议，介绍了茂名市经济社会发展情况特别是茂名滨海新区情况。三是加强友好合作。在北部湾经济合作组织第八次成员大会上，茂名市政府与湛江市、北海市、海口市、防城港市、钦州市政府，就区位、海洋、港口、文化、旅游等方面的合作及共建"21 世纪海上丝绸之路"等内容签署了友好合作备忘录。与会各方在推进北部湾自由贸易港区、中国—东盟港口城市合作网络建设，加快北部湾港与东盟 47 个港口的海上互联互通等各个领域开展多层次、多形式的交流与合作，互补互利，合力提升北部湾的整体竞争力等方面达成共识。2014 年，茂名市全力以赴抓项目、促落实，以铁路、高速公路、港口建设为先导，全力推进对外交通"高速化"，加快铁路、高速公路、高等级航道、港口集疏运系统和综合交通枢纽基础设施建设；加快以滨海新区路网、半小时生活圈为主枢纽，覆盖茂名城乡的路网建设，为进一步加强与北部湾区域的合作奠定了基础。

3. 县域经济发展情况。2014 年，信宜市、高州市、化州市 3 个县级市地区生产总值 1 173. 4 亿元，增长 13. 3%，高出全市增速 2. 9 个百分点，占全市生产总值比重达 49. 9%。县域固定资产投资 409. 5 亿元，增长 32. 7%。规模以上工业增加值 202. 7 亿元，增长 38. 6%，高出全市增速 21. 8 个百分点。社会消费品零售总额 501. 1 亿元，增长 11. 1%，高出全市增速 0. 7 个百分点。地方公共财政预算收入 31. 4 亿元，增长 11. 8%，高出全市增速 0. 7 个百分点。全市累计获得省科技厅批准建设的省级创新专业镇 16 个。特色农业稳步发展。新增省级农业龙头企业 12 家，农民专业合作社发展到 3 544 家，新增国家级农民专业合作示范社 12 家，继续领跑全省。

——信宜市。2014 年，信宜市地区生产总值 350. 09 亿元，增长 13. 5%。人均地区生产总值 36 666 元，增长 12. 5%。固定资产投资 140. 4 亿元，增长 28. 8%。规模以上工业增加值 73. 3 亿元，增长 37. 5%。社会消费品零售总额 170. 1 亿元，增长 10. 7%。地方公共财政预算收入 8. 8 亿元，增长 16. 8%，其中地方税收收入 5. 4 亿元，增长 17%。外贸进出口总额 1. 7 亿美元，增长 19. 4%。实际利用外商直接投资 2 814 万美元，增长 93. 1%。城镇常住居民人均可支配收入和农村常住居民人均可支配收入分别为 17 825. 4 元、11 620. 0

元。信宜市继续做强南玉、清洁能源、家电温控、林产化工、机械制造、毛纺织等特色产业。农产品有 6 个品种获得无公害称号，12 个产品获得绿色食品认证，怀乡鸡被列入中国畜禽遗传资源保护品种名录。省级自然保护区大雾岭与茂名市级自然保护区鹿湖顶整合升格为国家级自然保护区。森林覆盖率达 68.3%。镇隆八坊村入选省级新农村示范点。

——高州市。2014 年，高州市地区生产总值 437.88 亿元，增长 12.9%。人均地区生产总值 32 563 元，增长 11.9%。固定资产投资 135.5 亿元，增长 35.6%。规模以上工业增加值 67.5 亿元，增长 38.3%。社会消费品零售总额 167.4 亿元，增长 11.2%。地方公共财政预算收入 11.5 亿元，增长 6.2%。外贸进出口总额 4.5 亿美元，增长 43.2%。实际利用外商直接投资 3 967 万美元，增长 48.4%。城镇常住居民人均可支配收入和农村常住居民人均可支配收入分别为 18 553.1 元和 12 029.6 元。高州市农民专业合作组织和省、市级龙头企业分别达到 737 个、18 家。121 个产品获得农业部无公害水产品认证，“新垌茶”获批国家地理标志保护产品。积极发展农产品电子商务，全球首个桂圆电子交易中心落户高州。

——化州市。2014 年，化州市地区生产总值 385.43 亿元，增长 13.7%。人均地区生产总值 31 235 元，增长 12.7%。固定资产投资 133.6 亿元，增长 34.0%。规模以上工业增加值 61.9 亿元，增长 40.2%。社会消费品零售总额 163.6 亿元，增长 11.5%。地方公共财政预算收入 11.1 亿元，增长 14.2%。外贸进出口总额 1.6 亿美元，增长 26.6%。实际利用外商直接投资 2 440 万美元，增长 52.8%。城镇常住居民人均可支配收入、农村常住居民人均可支配收入分别为 18 005.8 元、11 840.4 元。化州市河西民营科技园已列入省战略性新兴产业基地，生物制药、明胶产业被列入省战略性新兴产业项目。大力推进粮油、生猪、罗非鱼、化橘红、蔬菜、蚕桑、水果、林木等特色产业发展，特别是加大对化橘红产业发展的扶持力度。

4. 茂名滨海新区规划建设情况。2014 年，茂名滨海新区实现地区生产总值 847.69 亿元；完成固定资产投资 252.9 亿元；建成区面积 73.4 平方公里；注册企业 5 416 个，注册资金总额 261.16 亿元；在建医院 1 个、学校 5 个，建成学校192个；单位生产总值能耗1.15吨标准煤/万元。

——编制完善专项及控制性详细规划。编制完成茂名滨海新区重大基础设施、产业发展、低碳生态发展三个专项规划。《广东茂名滨海新区城市总体规划(2012—2030)》经市人大常委会审议通过。开展控制性详细规划编制。《茂名博贺湾新城启动区控制性详细规划及城市设计》已经批复实施。编制完成高新区创业城控制性详细规划、南山小区控规修编、乙烯防护距离搬迁安置区规划。

——全力推进新区重大基础设施建设。一是加快交通基础设施建设。包茂高速茂名段路基、涵洞、桥梁工程完成90%以上进度，路面工程开始施工，累计完成投资54.48亿元，占总投资的49.71%。汕湛高速茂名先行段开工建设。云浮至茂名高速公路纳入省高速公路网规划。海洋大道东段加快推进。茂名港大道北段和南段10.8公里建成通车。建成开通沈海高速鳌头出口。G325电城段扩建工程、博贺湾大道和恒大路改建工程全面动工。港口建设加快推进。粤电煤炭码头项目护岸及防波堤工程完成1 700米。博贺新港区防波堤工程加快推进。博贺新港区30万吨级航道（首期15万吨级）工程已编制完成预可行性研究报告。博贺新港区通用码头工程岸线使用获交通运输部批复。二是完善工业区基础设施。高新区北片区、乙烯区、西南片区开发面积合计8.5平方公里，北片区、乙烯区已经成形，正在积极推进西南片区的基础设施建设。顺利完成乙烯厂卫生防护距离搬迁安置，建成居民安置区并配套市政道路、市场、幼儿园、污水收集处理设施、垃圾中转站等。西南管廊、供水供电及通信等配套建设加快进行，工业大道等9条主干道均已完成路面改造，茂水路（园区段）改造完成通车。完成公共租赁住房一期工程主体、装修及市政配套工程。博贺临港工业园区项目前期工作推进顺利，中海石油气电集团的粤西LNG项目获得国家发展改革委批复同意开展前期工作。三是完善新区城市公共设施。国务院于2014年1月25日正式批复同意撤销茂港区和电白县，设立电白区，以茂港区和电白县的行政区域作为电白区的行政区域。着力打造水东湾生态智慧型科教区域，茂名职业技术学院新校区一期工程基本完工；引入广东石油化工学院、广州科技职业学院落户新区建设分校。茂名市人民医院水东湾分院、水东湾新城水质净化厂项目加快推进。规划建设滨海一中和高州中学滨海新区分校，升级改造电城中学。加快东湾绿城安置区、滨海一中、公租房项目等前期工作。四是整合开发滨海旅游设施。粤西地区百越特色文化产业园（冼太夫人故里景区项目）开工建设，核心部分基本完成。南宇国际假日酒店项目顺利推进。完成广东博贺国际旅游度假村、健康休闲旅游岛、广东南湖国旅滨海旅游度假村、广东茂名博贺渔人码头等项目的通航、环评前期工作，加快办理海域使用证。龙头湾旅游综合开发、博贺湾东海岸项目首期、海洋公园前期工作加快。

——促进工业园区扩能增效。高新区紧密结合资源优势，深化石化产业链条，攻坚克难，各类项目建设取得重大突破。2014 年新引进及落地各类工业项目 31 个，总投资 51.85 亿元。其中，新建成项目 5 个，总投资 11.07 亿元；新开工项目 25 个，总投资 39.29 亿元；新签约项目 10 个，总投资 20.38 亿元，其中超亿元项目 4 个。累计落地项目 110 个，总投资 126.81 亿元。其中，建成项目 61 个，总投资 52.37 亿元；在建项目 49 个，总投资 74.44 亿元。其中，德国巴斯夫 18 万吨/年异壬醇项目进入全面建设阶段。南海公司 20 万吨/年聚丙烯项目工程已经投料试产。新建 20 万吨/年环氧乙烷项目获中石化总部批复。高新区水东港丙烯罐项目加快推进。被认定为省级循环经济工业园、中国产学研合作创新示范基地，被授予“四星级工业园”称号，2013、2014 年连续两年获得中国化工园区 20 强称号。

——创新思路破解融资难题。充分发挥融资平台作用，多方面吸纳资金，投入到滨海新区建设。初步统计，2014 年滨海新区共筹集建设资金 173.47 亿元。已落实资金 131.47 亿元，其中，政府投资 12.01 亿元，银行贷款 11.79 亿元，BT 融资 98.55 亿元，其他 9.12 亿元。已投入资金 42 亿元，其中，政府投资 10.8 亿元，银行贷款 12.47 亿元，BT 融资 8.3 亿元，其他 10.37 亿元。已组建或设立 5 家融资平台公司。成功争取粤东西北振兴发展股权基金 9.3 亿元落地茂名滨海新区。茂名港集团通过银行贷款、发行中期票据、发行建信信托等方式融资 9.4 亿元，正在进行 BT 项目融资 57.33 亿元，启动发行 10 亿元私募债的计划。高新区全年共落实省级补助 5.6 亿元，同时通过银行贷款、股权融资等方式共融资 7.7 亿元，与太平洋集团的 5 亿元 BT 合作已完成工程额超1亿元，正在进行西南片区管廊贷款前期工作。

——加快征地拆迁保障项目用地。为确保项目建设用地，滨海新区健全征拆工作机制，着力解决制约区域发展平台发展用地瓶颈问题。初步统计，2014年茂名滨海新区协议征地9 858.47亩，已报批用地1 667.85亩。高新区全年共投入资金7.7亿元，累计征地2 001亩。水东湾新城通过公益事业支持、安排失地经济发展基金、统筹规划留用地和安置区等形式，加强沟通协调，切实维护群众合法权益，全年共储备土地约6 000亩。

——创新机制体制下放审批权限。创新行政审批体制，向滨海新区下放市级审批权限。滨海新区（电城）行政服务中心全面投入使用，集合了市、区、镇三级审批职能和社会事务管理职能；开通政府服务热线，建设电子证照库。水东湾新城行政服务大厅正式运作，完成了部分市级审批权承接工作。区、镇、村（居）三级网上办事大厅开通运行。全面建成村（居）网上便民服务站。

（四）阳江市

1. 概况。2014年，阳江市地区生产总值1 168.55亿元，增长10.5%；人均地区生产总值46 938元，增长9.9%。规模以上工业增加值467.57亿元，增长18.7%；固定资产投资662.01亿元，增长10.6%；社会消费品零售总额531.90亿元，增长10.4%；进出口总额26.9亿美元，增长12.9%；地方公共财政预算收入62.97亿元，增长17.2%。城镇常住居民人均可支配收入21 239.8元，农村常住居民人均可支配收入11 488.5元。

2. 区域发展与合作情况。

——全面推进与珠海市合作。一是建立全面合作机制。推动两市、县（市、区）、部门、企业、社会团体间合作，建立两市党政联席会议制度，推进珠海3个行政区和3个国家级开发区分别与阳江市6个县（市、区）对接，珠海港控股集团与阳江港对接、珠海航空城集团与阳江合山机场对接，两地教育、卫生、人社、民政、旅游等部门开展形式多样的合作。二是推进园区和城市规划提升。完成珠海（阳江）合作共建园、珠海（阳江万象）合作共建园产业规划，对阳江滨海新区核心区规划和海陵岛总体规划进行优化提升。三是合作促进园区扩能增效。合作成立招商公司，积极开展招商引资活动，推进项目落户。强化园区基础设施和服务平台建设，开工建设园区基础设施项目25个，投资总额9.58亿元，建成“五金刀剪生产企业服务基地”。四是推进优势资源对接合作。珠海港与阳江港于2014年年底合作推动，开通了首班集装箱货运商船，珠海航空城与阳江合山机场合作加快合山机场改扩建工程。抓好旅游资源对接，打造珠阳港澳海上黄金旅游线路。建设有机农产品生产基地，通过珠海市供港澳加工配送中心供应港澳。五是加强社会民生领域合作。启动教育医疗专业技术人才交流培养，引进粤德合作项目建设阳江职业技术教育与培训基地，开展百家学校医院结对共建活动，推进两地百家社会组织跨区域合作，共建社会组织培育中心。

——加强与珠三角城市合作。一是推进共建产业转移园。推进与珠三角城市合作共建的珠海（阳江）、中山火炬（阳西）、阳东万象、东莞长安（阳春）4个省级产业转移园建设，2014年新投入基础设施建设资金约10亿元，新开发土地面积约4 000亩，完成规模以上工业总产值803亿元，增长29%。二是加强经贸合作。组织198家企业参加广交会，成交额超5亿美元。围绕“1+10”招商（园区招商和10大专业招商），在广州、珠海、佛山、东莞等地举办多场大型招商推介会，签订投资项目33个，投资总额311亿元。三是加快推进交通对接。推动深茂铁路阳江段于2014年11月全线开工，云阳高速罗阳段建设加快推进，汕湛高速阳春段前期工作有序开展。同时，加强与珠三角在农业、劳务等领域合作。

——推进与湛茂和北部湾经济圈合作。与湛江、茂名共同推进湛茂阳临港经济带建设，加强海洋经济、基础设施等领域合作。大力推进两广十市旅游区域合作，成功举办阳江市（南宁、玉林）旅游推介会，签订《两广十市上山下海智慧旅游合作（玉林）共同宣言》。拓展区域物流合作，有关企业开通了16条北部湾货运专线。参加了东盟博览会，贸易签约1 896万美元。参加广东“21世纪海上丝绸之路”国际博览会，设置“阳江—缅甸馆”，与沿线国家开展双向投资和贸易洽谈，签约项目10个。2014年，阳江市与东盟贸易额达9 600万美元，增长21%，其中出口9 172万美元，进口428万美元。

——推进旅游、科技、贸易合作。联合珠海在湖南岳阳举办“高铁遇上游轮”旅游（岳阳）结盟活动，加入由31个城市共同开辟的“高铁+游轮”式“中国岸线”旅游联盟。加强跨省市政产学研合作，与中国钢研集团钢铁研究总院共建“广东省阳江市五金刀剪产业技术研究院”，与广东工业技术研究院合作编制发布“广东省阳江市五金刀剪产业技术路线图”。积极支持企业“走出去”，大力开拓国际市场，组织企业赴国（境）外参加展销活动25场，组织120多家企业赴美国、德国、巴西等国参加各种展销会，签订一批贸易合同。

3. 县域经济发展情况。2014年，阳江市县域经济发展态势良好，各县（市）以发展特色经济、民营经济、园区经济和专业镇为重点，加快县域经济提升。一是特色经济加快发展。工业成为推动县域经济增长的主引擎，县域产业园区加快建设，阳春市形成钢铁、水泥、机电三大产业，阳西县加快海洋经济、新型建材、食品加工等产业发展。服务业发展稳健，阳春市依托凌霄岩风景区等资源发展生态旅游业，阳西县依托月亮湾等资源发展滨海旅游业，培育了春湾、沙扒、东平等特色旅游强镇。农业稳步发展，南药、春砂仁、水果等特色农业规模进一步扩大，水海产品产量稳步增长，启动美丽乡村建设。民营经济健康发展，阳春市、阳西县规模以上民营工业产值分别增长24.9%、40.2%。二是城乡进一步融合发展。交通、水利等基础设施建设不断强化，县城和中心镇公共服务设施持续完善，并逐步向农村延伸，城乡面貌不断改善，承载经济和人口的能力不断增强，农村人口向城镇有序转移，生态环境保持优良。三是民生保障水平明显提升。县域教育、医疗、社保、文化等社会事业全面进步，就业形势保持稳定，社会建设全面加强，扶贫开发深入推进，人民生活水平持续提高。

——阳春市。2014年，阳春市地区生产总值343.81亿元，增长9.8%；人均地区生产总值39 573元，增长9.2%。地方公共财政预算收入11.76亿元，增长17.2%；固定资产投资135.92亿元，增长23.0%；社会消费品零售总额184.60亿元，增长10.1%；外贸进出口总额1.93亿美元，增长45.8%。三次产业结构为19.7 ：47.3 ：33.0。

——阳西县。2014 年，阳西县地区生产总值 190.52 亿元，增长 15.5%；人均地区生产总值 41 225 元，增长 14.9%。地方公共财政预算收入 6.27 亿元，增长 22.1%；固定资产投资 65.66 亿元，增长 21.6%；社会消费品零售总额 48.91 亿元，增长 11.2%。进口总额 1.78 亿美元，增长 22%。三次产业结构为 32.2 ∶ 41.3 ∶ 26.5。

4. 阳江滨海新区规划建设情况。2014 年阳江滨海新区实现生产总值 220.4 亿元，增长 16.4%；地方公共财政预算收入 9.2 亿元，增长 24.4%；固定资产投资 121.6 亿元，增长 16.3%；规模以上工业增加值 128.9 亿元，增长 29.3%；社会消费品零售总额 113.7 亿元，增长 14.1%。

——新区相关规划基本编制完成。编制完成新区产业发展、基础设施、低碳生态专项规划；加快编制新区城市总体规划、新区核心区（含起步区）控制性详细规划等规划；完成对新区核心区（含中轴线）和海陵岛总体规划的优化提升。

——项目谋划建设取得成效。2014 年，阳江滨海新区亿元以上项目 36 个，计划总投资 745.7 亿元，年度完成投资 70.8 亿元，累计完成投资 211.9 亿元。其中，完工项目 8 个，实际完成投资 45.8 亿元；在建项目 16 个，计划总投资 413 亿元，年度完成投资 45.7 亿元，累计完成投资 155.7 亿元；新开工项目 12 个，计划总投资 277.3 亿元，年度完成投资 8.7 亿元。

——交通基础设施建设初见成效。一是构筑“七纵五横”的起步区交通网络。新区起步区建成东门南路、富康路、南浦大道一期、江朗大道等道路，全面加快市政“六路一桥”（洛西大道、洛东大道、四围大道、四围大道东段、新江南路、南浦大道东段、富康大桥）等主干道路建设。二是贯通连接新老城区“六大通道”。致力打通连接新老城区的新江南路、新华南路、城南东路、城南西路等“六大通道”，促进新老城区对接。三是打造东联南拓西进的“一港二桥三站四路”交通骨架。阳江港多个码头泊位加快建设，海陵岛大桥、阳江港大桥和深茂铁路阳江站、新区汽车客运站、新区公交车站三大站场以及阳东至阳江港高速公路、金平路、富康西路、深茂铁路四大主干道路加快推进，新城起步区与产业发展区间已开通 3 条公交线路。四是城南污水处理厂、江城一小城南校区、110 千伏城南变电站、220 千伏登高变电站全面建成。

——公共服务配套设施不断完善。阳江第一中学、岗列中心小学、渔民安居工程等项目已投入使用；市妇幼保健院、新区幼儿园、高新区污水处理厂项目加快建设。抓好中轴线规划建设，重点推进漠阳湖公园、国际金融大厦、滨海文化中心、高铁枢纽站场等重要项目规划建设。着手谋划建设现代物流配送、产业生活区等配套设施，不断完善新区发展配套功能。

——培育发展新区起步区和核心区城市服务业。新区起步区内的新都汇时代广场等城市综合体加快建设，以此为依托发展现代商贸业。房地产业健康有序发展，2014 年新区房地产开发投资累计 33.34 亿元，商品房销售 4 456 套，销售面积 40.12 万平方米，销售额 25.03 亿元。

——统筹推进新区其他板块建设。依托海洋港口优势在高新区片区大力发展镍合金等临港工业，已初步形成镍合金产业集群，年产值超 200 亿元。珠海（阳江）产业转移园、阳江海洋经济特色产业基地（阳西）等海洋经济发展平台加快建设。在海陵岛片区大力发展滨海旅游业，大角湾海上丝路旅游区积极创建国家5A 级景区，2014 年海陵岛接待游客621 万人次，实现旅游总收入 42.12 亿元，分别增长 25.4% 和 25.2%。

——抓好新区建设要素保障。一是多渠道筹措建设资金。推进粤东西北振兴发展股权基金 3 亿元落地，用于新区开发建设；市恒财城投公司共筹集资金 20.93 亿元；筹集社会资金 6.17 亿元用于新区基础设施一期 BT 项目“六路一桥”建设，筹集社会资金 2.16 亿元用于新区基础设施二期 BT 项目建设；高新区共投入 7.2 亿元银行贷款、专项资金等用于产业园区征地和开发建设；珠海对口帮扶指挥部筹集 3.78 亿元用于新区基础设施建设。二是着力保障项目用地需求和抓好土地储备。截至 2014 年年底，新区起步区累计征地 7.13 平方公里，占起步区规划 10.12 平方公里的 70.5%。

四、粤北地区

（一）发展概述

2014年，粤北地区生产总值4 630.02亿元，增长8.9%，高于全省平均水平1.1个百分点；人均地区生产总值28 047元，增长8.2%，低于全省平均水平0.1个百分点；社会消费品零售总额2 246.43亿元，增长12.7%，高于全省平均水平0.8个百分点；地方公共财政预算收入383.27亿元，增长16.7%，高于全省平均水平2.8个百分点。

——产业发展特色明显。2014年，粤北地区三次产业结构为16.3 ：41.7 ：42.0。实现规模以上工业增加值1 506.75亿元，增长14.4%，比全省平均水平高6.0个百分点。其中河源市规模以上工业增加值增速达18.0%，是粤北五市增速最快的。产业集聚初现效应。韶关市打造4个省级产业转移园和一大批特色工业园区，省级产业转移园工业增加值占全市比重达26.1%，比上年提升3.7个百分点。云浮市重点产业园区实现规模以上工业总产值和规模以上工业增加值分别占全市比重35.5%和36.0%。河源市旅游业由观光型向休闲型转变，叶园温泉旅游景区获批国家AAAA景区，第十一届客家文化旅游节取得圆满成功，年接待入市游客2 201.47万人次，旅游总收入177.01亿元，分别增长15.4%和15.9%。

——“三大抓手”全面推进。一是交通基础设施建设方面。赣韶铁路通车运营、广乐高速公路及其北连接线建成通车，韶关市成为粤北首个拥有环城高速公路的城市；武深高速公路、汕昆高速公路开工建设。河源市完成交通基础设施投资66.8亿元，增长40%；汕湛、大广高速公路河源段加快推进；完成国省道改造里程60公里，县乡公路改造里程100公里，新农村公路路面硬化595.5公里。梅州市完成交通基础设施投资72.32亿元，增长 18.2%；梅大高速二期及东延线建成通车，济广高速平兴段、汕湛高速五华段、兴华高速建设顺利推进。清远市完成交通基础设施投资 105 亿元，顺利推进广清城际轨道 1 期工程清远段建设，在建高速项目超额完成年度任务；完成 129 公里国道、省道改造任务。云浮市完成交通基础设施投资 71.6 亿元，南广铁路正式开通运行，江罗、罗阳高速建设进度加快，西江航道云浮段和港口码头加快扩能升级改造。二是产业园区扩能增效方面。韶关市省级产业转移园完成工业增加值 88 亿元，增长 25%，占全市的比重达 25%。河源市“一区六园”投入开发建设资金 39.44 亿元，扩园 12.6 平方公里，完成工业增加值 295.76 亿元，增长 30.4%，实现入库税收 21.62 亿元，增长 18.1%。梅州市 3 个省级园区规模以上工业增加值 18.5 亿元，增长 20.0%；全市产业园区共投入基础设施建设资金近 13.2 亿元；累计入园落地项目 542 个，建成并投产项目 431 个。清远市 4 个省级园区实现工业增加值 75.17 亿元，税收 15.39 亿元；推进广清合作共建产业园，启动县（区）结对共建产业园。云浮市重点工业园区累计入园项目 443 个，其中建成投产项目 278 个，实际投资 282.65 亿元；实现规模以上工业增加值 100 亿元，占全市比重 36%。三是中心城区扩容提质方面。韶关芙蓉新区起步区建设步伐加快，43 号路、32 号路建成通车，综合客运枢纽、芙蓉隧道开工建设，赤水安置房工程已交付使用。河源市江东新区建设全面启动，在谈、签约项目 40 多个，意向投资达 300 亿元；完成新城中西片区 13 条市政道路和沿江路等升级改造；市区迎客大桥建设加快，滨江大道二期基本建成。梅州市嘉应新区起步区剑英湖扩建工程基本完成，客都汇商业广场建成开业，芹洋半岛安置区、富港城市综合体、站前路、客都大桥等项目动工建设，江南污水处理二期工程全面建成。清远市积极推进雁湖新区建设，累计完成投资 71.4 亿元，市中心区民安路、峡山西路、站前东路等 24 项工程基本完工。云浮新区核心区——西江新城建设有序推进，建成市政道路 14 条，总里程 21.1 公里，同步配套完善供水、排水、供电等市政设施，广东华立城市学院扩大招生。

——重点项目进展顺利。2014 年，粤北地区固定资产投资 2 941.98 亿元，增长 26.7%，比全省平均水平高 10.8 个百分点，是四大区域增长最快的。全年共安排省重点项目 160 个，总投资 4 584 亿元，年度计划投资 661.4 亿元，全年完成投资 772.5 亿元，为年度计划投资的 116.8%。新开工建设韶关莞韶城基础设施建设项目、云浮市机械设备物流中心等 33 个项目，建成赣州至韶关铁路广东段、清远先导材料有限公司稀有金属深加工基地等 12 个项目。

——民生福祉持续改善。2014 年，韶关、河源、梅州、清远、云浮市全体常住居民人均可支配收入分别为 16 622.7 元、13 283.1 元、14 893.8 元、15 637.0 元、14 061.3 元；城镇常住居民人均可支配收入分别为 21 583.3 元、18 246.0 元、19 845.6 元、21 093.4、18 678.6 元；农村常住居民人均可支配收入分别为 10 532.2 元、9 884.0 元、10 785.6 元、10 600.3 元、11 066.8 元。韶关市免费向社会开放 25 万平方米的机关事业单位体育场馆；开工建设保障性住房 7 596 套，建成 7 495 套。清远市全年民生财政投入 155.7 亿元，增长 19.2%，占公共财政预算支出的 73%。韶关、梅州市全面启动国家生态文明先行示范区建设工作。云浮市社会保障卡常住人口持卡率达到 98.2%，城乡低保对象基本医疗救助比例达 70%。

表 17　2014 年广东省粤北五市主要经济指标

	地区生产总值		人均地区生产总值		第三产业增加值		地方公共财政预算收入	
	绝对数（亿元）	增长（%）	绝对数（元）	增长（%）	绝对数（亿元）	增长（%）	绝对数（亿元）	增长（%）
粤北	4 630.02	8.9	28 047	8.2	1 981.26	7.4	383.27	16.7
韶关	1 113.49	9.5	38 386	8.8	521.37	9.7	82.01	14.3
河源	768.95	10.9	25 208	9.9	319.33	6.9	60.47	23.9
梅州	885.84	8.5	20 529	8.2	380.64	8.2	85.28	22.9
清远	1 197.74	7.9	31 477	7.1	529.10	4.1	102.65	10.6
云浮	664.00	10.3	27 252	9.6	230.82	8.3	52.87	15.5

（二）韶关市

1. 概况。2014 年，韶关市地区生产总值 1 113.49 亿元，增长 9.5%。人均地区生产总值 38 386 元，增长 8.8%。三次产业结构为 12.9∶40.6∶46.5；规模以上工业增加值 326.29 亿元，增长 13.0%。民营经济增加值 593.55 亿元，增长 11.5%。固定资产投资 746.74 亿元，增长 12.4%。社会消费品零售总额 522.68 亿元，增长 10.9%。实际利用外商直接投资 19 061 万美元，增长 0.7%；进出口总额 23.52 亿美元，增长 1.6%。旅游总收入 225.1 亿元，增长 20.3%。地方公共财政预算收入 82.01 亿元，增长 14.3%。城镇常住居民人均可支配收入 21 583 元，农村常住居民人均可支配收入 10 532 元。

2. 区域经济发展与合作情况。

——生态建设情况。成功申报国家第一批生态文明先行示范区。大力推进广东绿色生态第一市建设，建成生态景观林 308 公里，碳汇造林 24.8 万亩，封山育林 1 305 万亩，新建森林公园 33 个，森林蓄积量达 8 266.2 万立方米，森林覆盖率达 74.1%。编制《韶关市主体功能区规划实施纲要》，优化国土空间布局，明确各县（市、区）的功能划分、发展定位。制定《韶关市节能减排财政政策综合示范总体实施方案（2014—2016 年）》和《韶关市大气污染防治实施方案（2014—2017 年）》。继续推进新能源汽车示范应用，新增 LNG 公交车 100 辆、CNG 出租车 380 辆、纯电动出租车 50 辆，截至 2014 年年底累计示范应用新能源汽车 791 辆，其中 LNG 公交车 217 辆、CNG 出租车 469 辆、纯电动出租车 100 辆、纯电动公交车 5 辆。加快既有建筑节能改造、绿色建筑示范项目建设，有序推进大宝山矿区及周边地区和仁化董塘地区环境综合整治工作。单位生产总值能耗下降 4.76%，PM2.5 年度平均浓度为 48 微克/立方米。

——资源型城市转型升级情况。加快实施《韶关市资源枯竭城市转型发展规划》和 2014 年韶关市资源枯竭城市转型发展行动计划，顺利通过国家发展改革委组织的资源枯竭城市转型发展年度评估和中期评估，转型发展取得阶段性成效。一是产业转型升级扎实有效。农业产业化水平不断提高，到2014年年底，全市拥有农业产业化国家重点龙头企业1家、省级重点农业龙头企业23家、市级农业龙头企业106家。工业经济提速增效。烟草、钢铁、电力、有色金属、机械制造、玩具、制药七大支柱工业增加值占规模以上工业比重达61%。先进制造业增加值占全市规模以上工业增加值的比重达32.4%。打造4个省级产业转移园和一大批特色工业园区，省级产业转移园工业增加值占全市比重达26.1%。现代服务业加快发展。旅游业快速发展，2014年来韶旅游者人数和旅游总收入分别增长15.0%和20.3%。全市限额以上商贸企业达501户。东莞银行、东北证券、前海人寿进驻韶关，新成立2家小额贷款公司和1家融资性担保公司。二是城市转型步伐加快。交通基础设施日趋完善。乐广高速公路和赣韶铁路建成运营，大广高速公路建设加快，新港码头港澳航线复航。全长88公里的环城高速公路建成贯通，韶关市成为粤东西北地区首个、全省第四个有环城高速公路的城市。新增铁路117公里、高速公路162公里，改造国省道50公里，建成通自然村公路530公里。城市扩容提质加快。市区新建改建市政道路19条。芙蓉新城路网全面动工，安置新村建设全面铺开；市民文化活动中心、综合客运枢纽建设扎实推进；人保财险等企业进驻新城总部经济区。在老城区，工业西片区内涝整治工程基本完工；东环商贸城建设加快，百年东街建成开业，“三旧”改造有序开展。三是民生得到有效改善。实施积极的就业创业政策，城镇登记失业率控制在3%以内。社会保险覆盖面不断扩大，城乡居民基本养老保险实现全覆盖，基本医疗保险参保率达到97.3%。市中医院晋级三甲中医院，县级公立医院全部取消药品加成，人均基本公共卫生服务经费大幅提高。免费向社会开放25万平方米的机关事业单位体育场馆。韶关实验学校建成并于2014年秋季招生。韶关市成为粤东西北地区首个省教育强县（市、区）100%覆盖的省教育强市。2014年开工建设保障性住房7 596套，建成7 495套。

——原中央苏区振兴发展情况。韶关市南雄市纳入国家发展改革委《赣闽粤原中央苏区振兴发展规划》范围。南雄市成立了贯彻落实《赣闽粤原中央苏区振兴发展规划》工作领导小组，出台《南雄市贯彻落实〈赣闽粤原中央苏区振兴发展规划〉的实施意见》。为加强项目对接，南雄市专门建立了原中央苏区振兴发展重大项目库，包含项目49项，总投资476.5亿元。华电（南雄）热电联产项目获国家能源局正式批复同意开展前期工作。赣韶铁路建成通车，结束了南雄不通火车的历史。投资5亿元的五金建材综合大市场已于8月份签约。南雄市计生工作通过“创国优”考核，被授予“全国计划生育优质服务先进单位”荣誉称号；黎灿学校被授予“全国教育系统先进集体”荣誉称号；南雄市被列为“广东省农村普惠金融试点县（市、区）”。这三项荣誉均是韶关各县（市、区）获得的唯一荣誉。南雄产业转移工业园获评省“四星级服务园区”，连续三年在省“双转移”目标责任考核中取得优秀等级。

——“红三角”合作情况。一是组织参加文体活动。举办中小学（幼儿园）“英东杯”文体竞赛，参加“红三角杯”桥牌联谊赛和体育舞蹈比赛。二是大力推进区域交通一体化。加快推进省际大通道建设。建成开通广乐高速公路、赣韶铁路。大广高速公路全面施工，各项工程进展顺利，至2014年年底累计完成投资31.7亿元。积极做好对接项目前期工作。雄乐高速黄长段（湖南宜章黄沙至广东乐昌长来）、雄乐高速南雄段（江西信丰至广东南雄）均纳入了韶关市高速公路网规划。三是着力加强旅游合作。参加“红三角”地区旅游节庆、促销活动，共同参加了广州国际旅游展、香港旅游展和2014中国（广东）国际旅游产业博览会、2014中国湖南旅游产业博览会等重大展会。以韶赣铁路开通为契机，组织旅游企业开展对赣州地区的旅游宣传及优惠活动。构筑旅游联盟合作平台，共同推进粤北湘南赣南游。整合网络资源，实现三市旅游官方网站的互通链接。实行游客联动投诉处理机制，推进无障碍旅游绿色通道。四是着力加强产业交流。组织开展了医药产业投资推介系列活动，邀请赣州等地行业协会到韶关实地考察，洽谈投资项目。引进江西赣州禾绿康健生物技术有限公司在韶关投资，至2014年年底已完成投资6 000万元。五是切实加强学术交流。举办第三届粤湘赣相邻区域儿科学术论坛，280多名来自“红三角”三市的各有关医院儿科学学者参加了会议。召开了韶赣郴“红三角”地区第四届口腔学术会议，300多名来自“红三角”三市的各有关医院和民营口腔医疗机构的口腔科医务人员参加了会议。召开了首届粤赣地区神经医学论坛，200多名来自粤赣地区各有关医院的神经科医务人员参加了会议。六是积极做好宣传报道。围绕广乐高速、赣韶铁路建成通车、“粤湘赣省际开放先行区”建设等主题，充分利用报刊、电台、电视、网站等多种媒体，宣传报道“红三角”交通路网建设情况、“红三角”物流业发展情况，以及“红三角”三市开展的旅游圈系列活动、中小学“英东杯”文体竞赛等各类交流、合作活动。

——莞韶对口帮扶工作情况。按照“一园一城七组团”的总体要求，务实高效推进东莞韶关对口帮扶工作，实现良好开局。莞韶园引进并落实项目43个，总投资158亿元，其中超亿元项目31个，已动工项目32个，完成投资52亿元。成功引进粤商特种材料创新园、紧固件产业园、以纯服装等一批产业项目。落实“七组团”结对帮扶，“七组团”签约项目82个，总投资160亿元，其中已开工项目74个，累计完成投资49.3亿元。启动了东莞市内10家韶关农产品专供门店建设；建立了莞韶人才交流合作关系；共同推动两市校企双制合作办学，共建共享职业技能实习实训基地，面向莞韶产业园合作培养引进高级专业人才。

3. 县域经济发展情况。2014年，韶关7个县（市）地区生产总值585.66亿元，增长10.0%，占全市地区生产总值比重52.8%，比上年高2.2个百分点；地方公共财政预算收入33.6亿元，增长16.7%，比全市平均水平高2.3个百分点；固定资产投资439.2亿元，增长19.6%，比全市平均水平高1.3个百分点；规模以上工业增加值171.6亿元，增长15.8%，比全市平均水平高2.8个百分点。但县域发展总体水平仍然较低。经济总量偏小，7个县（市）仅南雄、乐昌两市生产总值超过100亿元，乳源、新丰、始兴三县地区生产总值仅60余亿元。县域财政普遍困难，仅仁化县和乐昌市地方公共财政预算收入超过6亿元，其余5个县均不足6亿元，收支压力较大。创新驱动发展能力有待提高，科技创新投入滞后，对高端人才的吸引力不足，先进生产方式、技术、管理难以推广。

——乐昌市。2014年，乐昌市地区生产总值101.34亿元，增长4.6%。人均地区生产总值24 853元，增长3.9%。三次产业结构为19.7∶33.8∶46.5。固定资产投资88.4亿元，增长13.0%。社会消费品零售总额48.8亿元，增长12.1%。地方公共财政预算收入6.06亿元，增长15.1%。外贸进出口总额3 000万美元，增长14.8%，实际利用外商直接投资完成1 710万美元。全市接待游客291.65万人次，旅游总收入14.8亿元，分别增长14%和16%。城镇常住居民人均可支配收入18 758元，农村常住居民人均可支配收入10 436元。森林覆盖率74.5%，活立木总蓄积量899万立方米。

——南雄市。2014年，南雄市地区生产总值113.19亿元，增长11.7%。人均地区生产总值34 631元，增长10.9%。三次产业结构为21.4∶38.5∶40.1。地方公共财政预算收入5.58亿元，增长17.3%。固定资产投资91.84亿元，增长17.3%。社会消费品零售总额39.7亿元，增长11.6%。全年接待游客276万人次，旅游总收入18.96亿元，分别增长26.5%和27.7%。城镇常住居民人均可支配收入18 630元，农村常住居民人均可支配收入10 015元。森林覆盖率66%，活立木总蓄积量870万立方米。

——仁化县。2014年，仁化县地区生产总值89.92亿元，增长7.2%。人均地区生产总值43 736元，增长6.6%。三次产业结构为18.2∶45.9∶35.9。地方公共财政预算收入6.10亿元，增长16.1%。固定资产投资50.7亿元，增长23.2%。社会消费品零售总额23亿元，增长11.1%。全年接待游客614万人次，旅游总收入34.8亿元，分别增长12.3%和12.3%。城镇常住居民人均可支配收入19 318元，农村常住居民人均可支配收入11 277元。森林覆盖率78.5%，活立木总蓄积量1 129万立方米。

——始兴县。2014年，始兴县地区生产总值68.81亿元，增长9.3%。人均地区生产总值32 697元，增长8.4%。三次产业结构为23.1∶36.5∶40.5。地方公共财政预算收入3.59亿元，增长18.9%。固定资产投资57.2亿元，增长22.5%。社会消费品零售总额14.5亿元，增长12.2%。全年接待游客223.8万人次，旅游总收入14.85亿元，分别增长15%和21%。城镇常住居民人均可支配收入18 125元，农村常住居民人均可支配收入10 764元，增长9.9%。森林覆盖率76.5%，活立木总蓄积量1 313万立方米。

——翁源县。2014年，翁源县地区生产总值82.06亿元，增长8.6%。人均地区生产总值24 147元，增长7.7%。地方公共财政预算收入3.78亿元，增长15.8%。固定资产投资51.78亿元，增长21.4%。社会消费品零售总额27.3亿元，增长10.5%。全年接待游客120万人次，旅游总收入8.6亿元，分别增长15.9%和16.2%。城镇常住居民人均可支配收入17 771元，农村常住居民人均可支配收入9 634元。森林覆盖率71.2%，活立木总蓄积量942万立方米。

——新丰县。2014年，新丰县地区生产总值69.70亿元，增长14.5%。人均地区生产总值32 961元，增长13.7%。三次产业结构为16.6∶51.5∶31.9。地方公共财政预算收入3.46亿元，增长20.1%。固定资产投资43.5亿元，增长24.1%。社会消费品零售总额18.2亿元，增长12.3%。全年接待游客156万人次，旅游总收入11.5亿元，分别增长18%和20%。城镇常住居民人均可支配收入17 811元，农村常住居民人均可支配收入9 444元。森林覆盖率80.5%，活立木总蓄积量1 012万立方米。

——乳源县。2014年，乳源县地区生产总值60.64亿元，增长9.7%。人均地区生产总值33 308元，增长8.9%。三次产业结构为10.9∶49.2∶39.9。地方公共财政预算收入5.01亿元，增长15.9%。固定资产投资55.8亿元，增长23.6%。社会消费品零售总额17.4亿元，增长12.4%。全年接待游客315万人次，旅游总收入24.4亿元，分别增长10%和12%。城镇常住居民人均可支配收入17 842元，农村常住居民人均可支配收入9 706元。森林覆盖率77.8%，活立木总蓄积量748万立方米。

4. 芙蓉新区规划建设情况。2014年，韶关芙蓉新区建设全面加快，目前起步区芙蓉新城片区64个项目中，已有40个项目动工建设；全年在建项目累计完成投资约33亿元，占年度投资计划的110%。

——规划编制工作基本完成。编制完成芙蓉新区基础设施、产业发展、环境保护3个专项规划，芙蓉新城及江湾片区控制性详细规划、市政基础设施规划、水系规划和绿地规划已经市规划委员会会议审议通过。同时，强化规划的刚性约束作用，协调做好项目的规划选址和规划条件的衔接，严格以规划引领项目招商、建设和拆迁工作。

——安置新村建设明显加快。芙蓉新村、西联新村安置房项目已分别开工建设110栋和83栋，其中芙蓉新村有55栋、西联新村有35栋已完成封顶；车头新村主体工程已启动建设。赤水村基本完成新村分房和旧村拆迁协议签订工作。下胡新村安置房项目“五个确认”等前期工作扎实推进。

——路网工程和民生项目建设取得新突破。一是路网项目全面启动。有11条骨干道路动工建设或完工，芙蓉隧道于11月动工建设，滨江路、南华路、32号路、芙蓉大道等骨干道路基本达到通车条件。二是公建项目建设进度加快。综合客运枢纽项目已开工建设，市民文化活动中心完成地上建筑施工图设计，广东韶关实验学校一期完工并顺利开学，华师附中项目已与华南师范大学签订合作协议，原东南轴承厂修复再利用工程（一期）完工，市行政服务中心等8个市直单位已进驻办公，盆景山公园、综合商贸市场正开展施工招标，水系、滨江公园、儿童公园等项目已开展前期工作，三甲医院项目已进行多次招商对接，南华路垃圾中转站完成规划选点。三是电网迁改工程进展顺利。做好芙蓉新城电网迁改工作，基本完成在建市政道路及安置新村地块的高压线迁改，有效保障了重点项目的布局和实施。

——城市产业项目不断增多。一是积极开展招商引资。加大招商推介力度，全年共举办各类招商座谈和对接会20多次。二是城市产业项目逐步增多。人保财险等多家金融机构和宝马、捷豹路虎等汽车4S店项目进驻新区，保利商业综合体项目进入实质性规划建设阶段。三是大型社区建设稳步推进。以保利、恒大、碧桂园为主的三大居住片区初具规模，已建成面积约180万平方米，建成商品房1.5万多套，住房销售面积持续增长，社区入住率逐步提高。

——征地拆迁工作稳步开展。完善新城房屋拆迁补偿政策，加大路网工程建设房屋拆迁工作力度，已签订房屋拆迁协议368户，完成房屋拆除220余户，全年累计完成路网及重点项目交地约1 700亩，基本完成了原西联农场困难职工搬迁和清表交地工作。积极推进韶关实验学校、西联安置新村、芙蓉安置新村、高铁站前商贸城等项目的用地报批工作，完善项目用地手续。

——新城建设资金需求得到有效保障。积极开展股权基金的申报工作，落实首批基金放款。抓好新城安置房融资工作，国开行15.6亿元贷款授信进展顺利。通过土地回流机制，共向市财政申请回流资金10.7亿元。积极做好国开行和农发行的贷款资金使用工作，全年共提取贷款3.69亿元用于新城建设。

（三）河源市

1. 概况。2014年，河源市地区生产总值768.95亿元，增长10.9%；人均地区生产总值25 208元，增长9.9%。规模以上工业增加值325.36亿元，增长18.0%。地方公共财政预算收入60.47亿元，增长23.9%。固定资产投资453.29亿元，增长32.3%。社会消费品零售总额435.01亿元，增长14.2%。实际利用外商直接投资2.26亿美元，增长7.1%；进出口总额39.5亿美元，增长22.4%。园区扩能增效成绩显著，“一区六园”投入开发建设资金39.44亿元，扩园12.6平方公里，完成工业增加值295.76亿元，增长30.4%，实现入库税收21.62亿元，增长18.1%。叶园温泉旅游景区获批国家AAAA景区，康泉十八、东江源温泉、佗城温泉度假区等一批重点旅游项目建设顺利；第十一届客家文化旅游节取得圆满成功，接待入市游客2 201.47万人次，增长15.4%，旅游总收入177.01亿元，增长15.9%，旅游业由观光型向休闲型转变。

2. 区域发展和合作情况。

——加强生态环境建设。全力推进47个新丰江水库生态环保项目建设。污水处理厂建成5个，在建6个。完成东埔河白岭头黄子洞段整治工程。大力开展东江水环境综合治理，东江水质保持稳定。建立河源与赣州水污染联防联控机制。加大大气污染整治力度，积极实施“五大治污工程”，空气主要污染物达标。中心城区雨污分流规划建设加快。农业面源污染治理工作加强。完成森林碳汇重点生态工程建设任务91.24万亩，建设生态景观林带69公里，生态景观林带补植套种178.35公里，建设乡村绿化美化示范村69个。加大森林资源管护力度，推动治采复绿，复绿面积1 127.5亩。新增森林公园

25 个，湿地公园 3 个。

——积极推进对口帮扶工作。共建园区有序推进。深河产业城共建顺利，深圳特区建设发展集团参与开发建设，编制了总体规划，规划总面积 11.6 平方公里，计划总投资 130 亿元。深圳对口帮扶资金到位 5.5 亿元。启动综合保税区和无水港规划。招商引资成效明显。两市合办 3 场招商推介会，引进项目 101 个，总投资 688 亿元，其中签约项目 69 个，投资 435 亿元；动工项目 19 个，投资 140 亿元。同时，全方位开展了交通、教育、卫生、文化、人才等领域的对口帮扶工作。

3. 县域经济发展情况。

——东源县。2014 年，东源县地区生产总值 96.00 亿元，增长 11.5%。人均地区生产总值 21 103 元，增长 10.5%。三次产业结构为 14.9∶52.1∶33.0。地方公共财政预算收入 7.35 亿元，增长 22.0%。围绕建设“工业大县”的目标，以“一园四区两基地”为格局，以发展“四新”产业为重点，加快产业转型升级，实现工业经济快速增长。2014 年，全县完成全社会工业总产值 174.5 亿元，增长 19.6%；实现工业增加值 52.3 亿元，增长 20.3%；规模以上工业总产值 159.9 亿元，增长 21.1%；规模以上工业增加值 47.55 亿元，增长 21.9%。

——和平县。2014 年，和平县地区生产总值 82.37 亿元，增长 10.8%。人均地区生产总值 21 284 元，增长 9.8%。三次产业结构为 18.0∶48.3∶33.7。固定资产投资完成 47.1 亿元，增长 86.2%；社会消费品零售总额 13.8 亿元，增长 15.1%；地方公共财政预算收入 4.09 亿元，增长 24.2%；税收总收入 5.7 亿元，增长 12.0%。园区建设完成投资 4.9 亿元，扩容 1.5 平方公里，基本完成南园商贸区 0.6 平方公里“三通一平”任务，产业承接能力进一步提升。全年全社会工业总产值完成 156 亿元，增长 21.0%；全社会工业增加值完成 46.6 亿元，增长 22.7%；园区工业增加值完成 26 亿元，增长 48.9%。

——龙川县。2014 年，龙川县地区生产总值 116.53 亿元，增长 5.67%。人均地区生产总值 16 214 元，增长 4.8%。工业经济步入高速发展的“快车道”，完成工业增加值 37.2 亿元，增长 18.6%。地方公共财政预算收入 5.44 亿元，增长 23.0%。固定资产投资 70.54 亿元，增长 16.3%。社会消费品零售总额55.28 亿元，增长 11.1%。实际利用外商直接投资2 683 万美元，增长 10.1%。外贸出口额1.81 亿美元，增长 26.5%。民营经济占全县生产总值比重达65.7%。龙川县加快园区基础设施建设和扩园提质步伐，共有 58 家企业落户园区，其中引进21 家空气能生产企业抱团落户，集聚发展。全省唯一一个空气能检测中心动工建设。

——紫金县。2014 年，紫金县地区生产总值 109.12 亿元，增长 9.8%。人均地区生产总值 16 516 元，增长 8.9%。固定资产投资 76.18 亿元，增长 62.0%。实际利用外商直接投资、外贸进出口总额分别实现 774 万美元和 4 377万美元。地方公共财政预算收入 5.74 亿元，增长 25.0%。金融存贷余额分别达到90.9 亿元和38.9 亿元，增长 21.3%和 18.9%。龙岗（紫金）产业转移工业园成功获得省级产业园认定，新增规模以上企业 11 家，全年实现园区工业增加值27.2 亿元，增长43.1%，占全县工业增加值的77.6%；税收 1.03 亿元，增长 37.3%，占全县税收的 15.0%。

——连平县。2014 年，连平县地区生产总值88.29 亿元，增长8.3%。人均地区生产总值25 349 元，增长 7.4%。三次产业结构为 9.4：69.7：20.9。地方公共财政预算收入 6.46 亿元，增长 11.0%。实现全社会工业总产值 204.54 亿元，增长 13.4%；完成全社会工业增加值 79.4 亿元，增长 16.8%；其中，完成规模以上工业总产值 197.19 亿元，增长 14%；规模以上企业数有 43 家，完成规模以上工业增加值 74.59 亿元，增长 17.5%。

4. 河源江东新区规划建设情况。

——机构组建基本完成。2014 年5 月20 日，江东新区正式挂牌。新区组建了“一办八局三中心”的组织架构。严格按照“大部制”的要求设置新区直属单位，着力优化条块，形成合力，提高效能。在人员选配上，坚持“择优选用”原则，在全市选调一批优秀公务员，充实到各部门。成立江东新区开发投资有限公司和江东新区振兴建设投资有限公司。积极开展“两镇三村居”清产核资工作，积极推进城东办事处筹建工作。

——规划工作全面启动。新区成立之初，按照打造“生态新区”的要求，统筹编制规划。完成了新区发展总体规划配套的产业发展、基础设施、低碳生态、环境保护四个专项规划；完成了新区城市总体规划，待上报市规委会审议，其配套的道路网、竖向工程、给水工程、排水排污工程已完成中期成果；新区城市建设起步区控制性详细规划已完成中期成果，其城市设计正在抓紧编制当中；江东新区产业园区控制性详细规划已完成初步方案。在产业基地示范园规划方面，结合战略性新兴产业基地建设的有关规划，加快发展现代服务业。借助深圳全面对口帮扶的力量，聘请深圳综合开发研究院开展“生态绿谷·生命核源”产业策划，发展生物技术产业，从而带动战略性新兴产业集聚发展。

——融资渠道逐渐拓宽。在资金筹措方面，除了争取省的股权基金和商业银行的支持外，积极探索多元化的融资经营模式，着力打造“效益新区”。通过新区开发投资有限公司融资推进土地开发和项目建设，采取 BT、BOT、PPP 等多种模式，争取各种社会资金投入新区建设。2014 年，已到位资金 7.64 亿元，其中股权基金 4 亿元；已签订融资框架协议资金 45 亿元。

——招商引资形势喜人。结合自身优势和发展定位确定产业发展方向，紧紧围绕打造国家战略性新兴产业示范基地的目标，重点发展新材料新能源产业、高端装备制造业、生物科技和生命健康产业、现代高端服务业和文化创意产业等。通过创新建立政府主导、社会参与的招商机制，通过向广州优利浦斯投资管理有限公司、广州建智控股集团两家企业及高尔帝宁（香港）有限公司日本招商顾问等专业法律和投资服务机构购买服务的方式，实现招商引资和企业服务外包。2014 年，在谈项目包括工业、制造业、旅游业、房地产、城市配套、科技服务六大类别共 45 个项目，意向总投资达 500 亿元。签约项目共 3 个，计划总投资 31 亿元。

——城市建设强力推进。一是推进征地拆迁工作。成立了征地拆迁工作领导小组，全面启动了征地拆迁工作。2014 年征地拆迁目标分别是城市起步区 3.8 平方公里和产业园区 2.4 平方公里。二是强力推进打击“三违四抢”工作。加强打击“三违四抢”宣传工作，对违建坚决打击，坚决不给予补偿。

成立打击“三违四抢”工作指挥部，制订了《江东新区打击“三违四抢”工作方案》等，用制度保障工作。2014年，累计开展行动30次，拆除违章建筑97处，总面积38 060平方米，有效遏制了“三违四抢”的势头。三是强化城市管理。以改善民生民计为切入点，在紫金桥头三岔路口、碧桂园第二期道路口、大学城汇博街开展集中整治。在临江开展打击河道非法采砂行为，进一步优化发展环境。四是加快推进智慧城市试点申报工作。完成了与北京市智慧城市投资管理有限公司的合作协议，试点申报材料已上报，并已通过初审。

——重点项目稳步推进。按照市委要求，以落实责任、突出重点、加强监督为抓手，在解决项目建设资金、用地供给、项目管理上下功夫，全力加快重点项目建设。完善新区领导班子挂钩联系责任制，对重点建设项目安排领导班子成员“一对一”挂钩联系，强化服务管理，确保责任落实到位。2014年新区重点建设项目10个，总投资63亿元，其中2014年计划投资35.35亿元。重点项目的各项前期准备工作正在进行，部分项目已完成立项前期工作，待征地拆迁完成后，即可加快推进。

——工作效能逐步提升。新区管理机构的设置，不但能行使市级经济管理权限，还具有县级行政、社会事务管理职能，在事多人少的情况下，通过不断提高工作效能统筹推进工作。在行政管理体制上，按照“重心下移、指挥靠前、属地管理、错位布局”的原则，实行扁平化、精细化、网格化和错位管理，形成“小政府大社会，小机关大服务”的高效运作格局。在经营管理上，大胆探讨实施企业家政府管理模式，用企业在经营中所追求的讲效率、重质量、善待消费者和力求完美的精神来改革与创新政府管理模式。在法律咨询、会计事务服务上，新区向华商律师事务所和瑞华会计师事务所购买服务，实现政务工作服务外包。

（四）梅州市

1. 概况。2014年，梅州市地区生产总值885.84亿元，增长8.5%。人均地区生产总值 20 529 元，增长 8.2%。三次产业结构为 20.2∶36.5∶43.3。固定资产投资 407.51 亿元，增长 39.6%。社会消费品零售总额 499.97 亿元，增长 11.1%。地方公共财政预算收入 85.28 亿元，增长 22.9%。民营经济增加值 527.42 亿元，增长 8.7%；民营资本完成固定资产投资 245 亿元，增长 38%。建成 4 家电子商务产业园，入园企业 160 多家，电商交易额 115.4 亿元，增长 55.8%。全市接待过夜旅游人数 1 286.07 万人，旅游总收入 254.39 亿元，分别增长 6.3%、27.0%。

2. 国家生态文明先行示范区建设情况。

——高度重视，成立领导机构。全面启动了国家生态文明先行示范区建设工作。成立了梅州市创建国家生态文明先行示范区工作领导小组及其办公室，由市委、市政府主要领导任组长，领导小组办公室设在市委政研室、市发展和改革局，负责梅州市创建国家生态文明先行示范区日常工作。

——重点突破，科学编制规划。在“十三五”前期研究课题中设立国家生态文明先行示范区相关内容的研究探索，提出梅州市“十三五”时期生态文明的建设思路，并重点围绕探索建立推动生态文化融入客家文化的政策机制、探索编制自然资源资产负债表和建立体现生态文明要求的干部考核体系三项国家建议的创新型制度进行重点分析研究。

——加大环境保护力度，优化空间格局。加快推进《梅州市生态控制线划定》编制工作。以“生态优先、系统完整、统筹兼顾、因地制宜、永续发展”为原则，划定生态安全格局，制定管理实施措施。根据生态系统服务重要性和监管级别，将生态控制线范围分为一级管制区和二级管制区。出台了《梅州市贯彻落实广东省主体功能区规划配套环保政策、实施差别化环保准入的意见》，明确严格落实生态红线。立足生态功能区的划分，在南部四个县连片规划建设丰华兴梅产业集聚区，促进产业集聚，严格环境准入，发展生态园区经济。积极组织林业生态红线划定工作，拟划定森林、林地、湿地、物种四条红线。

——全力推进创模工作。印发《梅州市创建国家环境保护模范城市规划和梅州市创建国家环境保护模范城市规划（简本）的通知》，召开了全市创建国家环境保护模范城市工作动员大会。创模主要从提升环境质量、保护生态安全入手，重点实施“优化经济发展工程”“环境质量提升工程”“环境基础设施建设工程”“生态环境安全建设工程”“环境监管能力建设工程”五大领域的重点项目，通过创模把梅州建成“蓝天、碧水、宁静、洁净”的家园。

——狠抓重点，推动节能减排、低碳发展。一是积极谋划项目，经过多部门遴选编制了梅州市国家重点推广的低碳技术（第二批）、资源节约和环境保护、城镇污水垃圾处理设施建设作为2014年中央预算内投资备选项目。扎实推进重点节能和循环经济工程项目，认真组织开展2014年省节能降耗专项资金项目申报推荐工作，并开展重点项目调查摸底。二是扎实开展节能目标责任考核。2014年重点用能企业共实现节能量58 632.66吨标准煤。加快实施电机能效提升工程，已累计完成电机能效提升8.787万千瓦时，已完成总任务14万千瓦时的62.76%。积极推进资源综合利用和清洁生产，对17家持续性清洁生产企业开展现场审核。三是狠抓重点领域减排工作。大力推动水污染物、大气污染物工程减排，加大落后产能淘汰力度，抓好结构减排。加强规模化畜禽养殖场污染防治，抓好农业源减排。推进机动车减排工作，对提前淘汰的黄标车实施经济鼓励政策。以多元化监管方式做好监管工作。

3. 原中央苏区振兴发展情况。2014年3月，《赣闽粤原中央苏区振兴发展规划》（以下简称《规划》）出台后，梅州市委、市政府高度重视，多次召开专题会议进行研究，相关职能部门全面对接、主动跟进，初步形成了多方互动、上下联动推进的工作态势。

——狠抓落实，研究拟订《梅州市贯彻落实〈赣闽粤原中央苏区振兴发展规划〉实施方案》。梅州市委、市政府对方案的出台，进行了多次研究，力求方案更符合梅州实际，更能发挥效应。立足当前、着眼长远，结合各地各部门实际，科学谋划一批事关苏区振兴发展的基础设施、产业和社会民生等重大项目，争取国家和省的支持，形成了《梅州市原中央苏区振兴发展重大项目（2014—2020）》，项目合计9类共1 202项，总投资达8 482.31亿元。

——成立机构，统筹协调“两大政策”的贯彻落实。为统筹协调梅州市促进粤东西北地区振兴发展和原中央苏区振兴发展工作，更好地发挥政策叠加效应，切实提高振兴发展工作成效，梅州市委、市政府设立统一的统筹协调两大振兴工作的领导小组，由市长任组长，办公室设在市发展和改革局，抽调精兵强将组成专门团队具体负责，统筹推进原中央苏区和粤东西北两大振兴政策的落实。

——多措并举，努力争取省的相关配套政策尽快落到实处。一是密切跟踪了解省实施方案出台情况，不断反映政策诉求。二是积极主动配合省老促会专题调研，争取省老促会的支持帮助。

——加强学习和宣传，形成工作合力。梅州市加强与周边兄弟市的联系，先后组织党政代表团和市党外人士代表团专门前往龙岩、漳州等市考察，并多次派出专门人员赴龙岩、赣州等市学习取经，相关县、区（如梅县区、平远县、大埔县等）也各自组织专门人员到周边兄弟市学习，借鉴它们在争取政策、落实政策、对接项目和资金等方面的成功经验和做法，力争尽快将政策落到实处。同时，通过报纸、电视、网络等新闻媒体对《规划》的范围、目标定位、基本原则和关键内容等进行专题解读，加大宣传力度，进一步明确支持的重点和方向，提高政策知晓率，得到社会各方面、各层次的理解、支持和关注。

4. 县域经济发展情况。

——兴宁市。2014 年，兴宁市地区生产总值 140.26 亿元，增长 11.5%。人均地区生产总值 14 308 元，增长 11.1%。地方公共财政预算收入 7.48 亿元，增长 31.0%。三次产业结构为 26.2：29.0：44.8。固定资产投资 61.5 亿元，增长 54.6%。2014 年重点项目共有 27 个，其中列入省级重点项目 8 个，全年累计完成投资 42.6 亿元，占年度计划投资的 104.0%。“兴宁市振兴发展重大项目库（2014—2020）”项目共计 250 个，估算总投资 1 132.13 亿元。园区建设步伐加快，2014 年投入 3.5 亿多元，扎实推进园区配套基础工程建设；新签约进园企业 16 家，计划总投资 32.2 亿元，完成固定资产投资 18.8 亿元。同时，主动融入“丰华兴梅产业集聚带”建设，加快兴宁（水口）工业园的规划。大力实施“乡贤回乡投资兴业工程”，成功引进华润燃气、广州凯闻食品等 58 个合同项目，计划总投资 211.4 亿元，其中亿元以上项目 29 个，乡贤投资项目30个。

——平远县。2014年，平远县地区生产总值62.28亿元，增长8.0%。人均地区生产总值26 756元，增长7.7%。地方公共财政预算收入5.36亿元，增长28.2%。固定资产投资27.41亿元，增长35.1%。社会消费品零售总额20.45亿元，增长12.5%。贸易出口总额1.76亿美元，增长16.7%。全年累计完成交通基础设施建设投资11.28亿元，增长39.3%。引进37个签约项目，合同投资总额105.75亿元，其中，落户项目24个，动工项目15个，投产项目13个。大力推动全县经济从资源依赖型向质量效益型转变，主动退出铁矿行业，努力降低资源开采占经济总量的比重。南交所稀土产品交易中心顺利上线，稀土产品检验站完成主体工程。城乡生活垃圾处理基本实现全覆盖。绿化造林3.5万亩，森林覆盖率达78.05%。

——蕉岭县。2014年，蕉岭县地区生产总值61.42亿元，增长11.3%。人均地区生产总值29 421元，增长11.0%。地方公共财政预算收入5.83亿元，增长28.7%。农业总产值18.29亿元，增长3.9%。规模以上工业增加值9.55亿元，增长18.6%。固定资产投资完成18.71亿元，增长24.85%。社会消费品零售总额29.21亿元，增长11.1%。蕉城污水处理厂二期工程正式运行，城区污水处理率达92.3%，比上年提高5.2个百分点。大力推进商事制度改革工作，全县工商模式登记各类市场主体3 231户，增长27.6%。外贸出口总额为3 265万美元，比上年同期增长46.8%，实际利用外商直接投资为1 151万美元。

——大埔县。2014年，大埔县地区生产总值66.28亿元，增长11.3%。人均地区生产总值17 470元，增长11.0%。地方公共财政预算收入6.46亿元，增长25.9%。固定资产投资49.79亿元，增长35.9%。社会消费品零售总额40.53亿元，增长11.2%。推进77项重点项目建设，完成投资44.64亿元。坚持“五业（电力、陶瓷、药业、矿业、酒业）并举”发展战略，全县工业总产值59亿元，规模以上工业增加值11.12亿元，分别增长16.9%和23.0%。全年共引进项目74个，计划投资总额107.22亿元，其中已投产项目10个，在建项目42个，合同项目22个，共投入资金23.22亿元。成功创建全国文化先进县，中国客家文化生态保护示范区建设扎实推进。泰安楼客家文化旅游产业园和百侯名镇旅游区成功申评为国家 AAAA 级景区；全年接待游客 309.3 万人次，旅游经济收入 16.39 亿元，分别增长 61.06% 和 56.12%。被评为“2014 全国重点产茶县”，新增 3 个广东省名牌农产品、2 个无公害农产品、1 个绿色食品。被评为“2014 中国深呼吸小城 100 佳”和“2014 中国最美丽县”，全县水环境质量达标率、城区环境空气质量优良率保持 100%。

——丰顺县。2014 年，丰顺县地区生产总值 87.75 亿元，增长 12.0%。人均地区生产总值 18 042 元，增长 11.6%。地方公共财政预算收入 5.75 亿元，增长 30.6%。外贸进出口总额 2.9 亿美元，增长 1.2%。固定资产投资总额 38.95 亿元，增长 38.5%。社会消费品零售总额 37.64 亿元，增长 12.7%。与广州市海珠区合作共建规划产业转移工业园区，园区引进计划项目 9 个，计划投资总额 99.3 亿元。重点实施计划总投资 8.6 亿元的 17 个交通公路项目建设。成功举办中国·丰顺“喜德盛”杯山地自行车全国公开赛和“我带大家游梅州，潮汕网友丰顺游”活动，推进八乡山生态旅游区、韩山生态旅游度假区、铜鼓峰生态旅游区开发，加快推进千江温泉度假村、龙鲸河漂流、龙归瀑布景区升级改造。

——五华县。2014 年，五华县地区生产总值 116.65 亿元，增长 9.8%。人均地区生产总值 10 863 元，增长 9.3%。地方公共财政预算收入 4.31 亿元，增长 27.9%。固定资产投资 43.7 亿元，增长 39.4%。规模以上工业增加值 11.4 亿元，增长 25.9%。申报省级产业转移园获省批复认定。全县新引进企业 23 家。深入开展暖企服务活动，企业增资扩产步伐加快，新增规模以上工业企业 7 家，新投产企业 7 家。汕湛、平兴高速五华段实现无障碍施工。29 个省、市重点项目扎实推进，超计划完成年度投资任务。梅州（五华）抽水蓄能电站项目前期工作加快推进。

5. 梅州嘉应新区规划建设情况。梅州嘉应新区按照“一轴两带、两城五园、森林围城”的空间布局，重点推进“两城五园”［江南新城、梅县新城，东升生态工业园、广州（梅州）产业转移工业园、客家文化产业园、休闲旅游产业园、梅县商贸物流园］的建设。截至 2014 年年底，梅州嘉应新区范围内完成地区生产总值198亿元，增长19.5%；固定资产投资98.8亿元，增长38.0%。

——注重结合实际、优化规划。抓好江南新城规划优化，并注重与梅县新城、芹洋半岛在产业分工和功能上的衔接，根据自身财力，考虑近、远期，重点抓民生工程，优化市一级的配套，对原规划用地功能、项目、路网、产业和建设量进行了优化，形成《梅州新区（江南新城）规划优化方案》。嘉应新区产业发展、基础设施建设专项规划原则上通过了环境影响报告书专家审查会。

——注重以人为本、民生为重。一是以人为本，统筹解决就业、养老、医保等实际问题，为被征地农民购买失地养老保险。二是安置先行，选择最好地段高标准建设安置区。江南新城上坪安置一区（北区）北地块已完成总投资额的36.3%，2015年年底前可建成交付，芹洋半岛安置区已完成总投资额的23.5%，预计到2016年1月前可以全部竣工验收。梅县新城安置区基本建成。三是依法依规，严格按照国务院590号令，“公开、公平、公正”依法依规实施征收，整个征拆过程和谐有序。

——注重从容建设、提升环境。科学掌握建设开发的节奏，有序推进公共建设各项工作，没有片面追求“全面开花”，为以后的规划建设调整留下了很大空间。江南新城剑英湖扩建工程基本完成，站前东路连接客都大道工程顺利完工，万达广场、万象江山、东汇城等重点项目建设顺利推进。梅县新城全长470米、总投资约2 500万元的剑英大道南续建工程和总长1.9公里、总投资约1 650万元的汽车文化城道路工程已基本建成。投资约8 000万元的梅县新城亲水公园生态休闲带首期项目全面对外开放。投资5 400万元的梅县新城水质净化厂2.5万吨二期工程于2014年10月份投入试运行。通过大力抓好基础设施建设，优化发展环境，提升了城市功能，为建设更美好的城区保留了发展空间，增强了中心城区的辐射带动能力。

——注重产城联动、科学运营。坚持产城联动，既注重扩容，更注重提质，以产兴城、以城促产。围绕嘉应新区的功能和空间布局，着力打造以“两城五园”为重点的产业发展载体。江南新城以金融信息服务、文化创意、旅游服务等为主导产业。梅县新城建设文体中心、外国语学校、中山大学附属第三医院梅县医院、昌盛豪生大酒店、公园等一批城市功能配套设施，着力打造文化体育、医疗保健、人才教育、现代汽车文化、家居建材、电子商务等产业集聚区。东升生态工业园在坚守生态环保底线的基础上，大力培育发展电子信息、食品医药等高附加值产业，力争用 5 年时间打造成千亿产值的生态工业园区。推动广州（梅州）产业转移工业园向生态适宜产业园转型升级。创建客家文化产业园，依托东山教育基地和芹洋半岛等，着力发展影视制作、演艺娱乐等文化产业，目前引进了奥园、大百汇、世界客商文化中心等项目。建设休闲旅游产业园，以客天下旅游产业园为龙头，打造客家特色生态休闲旅游区。谋划梅县商贸物流园，构建粤闽赣边商品集散地和交易中心，截至 2014 年 7 月份，占地 45 亩的园区内已吸引 52 家电商企业进驻，实现了销售额超 8 300 万元的良好势头。

——注重多元筹资、滚动开发。积极盘活存量，激发增量，创新融资方式。梅州市成功获得第一批粤东西北振兴发展股权基金 7.79 亿元。以市康达公司作为融资主体发行首期 10 亿元城投债券。推进广州梅州对口帮扶基金 20 亿元尽快落地。积极对接国开行广东省分行，加大争取国开行对梅州棚户区改造政策的支持力度。江南新城、芹洋半岛安置房建设全部纳入国家下达省棚改计划，2014 年获得中央棚户区改造专项补助资金 5 646 万元；芹洋半岛棚改项目纳入省级融资平台第一批发放贷款，计划申请 15 亿贷款。积极创新城市运营模式，争取银行业金融机构加大对嘉应新区的信贷支持力度。

——注重传承保护、统筹兼顾。江南新城首期征收范围内共有 144 座老旧建筑，为彰显世界客都的文化特色，在江南新城的规划、征收和建设中，处理好规划与保留的关系，对江南新城范围内老旧建筑的保护开发利用进行充分论证，做到应保尽保；并由职能部门牵头负责登记、造册、拍摄，留下音像资料，分门别类进行存档，把每个老旧建筑的详细资料保留下来。经专家和部门多次论证评审，七贤居（刘复之故居）等 39 座客家传统民居被列入江南新城拟保留项目。对拟保留的传统民居原则上均由政府统一征收，根据相关规划和具体项目确定使用功能，力求做到能保尽保、开发利用。

（五）清远市

1. 概况。2014年，清远市地区生产总值1 197.74亿元，增长7.9%。人均地区生产总值31 477元，增长7.1%。规模以上工业增加值392.84亿元，增长14.2%。固定资产投资596.35亿元，增长17.9%。社会消费品零售总额520.28亿元，增长11.5%。地方公共财政预算收入102.65亿元，增长10.6%。来源于清远的财政总收入占地区生产总值比重达到23.4%，同比提高了2.2个百分点。三次产业结构为15：41：44。工业投资占总投资比重为22.7%，比上年提高1.5个百分点。南部增长极功能进一步增强，南部地区实现地区生产总值955亿元，增长11.5%，高于全市平均增长水平3.6个百分点，占全市比重78.7%。

2. 区域发展和合作特点。

——广清一体化迈开新步伐。一体化合作机制高效运行。2014年广清两市共召开7次党政一把手联席会议，研究一体化和对口帮扶工作。规划对接加快先行，两市先后启动编制一体化战略、产业、交通等一批规划，已形成初步成果。产业合作步伐加快，两市签订了《共建广州（清远）产业转移工业园框架协议》，选定了合作园起步区和拓展区，成立了园区管委会和广清产业园投资开发公司。共同设立规模达20亿元的广清投资基金，合作引进了100多项产业项目，计划投资总额500多亿元。民生社会事业对口帮扶扎实深入，共同建立县区结对帮扶机制并设立最小额度1 000万元的帮扶资金，启动非产业类帮扶事项120项，安排帮扶资金4 491.6万元用于11间乡镇卫生院升级改造，安排650万元扶持供穗“菜篮子”基地建设，安排600万元支持旅游开发。

——与周边地区合作打开新局面。在广佛肇经济圈发展的基础上，正式启动了广佛肇清云经济圈建设，依托日益完善的高铁网络和水运航道，主动融入和共同谋划高铁经济带、航道经济带建设。推动广佛肇清云合作发展提质增效，不断拓宽合作空间，提升合作层次。清远市积极与韶关、桂林、贺州、永州等市加强合作，一年内3次召开联席会议，研究推进设立南岭山区国家集中连片特困地区申报工作。

——主体功能区规划试点走上新台阶。2014年3月，国家发展改革委、环保部联合发文确认清远市为全国主体功能区建设试点示范市。清远市及时编制《清远市国家主体功能区建设试点示范工作总体方案》上报国家和省发展改革委、环保部门，进一步推动了清远市主体功能区示范市的建设工作。先后制定和印发《清远市主体功能区规划的农业政策实施办法》《清远市主体功能区土地政策实施指导意见》《清远市主体功能区环境政策实施意见》，认真贯彻落实《清远市主体功能区财政政策实施办法》和《清远市主体功能区产业发展政策实施办法》，推动所辖各县（市、区）主体功能区规划的加快落地。编制《清远市少数民族地区生态发展规划》。

3. 县域经济发展情况。

——英德市。2014年，英德市地区生产总值223.82亿元，增长12.1%。人均地区生产总值23 092元，增长11.3%。地方公共财政预算收入18.31亿元，增长10.1%。规模以上工业增加值68.5亿元，增长25.7%。固定资产投资160.6亿元，增长15.4%。顺德清远（英德）经济合作区、清远华侨工业园、英红工业园三大园区共引进项目27个，累计引进项目236个；新增投（试）产项目26个，累计投（试）产项目78个；实现工业增加值14.5亿元。全年接待游客781.9万人次，旅游总收入43.6亿元，分别增长37.2%和30.5%。“英德NET网上超市”等电子销售平台业务快速发展，社会消费品零售总额130.5亿元，比上年增长10.9%。清远市级以上农业龙头企业发展到37家，其中省级农业龙头企业6家。新增农民专业合作组织44个，总数达到561个，带动非成员农户数30 321户。新增规模种植茶园面积1.5万亩，茶叶总产值15亿元，增长11.0%。2014年英德红茶区域公用品牌价值达11.96亿元，在全国红茶类品牌中排名前三，英德红茶的影响力和市场竞争力显著提升。全市100项重点项目（工作）完成投资79.2亿元，完成年度投资计划的88.4%。

——连州市。2014年，连州市地区生产总值116.55亿元，增长10.0%。

人均地区生产总值30 801元，增长9.3%。地方公共财政预算收入6.55亿元，增长12.0%。规模以上工业增加值11.48亿元，增长6.4%。固定资产投资29.29亿元，增长18.5%。连州市围绕食品加工、生物医药、非金属矿深加工、文化旅游等行业，谋划、优化、储备一批发展前景广阔的项目，配套引进与非金属矿产业相衔接的上下游企业，形成完整的产业链。园区新引进项目10个，计划投资总额10.02亿元，实现产值15.14亿元，比上年增长18.3%。全市农民专业合作社达到377家。重点发展连州菜心、连州水晶梨、草食动物等主导农产品和东陂腊味等特色农产品。加强“三连一阳”区域旅游合作，共建“三连一阳”大型游客咨询服务中心，与同程网携手构建清远市第一个旅游营销平台。京东华南首家、全国部署第9家“京东帮服务店”落户连州，阿里巴巴在连州市区设立一个运营中心、在乡镇设立100多个代购点。2014年列入省、市重点项目共计16项，完成年度投资14.75亿元，占年度计划投资115.7%。实现每个乡镇建设一所规范的公办乡镇中心幼儿园的目标。省卫计委首次公布全省县域内住院率连州市为90.7%，排全省第二名，成为全省“大病不出县”的两个县之一。

——佛冈县。2014年，佛冈县地区生产总值94.82亿元，增长12.1%。人均地区生产总值30 424元，增长11.3%。地方公共财政预算收入9.11亿元，增长10.0%。三次产业结构为10.6：50.0：39.4。形成四个产业集聚区：位于迳头镇的金岭产业集聚区，位于石角镇的建滔电子产业集聚区，位于汤塘镇的食品饮料产业集聚区，位于龙山镇的江森约克产业集聚区。旅游产业实现了从量变到质变的转化，全县共接待游客516.15万人次，实现旅游经济总收入约33.55亿元，比上年增长12.6%，荣获“广东省旅游创新发展十强县（市）”称号。国道106线佛冈北段、省道252线高岗段、354线汤塘段和县城青松东路等工程顺利推进。12个美丽乡村顺利通过市验收，成功创建2个省级文明村，获得全国文明县城提名资格。

——连山县。2014年，连山县地区生产总值27.52亿元，增长5.9%。人均地区生产总值29 540元，增长5.3%。地方公共财政预算收入1.32亿元，增长8.1%。三次产业结构为23.0：33.9：43.1。固定资产投资11.04亿元。

社会消费品零售总额4.84亿元。积极、因地制宜、适度发展资源开采、旅游等产业，以生态资源促进产业发展，以产业发展保障生态，主动发展以产业转移为核心的生态工业和依托本地特色与品牌引导的生态农业。积极培育民族生态旅游业和壮大水电能源业。全县规模以上企业只有3家，其中小水电占了2家，规模以上企业增加值2.4亿元，小水电和供电占了52%。

——连南县。2014年，连南县地区生产总值33.23亿元，增长7.8%。人均地区生产总值25 004元，增长7.2%。地方公共财政预算收入1.57亿元，增长0.1%。连南县紧紧围绕“特色立县·生态崛起”的发展战略，全力将连南打造成生态崛起的中心地、有机高效农业的先行地、民族文化和休闲养生旅游的目的地、扶贫开发和社会和谐的示范地。加快造林步伐，森林覆盖率达82.5%，全年实现林业产值1.8亿元，增长0.7%。全县现有茶叶种植面积4 250亩，油茶面积4.6万亩，年产茶籽800吨、茶油200吨。全县有市级以上农业龙头企业4家，共发展了135家农民专业合作组织，有效促进蚕桑、油茶、有机稻、茶叶、香芋、中药材种植和娃娃鱼、稻田鱼等养殖产业的发展。建立农产品销售平台——瑶山特农公司，解决了本地农产品的销售环节问题。南岗千年瑶寨、广东瑶族博物馆在12月份成功创建为国家AAAA级景区。2014年共接待游客160.2万人次，增长35%；旅游总收入8.01亿元，增长40%。水利、交通、电力、通信状况逐年改善，二广高速的开通和省道261线的大修为经济发展注入了新的活力。全县水力资源丰富，小水电站星罗棋布，全县共建成投产水电站285座，总装机容量19.56万千瓦，送网总电量达5.2865亿千瓦时，产值达2.43亿元。

——阳山县。2014年，阳山县地区生产总值81.10亿元，增长6.8%；人均地区生产总值22 145元，增长6.1%。地方公共财政预算收入4.79亿元，增长7.0%。社会消费品零售总额31.9亿元，增长9.3%。全年共引进项目60个，计划投资51亿元，实际投入12.8亿元。外贸出口完成2 523.15万美元，增长97.8%。实际利用外商直接投资1 315万美元，增长19.3%。积极对接佛山、中山、番禺、花都等地区，加大联合招商力度，新引进项目60个，合同投资总额51亿元，实际投入12.8亿元。对重点项目“一季一督查、一月一通报”，推动固定资产投资实现15.31亿元，增长29.3%，其中，78个市县重点项目完成投资10.65亿元。农民专业合作社发展到286家，家庭农场增至99家。新创本地农业品牌“阳农牌”，新增有机产品、绿色食品、国际标准产品认证38个，注册农业商标33个，建成全省第一个蔬菜种植类国家级质量安全示范区。

4. 清远燕湖新区规划建设情况。2014年，燕湖新区实现生产总值190.56亿元，投资总额119.9亿元，规模以上工业增加值107.24亿元。

——基础设施建设进展顺利。燕湖新区起步区燕湖新城规划面积45平方公里。燕湖新区起步区控制性详细规划编制工作已于2014年完成，新城范围内土地利用总体规划调整基本完成。燕湖新城累计启动公共基础建设项目共57项，其中建成项目4项，在建项目30项，开展前期工作23项，涵盖43项骨干及支路工程，总里程96.73公里；12项房建项目（含6个安置区和6个市级文化场馆），总建筑面积165.12万平方米；5项园林景观工程；累计完成投资53.75亿元。老干部活动中心、市机关幼儿园、静福广场及北江南岸经道已建成使用。

——促进产城融合。清远燕湖新区依托职业教育基地、新兴服务业组团等打造创业平台，实施人才引进计划和培养工程，吸引优秀外出务工人员回流就业创业。在银盏站、清远站等广清城际轨道枢纽站点建设配套完善的宜居社区，提升生活服务和特色商业服务水平，提高人居环境质量。以龙塘、源潭等产业集聚区为重点，鼓励企业与职业教育基地院校共建生产力联盟，吸引北部山区农村富余劳动力进城就业。新区有国家级企业技术中心2家、国家级工程中心1家、博士后工作站3家、省级企业研发平台54家，并引进总投资30亿元的中国南部物流枢纽项目。20多个科技服务平台相继进驻新区。其中，天安智谷总投资50亿元，吸引1 500~2 000家优质企业入驻，提供约5万个就业岗位，着力打造集电子信息产业、创新科技产业、物联网研发与应用、管理总部、金融投融资服务及其商业配套为一体的最新一代产城融合的旗舰和标杆。

——科学制定规划，严守“绿色、低碳、生态”标准。依托旧城建新城，处理好新城扩容和现有城区提升的关系。燕湖新城在规划选址时，充分考虑和现有城区的关系，择址紧邻建成区，有利于发挥现有城区功能，使新城建设事半功倍；同时通过新城建设，拓展城市发展空间，完善城市功能，疏解现有城区的人口、交通压力，通过公共文化设施的建设，补充现有城区功能不足，使新城和现有城区成为一个相互依托、相辅相成的整体。合理规划和利用土地，实现城市总体规划与土地利用总体规划的基本统一。燕湖新城建设将充分挖掘新城的生态本底，利用原有江、山、湖资源，通过联通水系、保护性开发山体，构建"蓝（水系）、绿（山林绿地）"交织的生态网络，形成分隔城市功能片区的生态廊道，把新城打造成生态的新城。根据总体规划，燕湖新城建成后，绿地和水域面积将分别有7.1和7.8平方公里，分别占总规划面积的15.8%和17.3%。

——多渠道筹集建设资金。燕湖新城建设资金需求非常庞大，仅现在启动的项目总投资就达200亿元，这些项目全部为市政基础设施，包括道路、安置区、公共文化场所、园林绿化等，基本不具备赢利能力。为减轻财政压力、减少政府债务，启动以市德晟集团公司为主体的多渠道筹集社会资金参与建设燕湖新城的工作，包括利用股权投资基金（广清投资基金20亿和粤东西北振兴发展股权基金9.3亿）和公司自有资金作为项目资本金，争取地方银行和其他金融机构授信或项目贷款等进行放大操作；开展非公开定向债务融资工具发行、企业债和中期票据发行、融资租赁、资产证券化等工作；同时积极争取政策扶持资金或政策性项目贷款，已成功取得棚户区改造项目贷款、农发行20亿元新农村建设项目贷款等。

5. 顺德清远（英德）经济合作区开发建设情况。2014年，顺德清远（英德）经济合作区入园项目企业共23家，总投资额约238.8亿元，其中工业项目21个，合同投资总额约50.8亿元；综合配套项目2家，合同投资总额约188亿元。

——积极探索，统筹规划引领发展。做好合作区详细规划和中南产业片区发展规划。做好与英德规划路网（西环）、广乐高速、昆汕高速的交通对接及规划；高标准规划污水处理厂及华电热电联产项目的选址、设计工作。做好资金统筹运作规划。试行合作区财政资金缴拨办法，开展合作区财政收入调库工作，加强合作区财税收入管理，进一步理顺合作区财税体制。打造合作区资金统筹运作平台，优化资金配置，平衡财政收支，盘活“静态”资金，实现资金统筹、调度有序、使用科学、流转协调、开源节流，确保合作区资金运作“一盘棋”。

——内外并举，招商引资呈现新局面。充分发挥“顺德服务、清远成本、政策叠加”的独特体制优势，建立并依托政府、园区、行业协会三结合的招商工作机制，向落地企业不折不扣地兑现各项承诺，不断改善综合行政服务体系，提升工作效率和服务质量，营造重商、安商、惠商、助商氛围，吸引和鼓励企业投资落户园区。突出引导顺德传统优势产业入驻园区。吸纳13家容声上下游配套企业抱团投资，打造容声电器综合加工园，形成产品研发、终端产品制造、零部件协作和产品营销相结合的产业集群。多渠道推介、吸纳优质企业项目。创建“园区—镇街”传统产业转移联动新模式。

——重点突破，企业项目加快落地建成。坚持把项目落地建成投产作为推动园区开发建设的重中之重和中心支撑。2014年征地3 607亩，完成土地出让1 788亩。密切跟进工程建设进度，掌握项目企业的有关情况及主要困难，切实为企业项目早日动工建设、建成投产排忧解难。实行“项目经理”制度，提供“一站式”服务。同时，优化决策、执行、监督等管委会内部机制，强化制度执行与工作落实，加快立项审批、土地出让等，为企业建设节约时间。以奖惩、督导为抓手，倒逼项目加快建设进度。

——夯实基础，园区基础设施日趋完善。推进“四路”工程建设。“四路”是顺英大道、顺通大道、德盛路、德民路四条主要框架道路的合称，总长度超20公里，项目总投资约11个亿，是园区与英德城区、广乐高速连接的重要通道。推动污水处理厂和防洪排涝工程。污水处理厂项目已完成前期工作，BOT项目招标工作已正式启动。防洪排涝工程（一期）及东区治涝工程已完成可研、勘察、设计及监理项目的招标工作。落实热电联产项目、员工村项目。引入华电集团热电联产项目，项目投产后可满足合作区及相邻区域的集中供热、供冷需求。完善启动区市政工程建设。启动中南片区5 000亩新产业载体建设，推进该产业片区的项目规划和招商策划工作。

——安全稳定，理顺社会事务管理机制。编制并施行《合作区社会事务管理工作实施方案》，以定制度、保安全、促民生、维稳定为抓手，强化管理服务，全力打造良好社会环境。积极对接环保工作。制定《合作区环境保护管理联动工作方案》。加强企业安全生产监管。定期对入驻企业和施工单位进行安全生产排查，切实落实安全生产责任制、安全生产现场管理制度，科学施工，未发生安全生产事故。创造和谐稳定环境。加强与当地公安、劳动等部门的联系和协作，制定信访、维稳措施，落实村居走访制度，对不稳定因素进行排查，提前介入，确保开发建设安定和谐的大环境，未发生上访信访事件。再就业培训班顺利开班。

（六）云浮市

1. 概况。2014 年，云浮市地区生产总值 664.00 亿元，增长 10.3%；人均地区生产总值 27 252 元，增长 9.6%。规模以上工业增加值 255.58 亿元，增长 15.7%。地方公共财政预算收入 52.87 亿元，增长 15.5%。固定资产投资 738.09 亿元，增长 18.4%。社会消费品零售总额 268.49 亿元，增长 19.5%。进出口总额 17.99 亿美元，下降 3.8%，其中出口总额 12.24 亿美元，增长 14.2%。实际利用外商直接投资 1.06 亿美元，下降 3.8%。居民消费价格指数上涨 1.6%。

2. 区域发展和合作的特点。

——生态建设成效良好。全市空气质量保持在国家二级标准以上。西江云浮段水质保持在Ⅱ类以上。全市 356 个减排项目全部完成。淘汰黄标车 6 845辆，淘汰和治理锅炉 37 项。完成 11 家企业碳排放信息报告和核查工作。单位生产总值能耗下降 3%。“十二五”前四年累计完成省下达节能任务的 90.62%。单位工业增加值用水量 67 立方米/万元，单位生产总值二氧化碳、二氧化硫、化学需氧量、氨氮、氮氧化物排放量也分别完成省考核目标。城镇生活污水集中处理率达 74.36%，城市生活垃圾无害化处理率达 100%。

——发展空间进一步拓宽。成功加入珠江—西江经济带发展规划，纳入广佛肇清云经济圈，与佛山开展全方位对接合作。区位条件进一步改善，完成交通基础设施建设投资71.6亿元，南广铁路建成通车。城市承载功能提升，云浮新区正式挂牌成立，云安撤县设区，中心城区集聚力进一步增强。老城区提质工作取得新进展，成功创建广东省文明城市，创卫工作成效明显。新农村建设步伐加快，危房改造、省级新农村示范片区建设、生态文明村建设等扎实推进。

——对接佛山对口帮扶成效明显。按照既定的帮扶工作方案，加强沟通对接，佛山市帮扶云浮市工作进入实质性阶段。佛山共投入对口帮扶云浮财政资金4.1亿元，专项拨付各类工作经费1 200多万元，并设立了4.2亿元的产业转移引导扶持资金（其中市级2.2亿元，顺德区1亿元，南海区1亿元）。云浮市投入了1.5亿元资金用于合作园区的土地征拆。以园区建设为帮扶的主要载体，两市共同出资组建广东佛山（云浮）产业转移工业园投资开发有限公司，作为重点合作共建区域的实体，统筹园区开发事务和对外融资业务。云浮市政府向广东佛山（云浮）产业转移工业园下放了首批19项市级行政审批（管理）权限。广东佛山（云浮）产业转移工业园思劳片区（新开发）共完成征地4 138亩，完成用地调规约1 780亩；累计已完成项目投资金额约4.93亿元。县（区）对口帮扶也取得良好成效，禅城对口帮扶罗定和郁南，对接企业超200家，签订协议43家；南海对口帮扶云安，引进总投资8亿元的广东雄力集团项目；顺德对口帮扶新兴，促成广东奔朗新材料有限公司机械制造项目等多个项目签订协议。

3. 县域经济发展情况。2014年，云浮市罗定市、新兴县、郁南县等三个县（市）的地区生产总值、地方公共财政预算收入、规模以上工业增加值、社会消费品零售总额、固定资产投资等主要经济指标均实现两位数增长。

——罗定市。2014年，罗定市地区生产总值165.04亿元，增长11.4%。人均地区生产总值16 664元，增长10.7%。地方公共财政预算收入10.12亿元，增长18.2%。规模以上工业增加值30.65亿元，增长17.5%。全社会固定资产投资127.21亿元，增长29.2%。社会消费品零售总额64.41亿元，增长12.9%。全年新增农业龙头企业和农民专业合作社70家，农业产业化组织实现销售收入21.8亿元，带动农户12.1万户。新获农产品“三品”认证5个、省名牌产品1个，第四次被评为“全国粮食生产先进县”。电力、建材、电子、纺织、化工等主导产业完成产值93.9亿元，占全市工业总产值的68.9%，增长22.6%。新增规模以上工业企业28家，新增工业增加值2.48亿元。全年新建、改造城乡集贸市场8个，新增限额以上商贸企业48家，新增消费品零售额7.5亿元，罗定物流园、罗定汽贸园动工建设，世界五百强零售企业大润发进驻罗定体育商业广场。广东佛山（云浮）产业转移工业园双东分园入园企业增至59家，完成固定资产投资22亿元，新增工业产值26亿元。71个重点项目完成投资61.41亿元，完成年度计划100.2%，其中18个省及云浮市重点项目完成投资44.22亿元，完成年度计划106.8%。中材、华润、中广核三大央企首期投资计划全部完成，中顺洁柔（云浮）纸业首期两条生产线建成投产。

——新兴县。2014年，新兴县地区生产总值206.59亿元，增长11.6%。人均地区生产总值46 735元，增长11.0%。地方公共财政预算收入13.50亿元，增长22.1%。固定资产投资139.06亿元，增长28.8%。社会消费品零售总额44.5亿元，增长12.1%。全县农业产业化组织销售收入达383亿元，增长6.3%。新培育农民专业合作社50个，累计达500个。新培育种养大户15 000个、现代家庭农场2 000个。新增“三品”认证产品3个、广东省名牌产品1个。新增规模以上工业企业9家，规模以下转规模以上企业17家，新增限额以上企业33家，引导“个升企”146户。天露山旅游度假区创建为国家AAAA级旅游景区，并荣获“中国健康养生休闲旅游胜地”称号。六祖故里旅游度假区高端旅游项目通过省旅游局评定。全市首个文化生态旅游服务标准体系试点获得省审批立项。全年接待游客达805.6万人次。

——郁南县。2014年，郁南县地区生产总值91.11亿元，增长10.3%。人均地区生产总值22 707元，增长9.6%。规模以上工业增加值33.32亿元，增长19.9%，增幅居全市第一位。固定资产投资55.37亿元，增长28.7%。社会消费品零售总额37.91亿元，增长12.7%。地方公共财政预算收入5.46

亿元，增长10.3%。国税收入2.49亿元，增长21.8%。地税收入4.28亿元，增长5.9%。外贸进出口总额5 074.06万美元，增长43.96%。新上及签约项目25个，其中动工项目16个，总投资41.5亿元。建立无核黄皮、芒果、蚕桑、南药、青枣、珍珠石榴、圣女果、茶叶、火龙果、香蕉等特色农业示范基地82个；发展优质稻25.2万亩，产量10.8万吨。源楷家具、鑫国泰科技、植物提取、环保碳素、果酒生产、迅兴实业等一批工业项目动工建设。大湾古建筑群被列为全国第七批重点文物保护单位，磨刀山遗址填补了广东旧石器时代的文化空白，连滩镇兰寨村被评为“广东省旅游名村”和“全国美丽乡村”创建试点。依托南江第一湾、兰寨南江文化创意基地、光二大屋、大湾古建筑群等旅游资源，全年接待游客135万人次，旅游总收入15.3亿元，增长8%。

4. 云浮新区规划建设情况。云浮新区目前重点建设的是核心区——西江新城，规划面积约80平方公里，城市建设用地面积约40平方公里，规划常住人口40万左右。新区启动区分两部分：一是西江新城起步区，位于都杨镇，指西江新城水景中轴线及两侧、中央商务区、沿江路及滨江公园等约10平方公里范围，该范围也是广东佛山（云浮）产业转移工业园（北园）所在区域。二是广东佛山（云浮）产业转移工业园（南园）起步区，位于思劳镇，规划面积约17.42平方公里，该园区是佛山帮扶云浮重点打造的新产业园。

——经济社会发展情况。2014年，西江新城起步区实现公共财政预算收入2.18亿元，增长110.9%。政府性基金预算收入8.65亿元，增长112.2%。税收收入1.6亿元，增长111.3%。规模以上工业总产值21.4亿元，增长31.0%。规模以上工业增加值4.87亿元，增长30.1%。固定资产投资56.58亿元，增长51.0%。实际利用外商直接投资总额1 900万美元，增长235.6%。西江新城起步区有各类项目127个（基础设施项目25个，产业类项目102个），总投资约750亿元。其中，建成项目36个，总投资33.76亿元；在建项目47个，预计总投资417.87亿元；已签约待建项目31个，预计总投资240.63亿元；在谈项目13个。初步建成高铁、高速公路、城市快线、市政道路快速连通的交通路网，打造出率先产生集聚效应的高铁中央商务区和一批教育医疗公共服务项目，启动了城市水景中轴线湖景区和国家级森林公园的规划建设，起步区形成了谋划启动一片、开发建设一片、集聚见效一片的良好发展态势。

——规划情况。云浮新区在已出台《云浮新区发展总体规划（2013—2030)》的基础上，配套编制了4个专项规划。其中，《云浮新区低碳生态发展规划（2014—2030年)》已于2014年12月30日印发实施；《广东云浮新区基础设施建设专项规划（2014—2030年)》《广东云浮新区产业发展专项规划(2014—2030年)》《云浮新区水资源环境保护专项规划（2013—2030年)》已基本完成编制。《云浮西江新城中央商务区城市设计》《云浮西江新城中央商务区控制性详细规划》已印发实施。《佛山（云浮）产业转移工业园（云浮新城）电网规划》《佛山（云浮）产业转移工业园（南园）思劳片区概念规划》已印发实施。

——重点项目建设情况。截至2014年12月底，新区累计引入和建设项目124个，计划总投资762.29亿元。新区重点项目建设总体呈现数量多、质量高和城市型项目多等特点。其中，交通基础设施建设项目13个，计划总投资77.83亿元，累计完成投资20.98亿元，2014年完成投资8.22亿元；生态宜居城乡建设项目10个，计划总投资72.83亿元，累计完成投资18亿元，2014年完成投资10.7亿元；工业项目3个，计划总投资55亿元，累计完成投资3.25亿元，2014年完成投资0.65亿元；农村改革发展项目1个，计划总投资29.84亿元，累计完成投资4.95亿元，2014年完成投资3.13亿元；第三产业项目28个，计划总投资408.69亿元，累计完成投资60.52亿元，2014年完成投资43.84亿元。其中，南广高铁云浮东站临时交通枢纽已建成并投入使用；华立城市学院完成扩招，在校师生有3 000多人；华南师范大学附属（云浮）学校已签订三方合作协议；碧桂园国际学校、远大酒店已动工建设；新区水厂正在开展前期工作，第一污水处理厂正常运行。

专项篇

一、重大区域发展平台建设

（一）综述

2014年，广东省积极推动新区等重大区域发展平台建设，集中资源要素，抓好起步区建设，加快推进基础设施和公共服务等配套建设，取得积极成效。

——积极推动创新政策落地。一是全面贯彻落实国家赋予珠海横琴、深圳前海、广州南沙三个国家级重大平台一系列比特区更特的开发、开放优惠政策。2014年11月25日，国家发展改革委召开促进广东前海南沙横琴建设部际联席会议第一次会议，进一步协调南沙、前海、横琴建设的若干重大事项和政策。二是积极争取将汕头华侨经济文化合作试验区上升为国家战略。2014年9月，国务院下发《关于支持汕头经济特区建设华侨经济文化合作试验区有关政策的批复》（国函〔2014〕123号），同意在汕头经济特区设立华侨经济文化合作试验区，并支持试验区全面深化改革，构建开放型经济新体制。三是推动粤东西北振兴发展股权基金设立和投资。2014年2月，省政府常务会议审议通过《广东（人保）粤东西北振兴发展股权基金设立方案》。基金投资总体进展顺利，截至2014年年底，13个市基金投资决策已全部完成，基金已按照13市项目进度资金需求，投资放款58.37亿元。

——建立健全规划体系。印发实施广佛肇（怀集）经济合作区发展总体规划，积极推动广佛肇经济圈深入合作。印发实施深汕特别合作区发展总体规划，推动汕尾市加快融入深莞惠经济圈。粤东西北各新区在完成总体规划编制的基础上，2014年共开展了39个包括产业、基础设施、低碳生态等各类专项规划的编制工作，形成了以总体规划为统领，专项规划和控制性详细规划为具体细化落实的较为完整的规划体系。

——加快推进产城融合。一是珠三角各市注重落实“产城融合”的发展理念，推动产业转型升级、优化发展。如广州南沙推进明珠湾起步区建设，打造集金融、商务、高新技术、会展等功能为一体的综合性区域。深圳前海建设以金融业为主体，建设基础设施完备、国际一流的现代服务业合作区。珠海横琴完善“一线放宽、二线管住、人货分离、分类管理”的分线管理和封关运作模式，使货物、人员、车辆在区域内能更加自由地流动。中新广州知识城依托主城区的开发建设，启动知识产权服务和保护集聚区建设，积极谋划筹建国家知识产权保护和服务综合改革试点。二是粤东西北各市将建设新区作为促进中心城区扩容提质的重要抓手，在加快推动新区基础设施建设的同时，加速推进起步区内产业项目集聚和公共配套服务项目落地，不断提升产业和人口承载力，着力拉开城市发展框架，产城融合不断深化。如茂名滨海新区以博贺湾海洋经济试验区、茂名高新区、水东湾新城为“三大平台”，强化港—业—城联动发展，产城融合成效明显。

——加快重大项目建设。一是珠三角各区域发展平台加大招商引资力度，以重大项目为切入点，加快建设进度，如中新（广州）知识城金发科技碳纤维等3个项目建成试产；佛山中德工业服务区引进德国欧司朗亚太总部、库卡机器人中心等中德合作项目37个；东莞水乡特色发展经济区抓紧推进示范片区等44个基础设施项目；中山翠亨新区新引进项目18个，投资额近110亿元；江门大广海湾经济区开工建设18个重点项目，完成投资26亿元；肇庆新区东站主体站房已与南广、贵广铁路同步投入使用。二是粤东西北各新区借助对口帮扶机制，积极对接珠三角地区，务实推进一批重大项目、重大工程落户，加快促进产业集聚发展，如揭阳新区的博大金融、良康医药等12个总部项目落地建设。同时，各新区充分发挥股权基金和企业债券的杠杆带动作用，为土地开发、基础设施和产业园区建设筹措资金。

（二）深圳前海深港现代服务业合作区

——政策创新取得重大突破。国务院批复前海22项先行先试政策，到2014年年底已落实21条，在全国各类平台中创下了内容最丰富、创新性最强、含金量最高等多个“全国之最”。国家发展改革委已将前海作为“21世纪海上丝绸之路”和“丝绸之路”经济带的重要战略支点，并将之正式列入国家战略。商务部在全国率先授权前海计划单列市的外资审批权限。工信部在全国率先批复前海建设国际通信专用通道方案，专用通道建成后，前海可直接对接香港，与世界各地进行高频交易，届时深圳将成为继北京、上海、广州后全国第四个与纽约、伦敦、新加坡、香港等国际金融中心数据传输实时对接的城市。前海成为外商投资企业外汇资本金结汇管理方式改革的全国首批试点地区，成为全国首个实现检验检疫出口换证货物电子通关的区域。

——金融发展取得重大突破。一行三会发布的前海金融政策，已有40条措施落地，其中17条在全国首次提出。在全国首次打通跨境电商退税全流程，这标志着国内跨境贸易电子商务零售出口业务的“阳光通道”已在深圳前海湾保税港区正式打通。在全市率先启动跨境贸易电商进口试点。顺丰成为前海第一家开展集团内双向人民币资金池业务的企业。前海微众银行获批筹建，成为全国第一家落地的民营银行和互联网银行。全国首个利用跨境贷款的保税区SPV飞机租赁项目正式在前海签约，为国内保税区SPV租赁模式创立了标杆典范，前海与天津滨海、上海浦东成为我国飞机租赁的三大总部基地。前海股权交易中心挂牌企业数超过4 000家，成为全国挂牌数量最多、影响最广的区域性股权交易市场。前海跨境人民币贷款备案金额已达到738亿元。

——深港合作取得重大突破。出台全国首个对接香港的合作方案。与香港特区政府、发展局、金管局、测量师协会、建筑师学会等专业机构建立联席会议制度，全方位深化深港合作。全国首个针对香港青年创业创新的深港青年梦工场项目于2014年12月7日正式开园。首创港企直通车服务模式，取消港企进驻500万元的注册资本门槛，港资企业落户前海办理时限由原超过20天缩短为1~3天。12月1日前海跨境巴士正式开通。18名香港注册税务师通过在前海的执业资格考核测试，香港专业人士首次实现在内地执业。首次实施包括香港高端人才和紧缺人才在内的境外人才认定和个税补贴工作，首批认定的人才中港籍占74%，个税补贴金额近450万元。正式设立前海驻港联络服务机构。与香港合作组建金融、法制、规划建设、青年事务四个专家咨询委员会，港籍委员均占三分之一以上。

——开发建设取得重大突破。前海范围内的二线围网已全部拆除。高压线首批已经下地，使前海基础设施建设得以顺利推进。桂庙渠污水临时截排工程已完工，前海湾清淤工程一期、桂庙渠水廊道、环状水廊道工程等一批重点项目已动工建设，前海水质可得到根本性好转。临海大道、企业公馆西支路等项目超额完成年度投资计划，怡海大道、前湾二路、前湾三路、前湾四路、11 单元环境整治、兴海大道与沿江高速连接等工程顺利完工。地铁 5、9 号线延长线项目取得重大进展。规划建设共同沟，将市政、电力、通信、给水、中水等各种管线集中布置在一个隧道空间内。前海迎来首批企业进驻办公，企业公馆和青年梦工场正式对企业开放入驻，进驻率 100%。

——法治建设取得重大突破。设立前海廉政监督局，集纪检、监察、检察、公安、审计等职能于一体，实现由多头监督向一体化监督的转变。前海法院获最高人民法院正式批复成立。前海法庭在全国首创“港籍调解”与“港籍陪审”制度，首创“E 送达”司法服务。前海国际仲裁院建立了全国唯一一个以国际化理事会为核心的法人治理机构，三分之一的理事来自中国香港和海外。全国首个境外法律查明平台在前海设立。成立中国首家内地与香港合伙联营律师事务所。

（三）广州南沙新区

——经济实现持续快速增长。2014 年南沙新区实现地区生产总值 1 016. 35亿元，增长 13. 0%；规模以上工业产值 2 706. 39 亿元，增长 15. 1%；固定资产投资 403. 06 亿元，增长 60. 8%；地方公共财政预算收入 62. 88 亿元，增长 19. 6%。以上四项指标增速均列广州全市第 1 位。围绕航运物流、装备制造、科技智慧、商业服务、旅游健康等五大主导产业，加强招商引资，2014 年签约项目达 4 767 亿元。

——南沙新区纳入中国（广东）自由贸易试验区。做好中国（广东）自由贸易试验区申报工作，积极参与自贸试验区总体方案编制。2014年年底，南沙新区范围内60平方公里正式纳入中国（广东）自由贸易试验区。同时，以组建管理机构、深化政策研究、建设大通关体系、加强招商引资等为重点，全力推进自贸区南沙片区的各项筹建工作，取得了阶段性成果，形成了良好的发展态势。

——大力营造先行先试政策环境。部际联席会议原则同意给予南沙新区15条支持政策，国务院出台支持南沙新区金融改革创新15条政策，批准南沙成为外商投资企业外汇资本金结汇管理方式试点。海关监管先行先试16条措施已在试点基础上全面实施，国家质检总局支持南沙新区开发建设21条措施加快落实。关检“三个一”通关模式经验在全国推广，汽车整车进口口岸建设已通过验收。一批省级管理权限已下放南沙，市、区相应制定了一系列促进开发建设的政策措施。

——加快城市重点功能平台建设。明珠湾起步区建设全面铺开，总投资586亿元的33个项目加快推进，与大型央企（中交建集团）合作开发的灵山岛尖城市建设项目已开工建设。2014年签约项目涉及总投资500亿元，中化广东总部等一批新项目相继落户。抓紧推进道路、桥梁、水利水系及市政等基础设施建设。蕉门河城市中心区建设加快推进，总投资400亿元的41个市政基础设施、商贸服务项目进展顺利。万达广场、喜来登酒店等项目已形成整体形象。160万平方米总部经济集聚区主体工程、“双桥”（跨河车行桥和步行景观桥）、“五馆”（国家档案馆、规划展览馆、房地产档案馆、城建档案馆、地方志馆）等项目抓紧推进，“城市客厅”形态基本形成。

——提升区域交通枢纽地位。围绕打造珠三角交通枢纽，加快推进港口、轨道交通、高快速路网建设，推动南沙由珠三角的区位中心向区域中心转变。南沙港区三期即将完工，四期即将动工，2014年货物吞吐量达2.2亿吨，集装箱吞吐量突破1 100万标箱，国际班轮航线达64条。地铁4号线南延段全面开工，虎门二桥、深茂铁路、广中江高速、南沙港铁路、地铁18号线、商务机场、邮轮母港等项目有序推进。

——推进与港澳深度融合发展。广州南沙粤港深度合作区筹建工作进展顺利。司法部批复同意港澳律师事务所在南沙开展合伙经营试点。引导港澳企业发展高端商贸服务、参与新区功能建设，集聚越秀融资租赁等26家港资融资租赁公司、天运物流等一批港澳航运物流企业，引进一批与港澳合作教育医疗项目，推动一批港资总部落户。南沙新区港澳投资企业约690家，总投资额约91亿美元，注册资本约55亿美元。

——建设国际化、市场化、法治化营商环境。深化商事登记制度改革，在全市率先推行“四证联发”，设立“一口受理”窗口，市场准入前置审批事项从101项压减至18项，企业设立办证时间由原来的两周压缩为1天。行政审批事项减少37.6%，网上审批办理率达96.6%，审批时间压缩57%。《广州市南沙新区条例》颁布实施。依托南沙国际仲裁中心，实施《三大仲裁庭审模式流程指引》，在国内率先实现在同一仲裁中心同时选用三大法系庭审模式的仲裁服务。

——促进社会民生事业发展。实施促进南沙新区人民群众同步共享开发建设成果三年行动计划，从制度层面推动开发建设成果同步惠及人民群众。2014年民生及各项社会事业发展支出占当年区公共财政支出的83.3%。总投资15.37亿元的13个教育类重点建设项目和总投资19亿元的9个医疗卫生类重点建设项目进展顺利。实现了村卫生站、社区卫生服务中心与区医院一体化运作管理。启动128条村村容貌整治提升工程。

（四）珠海横琴新区

2014年，横琴新区地区生产总值58.07亿元，增长46.9%；地方公共财政预算收入26.68亿元，增长200%；固定资产投资246.81亿元，增长26.4%；实际利用外资2.56亿美元，增长66.2%，全面完成了“五年成规模”目标。

——回归之年，合作领域不断深化，与港澳融合发展成规模。一是协调机制更加紧密。成立横琴新区澳门事务局。建立与澳门全国人大代表、政协委员及工商界社团的定期沟通交流机制。2014年7月与澳门大学正式签署战略合作框架协议。与香港政府和内地经贸合作咨询委员会建立沟通合作机制。

横琴新区发展咨询委员会第二次会议顺利召开。二是项目进驻势头良好。注册和登记港澳投资企业314家，其中香港企业101家，澳门企业213家。澳门特区政府推荐进入产业园的33个项目已全部完成企业登记。三是出台专门支持政策。出台《横琴新区支持澳门经济适度多元发展的十一条措施》。设立针对粤澳合作产业园项目的产业引导扶持基金，初始规模为100亿元。发布在横琴工作的港澳居民个人所得税税负差额补贴实施细则，共受理2013年度港澳永久居民个税差额补贴36宗，发放补贴469.35万元。四是金融合作全面推进。全国率先降低澳门金融机构进入横琴准入门槛，澳门电子金融产业贸易促进会、澳门国际银行相继进驻横琴。粤澳两地跨境车主只需在澳门或横琴任意一地就可购买到两地的车险产品。五是基础设施对接进展顺畅。横琴新口岸于12月18日零时正式启用，全面实现24小时通关。澳门轻轨延伸横琴线工程拟由澳门特区政府委托代建，双方就技术方案等多方面合作取得共识。

——改革之年，率先推动“十大创新”，体制机制改革成规模。一是率先构建与港澳相仿的政策体系。财政部、海关总署、国家税务总局先后出台《关于广东横琴新区企业所得税优惠政策及优惠目录的通知》《关于横琴开发有关增值税和消费税政策的通知》《关于广东横琴新区个人所得税优惠政策的通知》等优惠政策实施细则。国务院正式批复同意建立“广东前海南沙横琴建设部际联席会议制度”，并召开第一次会议。二是全国率先实施分线管理模式。2014年6月28日，全国首个电子围网正式启用，全国首个“分线管理”创新型通关监管模式正式落地，全岛实现封关运作。三是发布全国首份市场违法经营行为提示清单（工商行政管理类）。将清单管理模式引入市场监管执法领域，列明国民经济96类行业1 748种违法经营行为，这是全国首次以清单形式系统全面向社会公开违法行为的创新尝试。四是深化商事登记改革。进一步建立“一个平台、一表通用、一次填报、统一收件、统一发证、统一归档”的“四证联办”商事登记模式，累积注册企业7 363家。完成“横琴诚信网”公示平台建设。五是在全国率先开展司法改革试点。横琴法院取消审判庭建制和案件审批制，实行法官会议制、法官员额制，审判效率明显提高，社会各界反响良好。六是完成自贸试验区申报工作。国务院正式批复同意设立中国（广东）自由贸易试验区，包括珠海横琴新区。七是率先推动“诚信岛”建设。出台全国首个诚信方面的政府规章——《珠海经济特区横琴新区“诚信岛”建设促进办法》，全国率先制定先行赔付制度，引入澳门“诚信店”管理模式，横琴国际仲裁院与横琴新区消费者协会相继挂牌成立。八是率先创新行政综合执法。实施“物管 + 城管 + 法管”城市治理模式，制订《横琴新区城市治理新模式实施方案》，综合行政执法体制改革试点筹备工作全面铺开。九是探索建立“权力清单”管理模式。探索建立全国首个以“清单 + 办事指南”的方式公布的“权力清单”和“责任清单”。十是全国率先启动个人本外币兑换特许机构刷卡兑换业务。澳门国际银行已在横琴挂牌设立，国内首张银联多币种 IC 卡在横琴首发。

——提速之年，重大项目高速发展，城市建设成规模。夯实横琴发展的硬件基础，推动产业与城市相融合，建设高标准的城市设施。一是建成一批重大产业及配套项目。长隆国际海洋度假区正式开业，马戏酒店、企鹅酒店主体结构完工，深井配套生活区和新家园南侧员工居住配套生活区部分投入使用。星艺文创天地项目展示中心主体结构完工；十字门中央商务区国际展览中心和国际会议中心投入运营，二期堤岸及市政道路工程全面施工；WTA 超级精英赛赛事场馆临时设施搭建工作已完成；横琴总部大厦塔楼提前封顶，售楼中心已建成，预售工作已全面启动。二是建成一批城市基础设施项目。市政基础设施（BT）项目非示范段剩余路段已竣工验收，建成 27 条市政道路、14 公里海堤、2.9 公里隧道，横琴路网基本成形；广珠城际机场延长线横琴段金融岛站、横琴口岸站、长隆站建设已全面铺开；中电投珠海横琴多联供燃气发电项目一期两台机组已全面建成投产；两座“3C 绿色电网”（琴韵变电站、富祥变电站）均已投入使用。三是推进一批特色医药教育项目。加快推进世界顶级医疗机构——美国麻省总医院、横琴国际生命科学中心项目、汤臣倍健综合基地项目等前期工作。创新教育服务、教育管理模式，高标准引入华发教育控股，探索“管办评分离”机制。横琴新区小学、幼儿园硬件设施建设已进入内部装修阶段。

——发展之年，三大产业亮点突出，现代产业体系成规模。2014年新引进世界500强企业6家，中国500强企业4家，已引进和在谈世界500强企业52家，国内500强投资项目76家；引进总部企业785家。旅游业、高端服务业和金融业已经成为横琴现代产业体系的“三大亮点”。一是旅游产业取得新成果。长隆国际海洋度假区开业以来已累计接待游客超过800万人次；澳门银河娱乐体育休闲度假项目已正式签订合作协议；WTA超级精英赛将连续5年在横琴国际网球中心举办。二是高端服务业取得新发展。国家食品安全（横琴）创新工程和“星光中国芯物联网工程”两大国家级战略工程相继落户；国际广告创意产业基地被国家工商总局列为国家广告产业试点园区。十字门商务区会展组团建成竣工，11家会展企业已在横琴提前布局。三是金融创新凸显新亮点。成立注册资金达40亿元的横琴金融投资有限公司。珠海大横琴投资有限公司15亿元人民币债券成功在香港发行。新区全年累计引进各类金融企业672家，注册资本1 226亿元，实际管理资金规模超过8 400亿元，广东金融资产交易中心交易量突破820亿元，珠海产权交易中心交易量突破24亿元。横琴“财富岛”已具雏形。

——提升之年，民生工程全面展开，社会综合服务成规模。一是民生项目重点推进。推进幸福村居建设，横琴镇红旗村外观装饰和管网改造工程首期项目顺利完工，二期项目已全面启动。与市人民医院合作建设横琴综合门诊部。积极推动生活垃圾分类收运和处置设施配置。二是社会保障全面强化。辖区内1 265名（含由农保转参城保810人）征地农民及其配偶、子女参加农保、医保等费用实行区财政补贴，参保率达100%。全年共实施灾害救助3 000余人。为职工追回欠薪等共7 227万元。三是幸福横琴持续升温。完善横琴新家园设施，顺利完成125户搬迁户542套安置房办证资料的整理工作。四是生态岛建设稳步推进。积极推进横琴新区滨海湿地公园建设，芒洲湿地二期项目已完成设计方案和初步批复。

——增效之年，政府执行力显著提升，城市品牌影响力成规模。一是深化服务型政府建设。截至2014年12月，区行政服务大厅共受理事项94 887项，办结94 884项，按时办结率达99.9%。引进ISO9001质量管理体系，编制《横琴新区行政服务大厅质量体系手册》。二是政府服务信息化。推进网上办事大厅升级改造，实现跨部门协同审批。开发新增审批事项注册管理系统，建立电子证照库。三是推进廉洁岛建设。构建区政府投资工程项目监督管理电子监察平台，制定出台《横琴新区工程建设电子监察管理办法》配套文件。实现经济责任审计与部门预算执行审计相结合。四是擦亮横琴城市品牌。成功组织横琴新区香港媒体见面会及媒体高层座谈会、横琴新区优惠政策宣讲暨对澳合作项目成果展示推介会等大型对外推广活动。横琴新区门户网站全年共更新动态信息 1 850 多条，开展以“推进横琴开发建设，深化粤澳合作交流”为主题的网络宣传活动。

（五）中新广州知识城

——大力推进基础设施建设。一是“三横三纵一轨”城市交通网络建设全面推进。地铁知识城支线已全线动工建设，南北起步区内部主干路网基本建成，15 条新建道路完工通车，里程约 27 公里；北起步区凤凰五路东延线、KN1－2 道路全线动工，永九快速路、云平快速路、知识大道前期工作基本完成。二是市政设施和公共配套建设有序推进。北起步区 110 千伏云平变电站投入使用，南起步区 220 千伏 7 号变电站启动施工，中部 220 千伏知识城变电站已完成土地平整即将全面动工；九龙水质三厂启动建设，共同管沟一期 5.5 公里建成。南部净水站正在推进方案设计；知识城水质净化一厂、三厂已完成前期工作。三是“两湖三河一廊”生态工程稳步推开。完成平岗河、流沙河的河道整治工程约 4 千米；南起步区凤凰湖已完成主体工程的建设。完成了知识城起步区生态绿廊及湿地工程（一期）、九龙新城蓝轴绿廊等城市景观项目及白汾水库除险加固工程的前期工作。

——积极推进产业园区建设。一是积极推进综合改革工作，打造知识产权交流国际化平台。作为中新合作开发的新一代园区，知识产权运用和保护综合改革试点工作是中新知识城建设中一个示范性和突破性的项目。目前国家知识产权局专利审查协作广东中心已在区内运营，广东省知识产权服务集聚中心、广州知识产权仲裁院等第一批省市知识产权服务机构和平台已落户知识城，广州知识产权法院已挂牌成立，知识产权保护和服务体系建设已现雏形。确定了以中方主导“硬件”、新方着力“软件”为合作开发模式的知识产权综合集聚园区开发方案，推进与新加坡在知识产权人才培训、评估、质押、交易、转化等方面的战略合作。2014 年 10 月 27 日，国家知识产权局和新加坡知识产权局分别代表两国政府在中新联委会第十一次会议上签署了知识产权领域合作谅解备忘录。二是积极推动医疗健康产业平台建设。在学习借鉴新加坡诺维纳健康城规划建设模式的同时，统筹知识城生命健康高端综合服务枢纽的规划，开展与国际高端医疗服务机构的交流合作，在康复医疗、中医医疗、创新药物、基因诊疗等领域提供亚洲一流的服务。借力“东方医学谷”的平台，积极促成广东恒健投资控股有限公司与新加坡淡马锡集团等战略投资者的合作，以资源整合优化促进国际医疗健康产业链的形成。三是加快中欧产业发展中心——腾飞科技园开发建设。2014 年 4 月，知识城管委会在新加坡与腾飞集团达成共识，将以腾飞知识城项目为载体共建中欧产业发展平台。腾飞科技园已成为首批中欧区域政策合作试点园区，通过设立“中欧产业发展中心——腾飞科技园”成为知识城与欧盟对接合作的平台。

——积极拓展深化与新方合作。一是合作开展人才培训。中新双方签订了《关于三年人才培训实施合作项目之战略合作协议》，利用新加坡教育机构的资源，通过“请进来”以及“走出去”的形式，传递先进理念，分享成功经验。共组织 10 批次 126 人次赴新加坡专题调研培训，集中培训干部 3 批次 63 人；共举办 11 场“请进来”合作主体论坛，培训政府和企业人员 2 780 人次。与新加坡南洋理工大学合作开展职业技能人才实训鉴定项目。二是推进社区管理服务创新。借鉴新加坡德教太和观经验，开创家庭综合服务新模式。九龙镇家庭综合服务中心高效运作，设有为九大类人群提供专业服务的 20 多个功能室，为九龙镇近 10 万常住人口提供各类专业社工服务。与新加坡人民协会签订合作备忘录，并基本确定在社区管理、社会服务等方面的战略合作关系，共同推动并首先在知识城中安置区启动社区管理服务创新试点项目。三是开展合作论坛与交流活动。与新加坡驻广州总领事馆及新加坡国际企业发展局合作举办“中新知识论坛”，邀请中新两地知名专家针对知识经济发展中的重点课题进行专题演讲及讨论。2014 年 9 月 25—26 日，第二届中新知识论坛围绕“从‘中国制造’迈向‘中国创造’——品牌竞争力与可持续的知识产权战略”的主题，分享了新加坡、欧美在知识产权领域的成功经验，并为区内企业提供专业咨询。开展粤新青年合作交流计划，与新加坡人协青年运动理事会合作，谋划建设在知识城工作的新加坡青年集散中心、两地青年交流活动中心、青年社会组织孵化器。四是深化中新国际化教育合作。与新方共同推进国际教育枢纽项目建设，设立了新加坡南洋理工大学知识城办事处。新加坡南洋理工大学、德国慕尼黑工业大学、华南理工大学三校将共建研究院，推动电动汽车、食品安全和水处理领域的协同创新，并落实了在知识城建立联合研究院的若干协同创新合作方向。各方将成立联合工作组和委员会，进一步推进联合研究院的建立。

（六）汕头华侨经济文化合作试验区

汕头华侨经济文化合作试验区范围与汕头海湾新区重合，按照“一套人马、两块牌子”的模式设立新区管委会进行管理。

——抓规划建设。一是积极推进华侨试验区（海湾新区）规划编制实施工作。全面实施海湾新区发展总体规划。海湾新区产业发展、建设用海和基础设施建设三个专项规划已完成编制；低碳生态专项规划已完成项目招投标等前期工作。推进华侨试验区发展总体规划编制工作。进一步完善华侨试验区核心区控制性详细规划。加快东海岸新城控规优化修编；珠港新城已完成控规方案公示；南滨新城已完成控规编制。开展东海岸新城通信设施专项规划编制工作，为信息经济发展和智慧城市建设打下坚实基础。二是全力推进华侨试验区工程和项目建设。东海岸新城，项目已累计完成投资近 100 亿元，围海造地工程全部完成，海堤主体工程基本完成；新津片区中山东路全部建成，滨江大道完成路面基层施工，其他 6 条道路已全部动工建设；新津河和外砂河大桥工程已完成超过 70% 的工程量；优化新津片区教育医疗等公共设施布局，完成华侨实验学校的项目立项，整合设置一所国家示范性高中和国际学校，增设一所具有区域影响力的专科医院。珠港新城，启动总部经济园区一期884.7亩土地开发，国瑞会展酒店、粤东国际金融广场、国际潮商总部大厦及国际珠宝交易中心等项目加快推进。南滨新城，总投资46亿元的潮汕历史文化博览中心、市政基础设施和生态景观工程开工建设，海湾隧道工程设计工作有序推进。粤东物流总部新城，有意向入驻物流产业园区的企业已达73家。广澳物流园，广澳国际集装箱物流中心初步形成规模，柯士达国际物流公司率先开辟至香港集装箱班轮首条航线。广澳港区，二期工程初步设计获交通运输部批复；防波堤工程累计完成投资6亿元，占总投资的37.1%。六合围片区，澄海国际玩具商贸物流城正大配送中心、货运超市、总部大楼等正在抓紧建设中，累计投资已达6.7亿元。

——抓政策研究。一是组织开展政策研究的前期准备工作。在京举办专家座谈会，研讨华侨试验区投资与贸易便利化、产业发展定位与所需政策支持、体制机制创新的路径，以及政策创新的研究方向。召开海外知名侨领侨商座谈会，听取潮汕籍侨领侨商对推进华侨试验区建设的意见和建议。赴上海自贸区、北京中关村、天津滨海新区、福建平潭等国家级重大平台开展调研考察，学习借鉴成功经验，形成政策收集汇总；赴珠海横琴、深圳前海、广州开发区、中山翠亨等省内其他合作平台开展有针对性的调研。二是着手开展重点领域的政策创新工作。市政府专门成立了民政和财税、文化教育医疗交流合作、现代服务业和新兴产业、贸易投资、用地用海、金融、人员往来便利化等七个专题研究小组，由市分管领导分别挂帅，按照“先简后繁、先易后难、突出重点、逐步申报”的原则开展政策创新研究工作。

——抓招商引资。一是做好华侨试验区的宣传推介工作。多渠道、多层次、全方位开展宣传报道，加强海内外媒体和新媒体的宣传，营造一个海内外互动、政府和民间共同关注的良好宣传氛围。通过中央、省、市和海内外主流媒体以及信息网络向全球华侨华人宣传汕头投资环境和试验区的发展前景，上级媒体共刊发新闻稿件200余条，转发量过万。参加东莞“海博会”、广州“中博会”和珠海第六届潮商大会等大型招商活动。二是做好华侨试验区企业商事登记和投资服务工作。2014年在试验区注册落户企业7家。三是做好九大产业招商引资工作。收集筛选华侨试验区赴港签约项目共16项（经济领域9项，文化领域7项），赴港招商项目6项（经济领域5项，文化领域1项）。

二、海洋经济综合试验区建设

2014年，全省各地、各部门密切合作、扎实工作，广东海洋经济综合试验区建设有序推进。2014年4月至5月，省政府办公厅对14个沿海地市和27个省直部门进行广东海洋经济综合试验区建设情况专项督查，较为全面地掌握了试验区建设进展情况，为下一阶段工作打下良好基础。2014年9月，广东省顺利通过国家发展改革委组织的全国海洋经济发展试点阶段性评估，评估组对广东省海洋经济发展取得的成效给予了充分肯定。

——海洋经济综合实力继续保持全国领先地位。2014年，全省海洋生产总值达1.35万亿元，增长13.8%，占全省地区生产总值的19.9%，占全国海洋生产总值的21%，稳居全国首位。海洋产业结构进一步优化，海洋三次产业结构为1.7：47.4：50.9，超额完成《广东海洋经济综合试验区发展规划》提出的海洋经济总量和海洋三次产业比例阶段目标。海洋经济对区域经济发展的带动效应充分显现，2014年粤东四市（汕头、汕尾、潮州、揭阳）海洋生产总值占地区生产总值的15%；粤西三市（阳江、湛江、茂名）海洋生产总值占地区生产总值的22%；粤东、粤西海洋生产总值比上年增长14%，海洋经济成为区域经济发展的重要增长极。

——海洋经济空间布局逐步优化。随着广州南沙、深圳前海、珠海横琴三大国家级新区建设的稳步推进，以及茂名滨海新区等一批沿海省级新区的规划建设，珠三角优化发展区和粤东、粤西重点发展区的海洋经济空间布局逐步优化。海洋经济区域合作不断加强，粤港澳、粤闽、粤桂琼三大海洋经济合作圈建设已纳入广东省与周边地区合作协议。统筹开发利用海岸带（含海岛地区）、近海海域和深海海域三大海洋保护开发带取得积极进展。

——现代海洋产业体系初步建立。一是传统优势产业得到夯实提升。以广州、深圳、湛江等主要港口为依托，初步构建起了布局较为合理、分工比较明确、功能初步完善、运作较为高效的集装箱和能源运输系统，正在向世界级港口群和国际物流中心的目标迈进。2014 年，深圳港累计完成集装箱吞吐量 2 403 万标准箱，连续两年位居全球第三。海洋渔业转型升级加快，2014 年国家和省财政共投入 1.26 亿元，支持更新改造大型钢质渔船 284 艘，深水网箱数量已发展到 2 035 个，产量达 2 万多吨。中船龙穴世界级船舶制造基地建成投产，江门市中小型船舶及配套产业基地已见雏形。二是海洋新兴产业发展喜人。以中山阳明风电为龙头的风电产业和以深圳健康元、海王生物为龙头的海洋生物医药产业集群异军突起。中海油深水海洋工程装备基地、中船珠海基地等一批项目开工建设，中山海事重工造船基地、中铁南方装备制造基地建成投产，大大提升了广东省海洋装备制造能力。三是临海产业集聚集约发展。湛江钢铁、中委炼油、台山核电等重大高端集约临海产业项目相继开工，有力支撑了广东省临海工业发展。四是滨海旅游业逐步走向高端。湛江“五岛一湾”、汕尾红海湾 2 个省级滨海旅游产业园区加快建设，珠海长隆国际海洋度假区建成投入使用，广州、深圳、珠海等地大力发展邮轮、游艇旅游，加强粤港澳邮轮航线合作，正向国际高端滨海旅游目的地迈进。

——海洋科技自主创新能力稳步提升。广州、湛江成为首批国家海洋高科技产业基地，广州南沙获批国家科技兴海产业示范基地。探索省部共建海洋与渔业科技协同创新模式，中国水产科学院在南海水产研究所和珠江水产研究所分别加挂广东省海洋渔业研究所、广东省淡水渔业研究所牌子。省海洋渔业局分别与中国航天五院、国家海洋环境预报中心等 5 个国家级科技单位签订合作框架协议，提升海洋防灾减灾科技支撑能力。2014 年争取国家支持广东省海洋经济创新发展区域示范专项扶持资金 1.75 亿元，重点开展海洋生物医药与制品、海洋装备等技术攻关和成果转化，以及公共服务平台建设。

——海洋生态文明建设扎实有效。启动美丽海湾建设，组织编制美丽海湾建设总体规划，首期计划选取 3 个海湾开展试点建设。汕头青澳湾、汕尾品清湖、潮州柘林湾等海湾和港湾生态修复取得明显成效。全省已建海洋与渔业类型自然保护区 88 个，国家级海洋公园 4 个，国家级水产种质资源保护区 16 个，总数达 108 个，保护区数量、面积和种类均居全国首位。建成人工鱼礁区 46 个，总面积达 286 平方公里，规模和面积居全国首位。

——海洋综合管理和海洋意识宣传取得实效。优化海域使用审核审批流程，积极落实广州南沙、珠海横琴、惠州大亚湾等重点区域和港珠澳大桥等重点项目用海，全年批复用海项目 133 宗，用海面积 5 340 公顷，为全省经济社会发展提供了重要空间。成功举办 2014 年中国海洋经济博览会，来自 28 个国家及中国国内的 1 000 多家企业和团体参会、参展。举办“广东蓝色课堂”“2014 年世界海洋日暨全国海洋宣传日”“2014 年粤港澳海洋生物绘画比赛”等主题活动。组织开展“广东十大美丽海岛”网络评选活动，出版《梦圆无人岛》大型画册，推出“广东海岛行”“寻访海上丝绸之路”电视系列报道，引起社会广泛关注。

三、主体功能区建设

——继续推进主体功能区规划配套政策制定工作。按照《广东省政府办公厅关于印发广东省主体功能区规划配套政策制定工作方案的通知》要求，加紧制定相关配套政策，出台实施《关于广东省主体功能区规划的配套环保政策》《广东省主体功能区产业发展指导目录（2014 年本）》《广东省主体功能区规划配套应对气候变化政策的指导意见》。

——争取并积极推进国家主体功能区规划试点。成功争取国家发展改革委将清远市和南岭生态地区纳入国家主体功能区规划试点，并按照国家要求积极组织相关市县开展试点工作。相关试点市县已按国家要求制订了本县（市）主体功能区规划试点方案。国家发展改革委和环保部已于 2015 年 2 月批复同意各市县的试点方案。

——积极推进主体功能区地理信息系统建设。广东省主体功能区规划地理信息系统于2014年年底建设完成，待进一步组织验收后可交付使用。该信息系统建设成果将为宏观规划与空间布局的衔接提供重要支撑。

四、县域经济发展

（一）总体情况

2014年，从化市、增城市、电白县、云安县、阳东县撤县改区，广东省的县（市）由2013年的63个调整为58个，分布在15个地级以上市，其中珠三角地区的惠州、江门、肇庆3市有13个，粤东西北12市有45个（粤东8个、粤西10个、粤北27个）。全省县域面积13.22万平方公里，占全省的73.6%；人口3 814万，占35.6%；地区生产总值10 531亿元，占15.5%；财政收入558亿元，占6.9%。

——经济实力。2014年县均地区生产总值182亿元，人均地区生产总值27 611元。地区生产总值超500亿元的有普宁市、博罗县和四会市，300亿元~500亿元、100亿元~300亿元的分别有8个、29个，低于100亿元的有18个。粤东西北地区由于城市经济实力弱，县域经济仍占较大比重。粤东西北各市中，县域地区生产总值总量最大的是茂名市；县域地区生产总值占全市比重超过50%的有8个，最大的是汕尾市，达70.9%。县均地区生产总值前三位是茂名、揭阳、阳江，后三位是韶关、梅州、清远。

——产业发展。2013年县域三次产业结构为20.1∶43.6∶36.3。2014年县域实现工业、农业总产值1.4万亿、3 254亿元，分别占全省的12%、62%。

——财政收支。2014年县域财政收入558亿元，县均9.62亿元，其中非税收入占36%。财政收入超10亿元的县（市）有18个，最高的是博罗县

33.9亿元；低于5亿元的县（市）有12个，最低的是连山县1.3亿元。县域财政支出1 583亿元，县均27.3亿元，其中省财政转移支付约占65%。县域财政收入支出比为1∶2.8。

——居民收入。2014年县域居民人均可支配收入14 130元，为全国（20 167元）的70%、全省（25 685元）的55%，所有县均低于全国、全省平均水平。农村居民人均纯收入约11 124元，超过全国平均水平（9 892元），为全省（12 246元）的91%；城镇居民人均可支配收入约18 688元，分别为全国（28 844元）、全省（32 148元）的64.8%、58.1%。

（二）支持县域财政发展情况

——优化省级财政支出结构，集中财力支持欠发达地区县域发展。省财政按照“压省级，保地方”的思路，不断压缩省级支出规模，大力调整支出结构，集中财力向欠发达地区和基层倾斜，解决县域财力支出需要。省级预算用于维持政权运转的经费支出比重从2006年的25.04%下降到2014年的8.2%。在压缩省级支出的基础上，不断加大对市县的帮扶力度。2007—2014年，省财政对全省市县（不含深圳，下同）的税收返还和转移支付补助从744亿元增加到2 507亿元，年均增长18.96%。2012年、2013年、2014年省财政年度预算中安排用于改善民生和均衡区域公共服务水平的支出比重分别达到了78.12%、79.12%、80.46%，这部分支出通过各种形式转移到市县，用于促进市县基本公共服务保障和社会经济各项事业发展。

——完善一般性转移支付政策。2014年，省财政安排基础性转移支付137.7亿元、激励性转移支付45.3亿元，合计183亿元，比上年大幅增长32.9%。对2012年以来撤县改区的清新区、揭东区、梅县区、潮安区、电白区、阳东区和云安区，从设立第二年起，5年内保留原省对县财政体制待遇。

——健全县级基本财力保障机制。2014年，省财政安排县级基本财力保障机制奖补资金合计121亿元（含中央资金），比上年大幅增长28.2%。有效帮助欠发达地区县级政府实现“保工资、保运转、保民生”的政策目标。

——完善生态保护补偿机制。2014 年，省政府办公厅印发《关于修订〈广东省生态保护补偿办法〉的通知》（粤府办〔2014〕57 号），明确了《生态环境保护指标考核实施细则》和《生态保护补偿资金分配实施细则》。通过完善生态环境保护指标体系、优化生态考核评分流程、提高激励性补偿比重、理顺禁止开发区补助关系等一系列措施，提升生态环境保护指标考核与生态保护补偿资金分配的科学性和公平性，充分发挥激励效应，进一步调动市县保护和改善生态环境的积极性。2014 年，省财政安排生态保护补偿资金合计 16.7 亿元（含中央资金）。

——积极稳妥推进省直管县财政改革。截至 2014 年，已开展了四批次改革试点，将 30 个县（市、区）纳入试点范围，占全省县（市）总数的五成。通过省直管县财政改革试点，在政府间收支划分、转移支付、资金往来、预决算、年终结算等五个方面实现省财政与试点县（市、区）财政的直接联系，并进一步明确市对试点县的补助责任和补助形式，省、市共同努力帮助增强县级政府财权保障能力。同时，不断完善配套措施，建立信息通达机制，积极帮助试点县解决民生支出保障、项目申报、资金运转等实际问题。通过因地制宜地推进省直管县财政改革，加快推进财政管理“扁平化”，减少政策传递和资金拨付环节，保证资金下达的安全性和便利性，有效提高财政运行效率，节省财政管理成本。同时强化了县（市）独立的财政主体地位，充分调动县域发展的积极性、主动性和创造性。

表 18　2014 年广东省各县（市）主要经济指标表

县（市）	地区生产总值		人均地区生产总值		地方公共财政预算收入		地方公共财政预算支出	
	绝对数（亿元）	增长（%）	绝对数（元）	增长（%）	绝对数（万元）	增长（%）	绝对数（万元）	增长（%）
南澳县	14.70	7.5	23 916	6.8	18 858	15.3	95 302	47.8
乐昌市	101.34	4.6	24 853	3.9	60 600	15.1	211 388	18.6
南雄市	113.19	11.7	34 631	10.9	55 781	17.3	184 442	13.4

（续上表）

县（市）	地区生产总值		人均地区生产总值		地方公共财政预算收入		地方公共财政预算支出	
	绝对数（亿元）	增长（%）	绝对数（元）	增长（%）	绝对数（万元）	增长（%）	绝对数（万元）	增长（%）
仁化县	89.92	7.2	43 736	6.6	61 017	16.1	158 476	32.6
始兴县	68.81	9.3	32 697	8.4	35 852	18.9	115 036	5.9
翁源县	82.06	8.6	24 147	7.7	37 752	15.8	147 478	11.9
新丰县	69.70	14.5	32 961	13.7	34 580	20.1	142 213	32.7
乳源县	60.64	9.7	33 308	8.9	50 060	15.9	140 483	14.0
东源县	96.00	11.5	21 103	10.5	73 540	22.0	295 969	27.8
和平县	82.37	10.8	21 284	9.8	40 889	24.2	239 532	21.4
龙川县	116.53	5.7	16 214	4.8	54 443	23.0	387 635	24.3
紫金县	109.12	9.8	16 516	8.9	57 362	25.0	343 677	33.4
连平县	88.29	8.3	25 349	7.4	64 601	11.0	225 236	21.8
兴宁市	140.26	11.5	14 308	11.1	74 810	31.0	463 595	41.0
平远县	62.28	8.0	26 756	7.7	53 640	28.2	177 404	43.4
蕉岭县	61.42	11.3	29421	11.0	58 304	28.7	160 188	40.0
大埔县	66.28	11.3	17 470	11.0	64 587	25.9	224 707	17.3
丰顺县	87.75	12.0	18 042	11.6	57 496	30.6	265 546	29.8
五华县	116.65	9.8	10 863	9.3	43 119	27.9	406 698	22.6
惠东县	440.23	14.2	47 510	13.7	302 328	30.0	528 164	27.6
博罗县	501.05	14.1	47 262	13.5	339 168	24.1	516 439	21.9
龙门县	140.74	15.0	44 594	14.2	100 104	29.6	213 383	18.1
陆丰市	218.51	11.0	15 827	10.2	162 451	16.0	471 556	20.4
海丰县	240.28	11.0	29 630	10.3	153 349	16.1	261 348	14.7
陆河县	45.58	7.5	15 946	6.8	37 283	16.1	150 726	27.1
台山市	323.28	6.3	34 084	6.2	227 148	11.8	394 336	11.0
开平市	267.18	6.5	37 908	6.2	193 528	2.7	270 736	1.6
鹤山市	230.78	6.9	46 092	6.6	214 426	13.6	237 685	9.5

（续上表）

县（市）	地区生产总值		人均地区生产总值		地方公共财政预算收入		地方公共财政预算支出	
	绝对数（亿元）	增长（%）	绝对数（元）	增长（%）	绝对数（万元）	增长（%）	绝对数（万元）	增长（%）
恩平市	140.84	6.5	28 271	6.2	95 283	13.0	201 020	9.6
阳春市	343.81	9.8	39 573	9.2	117 595	17.2	295 333	-1.7
阳西县	190.52	15.5	41 225	14.9	62 728	22.1	194 473	0.7
雷州市	230.93	10.0	15 743	9.2	55 289	3.6	353 353	3.7
廉江市	362.41	15.5	24 468	14.8	94 748	16.1	446 395	10.4
吴川市	204.72	11.0	21 458	10.2	60 018	12.5	234 658	2.9
遂溪县	246.88	7.3	27 077	6.6	61 390	5.5	230 995	-7.3
徐闻县	136.72	0.2	19 078	-0.5	40 345	3.5	273 430	26.0
信宜市	350.09	13.5	36 666	12.5	88 164	16.8	400 570	19.8
高州市	437.88	12.9	32 563	11.9	115 157	6.2	458 686	19.0
化州市	385.43	13.7	31 235	12.7	110 735	14.2	404 133	26.0
四会市	511.65	12.3	89 955	10.8	244 510	16.1	322 215	17.5
高要市	373.77	10.1	48 232	9.6	276 362	19.9	381 884	16.9
广宁县	123.25	11.0	28 414	10.5	78 877	14.2	192 116	17.4
德庆县	113.98	10.1	32 622	9.6	85 720	13.9	198 883	26.8
封开县	126.13	10.0	30 986	9.6	75 097	13.8	192 127	15.5
怀集县	209.09	10.1	25 048	9.6	108 691	3.5	290 553	11.1
英德市	223.82	12.1	23 092	11.3	183 105	10.1	450 845	16.8
连州市	116.55	10.0	30 801	9.3	65 481	12.0	185 376	17.1
佛冈县	94.82	12.1	30 424	11.3	91 131	10.0	155 019	8.9
连山县	27.52	5.9	29 540	5.3	13 189	8.1	88 601	44.3
连南县	33.23	7.8	25 004	7.2	15 672	0.1	93 329	15.1
阳山县	81.10	6.8	22 145	6.1	47 888	7.0	180 500	13.3
饶平县	209.91	8.2	23 339	7.7	64 613	13.2	319 197	22.3
普宁市	563.81	12.5	26 813	11.8	202 010	12.6	545 958	19.9

（续上表）

县（市）	地区生产总值		人均地区生产总值		地方公共财政预算收入		地方公共财政预算支出	
	绝对数（亿元）	增长（%）	绝对数（元）	增长（%）	绝对数（万元）	增长（%）	绝对数（万元）	增长（%）
揭西县	202.64	10.6	240 10	10.0	47 048	19.1	278 107	18.2
惠来县	232.24	10.0	20 614	9.0	60 704	18.2	303 499	12.1
罗定市	165.04	11.4	16 664	10.7	101 175	18.2	409 016	21.0
新兴县	206.59	11.6	46 735	11.0	134 977	22.1	256 179	18.2
郁南县	91.11	10.3	22 707	9.6	54 580	10.3	184 998	11.1

五、产业园区扩能增效

促进粤东西北地区产业园区扩能增效是广东省委、省政府进一步促进粤东西北地区振兴发展战略的三大重要抓手之一。2014 年，省产业转移工业园（以下简称省产业园）建设取得扎实成效。全省 40 个省产业园新建、续建工业项目合计完成固定资产投资 1 242.29 亿元，其中设备投资 451.66 亿元；规模以上工业增加值 1 449.96 亿元，增长 20.3%；实现全口径税收 226.7 亿元，增长 28.5%。其中，粤东西北地区 34 个省产业园规模以上工业增加值 1 122.43亿元，占粤东西北地区规模以上工业增加值比重由 2013 年的 17.3%提高到 19.1%。

——加强载体建设。按照省双转移工作领导小组第九次会议的部署，省有关部门联合出台两个政策文件，明确粤东西北地级市及江门、惠州、肇庆市有条件且有发展空间、需要发展工业的地区，可在国家审核公告的开发区范围内按程序申报认定省产业园；该地区内没有国家审核公告的开发区而又有项目引进的，可依托省产业园带动产业集聚发展，按程序符合条件的项目一并纳入省产业园统计、考核，并享受省产业转移政策。粤东西北符合条件的地区积极按相关要求开展申报工作。

——推进合作共建。督促珠三角地市落实对口帮扶责任，建立完善园区合作共建机制，基本实现机制、人员、资金、项目四到位。8个结对帮扶市成立了8个投资开发公司，共计出资74.9亿元，其中帮扶方共出资51.6亿元。推动对口招商和项目建设。据统计，8个结对帮扶市共引进入园项目约158个（含基础设施和商业项目），合同投资额约432.3亿元。

——落实扶持政策。2014年省经济和信息化委会同省财政厅共安排园区专项扶持资金近70亿元，配合省国土资源厅继续加大对园区用地支持，安排专项用地指标约1.5万亩支持园区发展。经省政府同意，省发展改革委、财政厅延续免征园区企业劳动合同文本费、村镇基础设施配套费、专利纠纷案件处理费等3项行政事业性收费项目，省产业园“零收费”项目合计达到35项。

——完善考核机制。修订省产业园考核评价办法，将考核指标从原来的22项缩减为5项，建立目标管理、动态监测、年度考核工作机制。分解下达各园区2014年工业项目固定资产投资（含设备投资）、规模以上企业工业增加值增速、全口径税收增速目标。每月动态监测目标完成情况，每季度向省主要领导、各有关地市通报。开展2013年度考评工作，评定优秀等次园区12个，不达标等次园区2个，“黄牌警告”园区3个，省环境保护厅评定环保水平不达标“一票否决”园区2个，省国土资源厅评定节约集约用地水平指标不达标园区4个。按照考评结果，省给予优秀园区资金和用地指标奖励，约谈“黄牌警告”园区所在地政府领导。

——狠抓项目落地。开展两轮6批次专项督导，收集整理园区在资金、用地、环保、人才等方面的突出问题和意见建议近200条，逐一协调有关部门解决，推动园区项目落地。动态跟进各园区招商引资和项目建设进展，及时发现存在问题并采取解决措施。

六、扶贫“双到”工作

根据广东省扶贫信息监测系统统计，2013 年 4 月至 2014 年年底，全省各地、各帮扶单位对 21 个扶贫开发重点县、2 571 个重点帮扶村、20.9 万户和 90.6 万贫困人口实施帮扶，累计投入 130 亿元，平均每村投入 505.6 万元，其中，2014 年全年投入 75.4 亿元，平均每村投入 293.3 万元。

（一）主要成效

——贫困户收入水平明显提高。2014 年，被帮扶的 18.8 万有劳动能力的贫困户人均纯收入超过 5 220 元，比广东省 2013 年确定的贫困线标准 3 480 元增加了 50% 以上，实现了年度增收目标任务。2 571 个贫困村村集体经济收入平均在 6.5 万元以上；累计实施生产经营项目 7 278 个，总投入达 13 亿元，涵盖种养业、加工业、土地租赁和物业出租等项目，产生实际收益 17 亿元。全省总计减贫人口超过 30 万，超额完成国家下达广东 2014 年减贫人口 17.5 万的任务。

——贫困村基础设施建设明显增强。各地、各帮扶单位投入 8.44 亿元完善贫困村农田灌溉水渠建设 15 548.9 公里；投入 11 亿元帮助贫困村修筑硬底化道路 4 959.9 公里；投入 2.27 亿元解决了 2 729 宗农户饮水安全问题；投入 5.24 亿元新建村公共文化设施 3 510 项，有效促进了贫困村公共基础设施建设的全面发展。

——“两不具备”搬迁进度明显加快。省财政积极统筹资金，解决 2014 年度省补助和清远市因企业捐赠未到位的缺口资金，确保了“两不具备”搬迁工作的顺利推进。2014 年全省落实“两不具备”搬迁任务 12 853 户，已完成搬迁户 9 046 户。清远的连南、韶关的乳源和始兴、河源的东源等地方，积极落实搬迁户教育、医疗、户籍和就业等政策，实现了搬得出、留得住、能发展的目标。

——贫困村民生保障明显改善。各地区、各帮扶单位注重保障基本民生、底线民生，将扶贫开发与落实民生保障政策相结合，实现民生“兜底”。2014年，全省实施民生类项目7 710项，共投入资金6.87亿元，为符合条件的贫困户购买新型农村合作医疗保险和新型农村社会养老保险；利用村集体项目分红、入股分红等，对缺少自我发展能力的低保户、五保户给予定期救济；实施智力扶贫，贫困家庭适龄子女普遍接受义务教育，免费入读中、高等职业院校，考上高中、高等院校的贫困学生普遍受到资助，因贫辍学、因学致贫等问题得到有效解决。

——贫困村社会建设明显加强。各地、各帮扶单位结合推进定点帮扶工作，抓扶贫、抓扶志、抓稳定，特别是贫困村的广大驻村干部扎根边远地区，无私奉献，积极协助贫困村党组织，开展贫困村基层治理，完善村务公开、财务公开等制度，排查化解矛盾隐患和热点难点问题，配合做好预防、化解农村社会矛盾工作，既使贫困群众得到实惠，又使驻村干部得到锻炼、基层组织得到加强、党群干群关系更为密切、农村社会保持和谐稳定，同时激发了贫困地区广大干部群众自强不息、艰苦奋斗、脱贫摘帽的内生发展动力和不等不靠、顽强拼搏、自力更生的进取精神。

（二）主要做法

省委、省政府高度重视扶贫开发工作，省领导多次到帮扶村调研，检查和指导工作。全省各地、各帮扶单位认真抓好并贯彻落实，以更坚决的态度、更过硬的措施，牢记使命，勇于担当，加大投入，高位推进。具体做法是坚持“七个结合”：

——坚持将扶贫开发“双到”与贯彻落实25号文件相结合，全面带动和推进各项扶贫开发工作。制订出台了《关于创新机制扎实推进农村扶贫开发工作的分工方案》，明确了驻村帮扶、社会参与和金融服务等8方面的机制创新，确定了住房、道路、安全饮水、卫生社会事业等10大重点工作。省扶贫办在省扶贫开发领导小组领导下，广泛开展督查调研，以问题为导向，紧盯难点难题，找准着力点，推动分工方案贯彻落实。各市结合实际，研究制定措施，集中力量，统筹资源，贯彻落实分工方案，全面推动工作落实。清远市扎实推进国家扶贫改革试验区工作，制订了《清远市国家扶贫改革试验区建设总体方案》，以创新扶贫机制、方法、举措和模式为主线，开展扶贫改革示范村的创建活动，选择了50个扶贫改革示范村和20个土地调整示范村，进行改革实践探索。国土、水利、交通、住建、民政、农业、科技等行业部门依据分工方案，按照"渠道不乱、用途不变、各记其功、捆绑使用"的原则，在资金、项目等方面向重点帮扶村予以倾斜扶持，加大行业扶贫力度。

——坚持将重点县重点扶持与促进粤东西北振兴发展相结合，夯实贫困地区农村发展基础。各地、各部门紧紧围绕粤东西北振兴发展大局，以21个扶贫开发重点县（市）的帮扶工作为重点，将重点县重点扶持与交通基础设施建设、产业园区扩能增效和中心城区扩容提质三大抓手相结合，以扶贫攻坚推进县域社会经济发展。根据省扶贫信息监测系统统计，2014年，省财政安排每个重点县（市）500万元补助资金，其中，少数民族自治县每县安排600万元；广州、深圳、珠海、佛山、东莞和中山市落实2亿元对口帮扶资金，专项用于重点县（市）自身帮扶村的扶贫开发项目建设；省直和中直驻粤单位积极开展重点县定点帮扶，共投入帮扶资金10亿元。省财政对11个原中央苏区县每县安排了1 000万元扶持资金，主要用于公益性基础设施、民生保障、产业基地等社会民生事业发展。21个重点县全省累计投入资金达52亿元。各地、各级和各帮扶单位也加大了投入，省财政为2 571条贫困村投入7.6亿元补助引导资金。韶关、梅州、清远、湛江、肇庆、汕尾、揭阳等粤东西北各市自身帮扶1 470条村，投入各类帮扶资金38.1亿元。广州、深圳、珠海等珠三角各市帮扶875条村，投入各类帮扶资金30.8亿元。省委办公厅、省政府办公厅等226个省直、中直驻粤单位帮扶226条村，投入各类帮扶资金6.5亿元，有力促进了粤东西北贫困地区社会经济发展。

——坚持将产业化扶贫与发展现代农业相结合，促进贫困户稳定增收脱贫。各地、各帮扶单位坚持把扶贫开发“双到”工作着力点放在“造血式”产业化扶贫上，遵循依法、自愿、有偿原则，在实现农村土地承包经营权流转的基础上，推动贫困村传统农业由小型分散向集约化、专业化、组织化、市场化的现代化农业发展，促进贫困人口稳定增收脱贫。珠海对口帮扶阳江、茂名，坚持政府主导、市场运作，以财政资金为杠杆，引导市场和社会力量参与，增强被帮扶地区内生发展动力。53 家各类企业参与阳江、茂名扶贫现代农业产业基地建设，企业投资资金达 1.56 亿元，初步建成 32 个现代农业产业基地，带动农户 34 933 户（其中贫困户 4 817 户），人均增收 2 100 多元。广州、湛江两地结对帮扶，驻村干部探索电商扶贫模式，建立驻村人扶贫专营店，带动周边 95 个村加盟，解决了贫困村农产品销售难问题，由此给8 000 多户贫困户带来了人均 1 800 元的增收。韶关市针对贫困村、贫困户农产品销售信息不灵、渠道不畅的情况，创新产业经营方式，建立了 10 个东莞·韶关农产品直供门店，推进专业合作社、龙头企业、生产基地与东莞农产品交易市场建立长期合作关系。佛山、韶关、阳江、茂名、汕尾、惠州、揭阳等市充分发挥农业龙头企业、农民专业合作社优势，组织与贫困村结对帮扶，实现农超对接、农企对接、农园对接，带动贫困户发展生产、脱贫致富。省扶贫办分别在广州、韶关新丰和清远连州举办了重点县扶贫办主任（珠三角驻市、县工作组组长），省直、中直驻粤帮扶单位主管处（室）负责人和驻村干部，共 1 100 人参加的多期培训班，重点参观了当地产业扶贫现场，交流了产业帮扶经验。全省各地初步形成了一批集中连片大规模的“产业村”“专业镇”，成为贫困农民增收奔康的重要支撑。

——坚持将整村推进建设与新农村建设相结合，努力改变贫困村庄落后面貌。各地、各帮扶单位结合新农村建设，积极筹集各方资金，抓好贫困村庄规划、公共基础设施配套升级和村容村貌整治，实行整村推进。省纪委挂钩帮扶乳源一六镇团结村，重点抓好壮大集体经济、发展特色农业、改善水利设施、解决饮水安全、整顿村容村貌、加强班子建设等六个方面工作，把扶贫点建设成为“生产发展、生活宽裕、乡风文明、村容整洁、管理民主”的示范村。梅州市按“城是宜居区、乡是生态园”的工作思路，结合幸福村居行动计划和移民搬迁工作，打造了一批具有自身特色的“幸福安居示范村”；韶关乳源瑶族自治县打造乳桂线幸福安居示范片，涵盖5个镇25个行政村，总投资4.4亿元。各地连片建设的村庄面貌焕然一新，由昔日落后的贫困村变为今天的社会主义新农村、美丽乡村。各地还进一步加大革命老区建设，把革命老区的贫困村作为重点扶持对象，整合力量，加大投入，老区贫困村村容村貌得到改变。

——坚持将推进社会扶贫与发展社会慈善事业相结合，凝聚全社会力量参与扶贫开发。以全国扶贫日和广东扶贫济困日活动为平台，以“10.17，邀你一起”为统一行动口号，扎实推进社会扶贫工作，形成了省、市、县、镇“竖到底”，各行各业“横到边”，公益慈善机构广泛参与、上下联动、协同推进的大格局。省财政专门安排312万元宣传经费，省扶贫办联合南方日报出版社周密制订宣传方案，大力宣传党和政府扶贫开发方针政策，发动社会组织开展公益活动，努力将广东的扶贫日活动打造成推动扶贫事业和慈善文化发展的一个重要平台。省老促会、省扶贫基金会和省扶贫协会等举办了书画捐赠、开通慈善公益短信捐赠电信端口和“广东梦想知识包”项目等系列活动。《广东扶贫》杂志在全国首届“扶贫日”问世，成为广东配合全国扶贫日活动的亮点。省民族宗教委牵线组织企业商会及宗教界人士深入连南县贫困村开展捐款慰问、赠送书籍活动；组织义诊，捐赠了价值约10万元的药品。东莞与揭阳举办“美丽揭西，东莞发现”旅游扶贫公益活动，在开发当地旅游资源的同时，引导热心市民参与扶贫济困。顺德区动员组织爱心企业、商会、服务团体开展扶贫慰问，帮助解决贫困村民生问题。据统计，全国扶贫日、“6.30”广东扶贫济困日活动期间，全省各地鼓励和动员社会各界人士参与，积极捐款捐物约25.8亿元人民币，所募集到的资金主要用于全省扶贫慈善事业。

——坚持将驻村帮扶工作与加强农村基层组织建设相结合，打造一支肯干事、能干事、敢担当的基层扶贫队伍。各地、各帮扶单位运用党的群众路线实践教育活动成果，把落实驻村帮扶工作的过程作为加强贫困村党员思想、组织、作风建设过程，作为考察、锻炼、培养干部过程，充分调动基层党员干部与当地“能人”的积极性和创造性，发挥表率和引领作用。对农民开展思想道德教育，促使贫困农民克服“等靠要”的依赖思想。加强农村基层领导班子建设，为肯干事、能干事、敢担当的贫困村基层干部撑腰，让其带领群众大力发展经济，全面激发农村内生发展动力。2014 年，全省各地、各帮扶单位开展了近 15 万人次的贫困农户培训，在提高农户自我发展能力的同时，也起到引导贫困农户改变安于现状、不思进取思想的作用。

——坚持将平衡推进工作落实与督查考核工作相结合，分类指导，“抓两头、带中间”。一年来，全省各级扶贫部门加强督促检查指导工作，重点对帮扶成效相对落后的地区和帮扶村进行跟踪督查，指导各帮扶单位进行查漏补缺，平衡推进工作落实。省扶贫办组织了 3 次大型调研活动，围绕农业产业化扶贫增收、扶贫资金管理、“两不具备”移民搬迁、革命老区建设和第三轮扶贫攻坚的谋划等内容，深入摸查，找准重点难点，采取措施加以解决。同时，发挥考评工作的“指挥棒”“紧箍咒”作用，引导被帮扶市县、各帮扶单位把主要帮扶力量、扶贫财力和物力投放到农民增收、村居环境和民生事业上；发挥扶贫信息网络平台作用，采用网上信息录入与实地核查、比对的办法确定考核成绩，使考核更为科学、公平、公正。

七、粤港澳台合作

（一）粤港澳合作

——粤港澳服务贸易自由化取得突破。按照在国家“十二五”规划期末通过 CEPA 基本实现内地和香港服务贸易自由化的目标要求，广东省提出在 2014 年年底率先基本实现粤港澳服务贸易自由化，并编制了规划纲要及行动计划，积极争取商务部等国家部门支持。2014 年 12 月 18 日，商务部与香港、澳门特区政府分别签署 CEPA 内地在广东与港澳率先基本实现服务贸易自由的协议，采取“准入前国民待遇加负面清单”管理模式，开放部门达到153个，涉及160个部门的95.6%，宣布率先基本实现粤港澳服务贸易自由化。该协议是我国首次以“准入前国民待遇加负面清单”方式签署的自由贸易协议，对广东省提升对外开放水平、促进产业升级和全面深化改革都具有重要意义。一是开放模式新。采取混合清单模式，即对商业存在以负面清单形式保留的限制性措施；对跨境服务、电信领域、文化领域以正面清单形式列明新增开放措施。二是开放部门多、水平高。开放部门达到153个，涉及世界贸易组织服务贸易160个部门总数的95.6%。三是给予港澳最惠待遇，将来内地与其他国家和地区签署的自由贸易协定中优于CEPA的开放措施均将适用于港澳。四是市场开放与深化改革同步推进。对港澳探索建立健全与负面清单管理模式相适应的相关配套制度。

——深入落实粤港、粤澳合作框架协议。加强与港澳特区政府的沟通协调，推动有关地市及部门与港澳对口部门建立联合工作机制，共同落实具体合作项目。一是高层会晤协商重大合作事项。2014年，粤港、粤澳高层共举行10次会晤，协商实施框架协议重点事项。研究推动粤港澳服务贸易自由化工作，协商推进中山翠亨新区、江门大广海湾区与港澳合作等事项。二是完善联席会议机制作用。以落实框架协议为主线，举办粤港合作联席会议第十七次会议及2014年粤澳合作联席会议，双方对口部门签署合作协议，推动合作项目按时保质取得进展。粤港澳共同举办第十届泛珠三角区域合作与发展论坛暨经贸洽谈会。三是落实年度重点工作。完善与港澳特区政府合作机制，2014年共同推进落实100项和64项工作措施。研究起草了实施粤港、粤澳合作框架协议2015年重点工作，分别提出90项、69项合作项目及工作措施。四是建立考核评估机制。扎实推进框架协议督查考核评估工作，完成对全省各地、各部门2014年度工作情况督查考核。研究开展实施粤港、粤澳合作框架协议中期评估工作。

——粤港澳合作平台建设取得新进展。加强与港澳特区政府沟通联系，推进广州南沙、深圳前海、珠海横琴等粤港澳合作重点平台建设，共同争取中央批准建设中国（广东）自由贸易试验区，为港澳产业转型发展拓展空间。

一是广州南沙新区。启动建设明珠湾区，推进与香港开展共建合作园区前期研究。目前，南沙共有690家港澳资企业进驻，总投资额约91亿美元。二是深圳前海。出台促进深港合作工作方案，启动前海深港青年梦工场。截至2014年年底，前海已有1 021家港资企业入驻，注册资本总额达705.09亿元。三是珠海横琴。出台支持澳门经济适度多元发展11条措施，设立初始规模为100亿元的产业引导扶持基金，启动澳门青年横琴创业谷。截至2014年年底，在横琴注册登记的澳门企业213家，计划投资总额1 949亿元，澳门项目用地共933公顷，占横琴建设用地的53%。

——推进跨境基础设施建设和通关便利。推进港珠澳大桥、广深港客运专线等重大项目建设，共同争取通关便利化政策措施，建设区域一小时生活圈。一是跨境基建项目加快推进。截至2014年年底，港珠澳大桥主体工程累计完成项目计划总投资58.58%，珠澳口岸人工岛填海工程通过验收，珠海连接线工程及大桥口岸通关政策研究加快推进。广深港客运专线深圳福田站段工程按计划于2015年年底全部建成。深圳东部过境高速公路一期动工建设，累计完成投资约12.7亿元。广珠城际轨道拱北至横琴段累计完成计划总投资的25%，与澳门轻轨无缝对接规划进展顺利。二是口岸建设和通关便利化取得突破。粤澳新通道项目获批建设，完成项目整体建设方案，研究创新口岸通关模式。文锦渡口岸完成改造，日通关能力提高至3万人次和3 000辆车次；莲塘/香园围口岸动工建设，预计2018年启用。自2014年12月18日起，横琴口岸实行24小时通关，拱北口岸开闭关时间分别提前和延后1小时，珠澳跨境工业区口岸于0时至7时临时向社会开放。粤港海关通关系统对接试点顺利，货物“跨境一锁”运作顺畅。白云机场—澳门机场直升机航线成功试运营，开辟珠三角地区第一条跨境低空空域航线。

——全面深化社会民生领域合作。着眼共建大珠三角优质生活圈，坚持不懈做好供港澳食品的安全保障，扎实推进教育、医疗、环保、养老等领域合作，使合作成效更加惠及社会民众。一是教育合作。通过联招考试、免试招生、自主招生等多种形式推动香港学生来广东省高校就读，明确将港澳人士子女就读义务教育阶段学生纳入免费补助范围。珠海市安排在当地工作和居住的港澳人士子女共1 598人入读义务教育阶段公办学校。深圳市新增3所学校开设"港籍学生班"，目前在深就读的港籍中小学生近7 900人，幼儿园学生超过7 400人。香港中文大学（深圳）于2014年9月开学，首届招收学生313名。二是医疗卫生合作。全省共有港澳投资的医疗机构31家，办理资格认定的港澳医师有11人。香港大学深圳医院运作良好。粤港医疗跨境转诊和转运服务试点顺利运行。粤港澳建立共同应对H7N9、登革热、埃博拉疫情的工作机制。三是环保合作。实施珠三角地区大气污染物减排方案，完成优化提升区域空气监测网络并实时公布监测数据。加强东江水质保护，东江流域共建成污水处理设施142座，日处理能力924.8万吨。四是保障供港澳物资稳定安全。实施供港活猪电子耳标标识管理，推进供港澳食品农产品示范区建设。推进第四条对澳供水管道工程前期工作，2014年对澳供水0.93亿立方米，增长8.1%。

（二）粤台合作

——加强对台经贸合作交流。2014年，积极发挥职能和资源优势，通过支持各地、各部门招商团组"走出去"和将台资企业"请进来"方式，加大对台推介力度，取得较好效果。截至2014年12月底，全省台资企业累计26 140家，合同利用台资累计682.75亿美元，实际利用台资累计590.51亿美元。截至2014年12月底，台湾居民在广东省登记注册个体工商户累计990家，注册资金总计6 896万元人民币。2014年1—12月，对台进出口贸易额达到3 921.5亿元人民币。2014年省台办组织策划了多场赴台经贸交流活动。各团组在台期间分别走访拜会台湾各工商业公（协）会和各大型企业集团总部，与企业家座谈交流，宣传推介广东投资环境和招商项目，邀请台湾企业家来粤考察投资。受访的台湾工商业公（协）会及企业家均对广东营商环境表示出强烈兴趣，并陆续组织投资考察团来粤回访。

——促进台资企业转型升级。2014年，省台办围绕强化台资企业政策扶持力度，优化台商服务水平，努力推动台资企业转型升级，在激活台资企业

"存量"上做文章。一是强化政策扶持力度。2008年以来，国家、省和各地市分别出台了一系列促进台资企业加快转型升级的政策措施。10月份，省商务厅联合省台办、省金融办印发了《关于进一步推动在粤台资企业转型升级的通知》。广州市出台了《关于进一步深化穗台经贸合作和支持台资企业转型升级的实施意见》（穗府办〔2014〕39号文），并从市财政科研经费中连续三年，每年投入一千万，扶持台资企业加强科技研发工作，并与台湾工研院合作设立了"广州市促进台资企业科技创新与转型升级服务中心"，促进台资企业转型升级和发展。二是优化台商服务水平。继续加强与各方面的沟通协作，完善和发挥台资企业融资、内销、转型升级、法律援助等服务平台的功能作用，帮助台资企业解决融资、拓展内销、转型升级及涉法等困难和问题。妥善解决台商对于修订《广东省企业集体合同条例》的意见诉求；2014年度中国信保广东分公司服务台资企业169家，累计服务台资企业承保金额35.26亿美元，为台资企业提供信保项下贸易融资便利近80亿元人民币；2014年度国家开发银行为广东台资企业发放贷款额度23 668万元人民币，截至2014年年底，台资企业贷款项目11个，贷款余额为人民币175 628万元；8月在惠州举办的台湾精品博览会和10月在东莞举办的2014年台博会，分别为参展台资企业创造了31.4亿元和26.2亿元人民币的营收和商机。截至2014年年底，仅东莞市就有1 189家台资企业接受转型升级辅导机构的诊断或辅导服务。

——深化粤台农业合作交流。继续推动涉台农业园区建设和配套政策完善，吸引台农入园投资创业。肇庆市获批设立广东省（高要）粤台农业合作试验区。在台南举办了"广东省（高要）粤台农业合作试验区推介会"，吸引台湾农民来粤投资创业；2014年，珠海市出台了《关于加快建设台湾农民创业园的意见》，从财政、税收、用地、融资、保险、技术、人才等12个方面提出为入园企业提供扶持服务的政策措施。组织多场涉台农业活动，截至2014年12月，广东省累计台农企业达948家，投资金额约16.7亿美元。其中，台商投资额超过100万美元以上农业企业有205家。

——深化粤台金融合作交流。台湾玉山银行将加快在粤发展并计划在深圳前海设立分支机构，台湾银行计划在广州设立华南地区分行；台湾中信银行计划在广州设立分行并已获台湾当局金管机构的批准。2014 年 4 月 9 日，省台办组织台资企业密集地区的台办和台资金融机构负责人召开会议，就台资金融机构支持台资企业融资发展等内容进行研讨和座谈；6 月 23 日，第二届穗台金融论坛在广州成功举办；11 月 19 日台湾彰化银行东莞分行正式开业。

——着力办好提升粤台经贸合作水平的重大活动。一是成功举办“2014 年粤台经贸合作交流会”。5 月 16 日，由国务院台办经济局、省台办和惠州市政府共同举办以“深化粤台经贸合作，加快经济转型升级，推动两岸关系和平稳定发展”为主题的“2014 年粤台经贸合作交流会”在惠州成功举办。会上达成 44 宗、总金额 18.76 亿美元的投资和贸易项目合作。二是成功举办“海峡两岸海洋经济合作交流会”。8 月 25—27 日，由省政府、国台办和国家海洋局联合主办，汕头市政府和省台办及省海洋渔业局共同承办的“海峡两岸海洋经济合作交流会”在汕头市成功举办。会上达成 100 多宗、总金额 167.3 亿元人民币的合作项目，推动了粤台在海洋经济领域的合作交流。三是成功承办第七届海峡两岸农产品检验检疫研讨会。5 月 6—7 日，由大陆出入境检验检疫协会和台湾动植物防疫检疫暨检验发展协会共同主办的“第七届海峡两岸农产品检验检疫研讨会”在广州召开。来自两岸的近百名检验检疫专家、学者和相关方面的代表参加了围绕“检疫除害处理”为主题的会议，并从 16 个方面进行专题研讨。四是组织广东经贸代表团赴台推介。6 月 21—27 日，省台办和省商务厅共同组织由佛山、中山、河源、韶关等市组成的“广东省经贸代表团”赴台推介。在台举办了“两岸（广东）现代农业合作座谈会”“两岸（广东）食品饮料产业合作交流会”系列推介活动，拜访了 30 多家台企本部、商业协会。

八、泛珠三角合作

——推进落实议定事项，着力增强合作实效。推进落实第九届泛珠大会期间合作各方签署的省（区）间合作协议及备忘录，推动基础设施、产业、市场环境、社会事务等领域的合作取得新进展。协调推动《南岭山地森林及生物多样性生态功能区规划》编制工作。

——全力筹办第十届泛珠大会，做实做强合作品牌。一是制订大会总体方案。第九届泛珠大会后，广东省有关部门与香港、澳门特区政府相关部门就联合承办第十届泛珠大会进行多次研究磋商，制订了大会框架方案并征询国务院港澳办意见。研究制订了第十届泛珠大会总体方案并报请国务院审定同意。二是切实担负起大会筹备牵头协调任务。制订大会筹备工作方案，推动成立了由粤港澳三方共同参与的综合协调、会议、经贸洽谈、新闻宣传、后勤接待、安全保卫、公共事务等七个专责工作组，明确了各组主要职责及时间进度安排。积极主动做好与港澳特区政府相关部门及各方泛珠办的衔接沟通，根据筹备工作需要，筹备期间先后组织召开了三次“9+2”政府秘书长联席会议，三次筹委会专责工作组会议和四次“9+2”各方联络员专题会议，广泛研究讨论相关事项，民主协商推进筹备工作。三是协调推动大会前期活动如期举办。分别在广州、香港、澳门等地举办旅游合作、城镇化发展、环境保护等10场行业专题磋商会，共签署10份合作协议和宣言，为大会扩大影响、形成共识打下基础。推动在泛珠网上建设泛珠三角区域经贸合作网上洽谈会，协调“9+2”省区开展网上展销和网上项目对接活动，集中展示泛珠三角区域各省（区）营商投资环境、经贸政策、优势产业、招商引资项目、名优企业和产品等，形成网上统一的产品和服务市场，着力打造泛珠区域永不落幕的网上经贸洽谈会。大会网上填报招商项目4 376个，金额31 084亿元。本届大会“9+2”各方共达成合作项目780个，总金额5 493亿元，涵盖产业升级、工业投资、基础设施、园区开发、商贸物流等诸多领域。四是推出形式多样的纪念活动。以泛珠合作十周年为契机，秘书处深入梳理和总结了泛珠合作十年成就，推出多项纪念活动：在合作各方的支持配合下起草了《泛珠三角区域合作十年回顾和体会》，对十年泛珠合作进行了回顾总结，提出未来合作发展的路径和方向；编印《泛珠三角区域合作十年成果汇编》，作为十年合作历程的历史记录；举办“泛珠三角区域合作十周年成就展”，包括线下和线上展览，以及《泛珠大数据》视频短片；制作推出泛珠三角区域合作十年成就专题片《成就与梦想》；协调推动中央主要新闻媒体专题采访活动。运用多种宣传载体、渠道和形式，全面总结和展现泛珠区域十年成就及广阔发展前景。五是起草《泛珠三角区域深化合作共同宣言（2015—2025年）》。根据各方意见，顺应新形势发展要求，遵循“总体稳定、与时俱进、改革创新”的原则，牵头在对《泛珠三角区域合作框架协议》进行修改完善的基础上将其提升为《共同宣言》。《共同宣言》反复征求各方意见，对合作内容、合作机制和合作平台等进行了创新与完善，为深化泛珠三角区域合作建立了制度保障。

——充分发挥桥梁作用，致力促进省际合作。充分借助泛珠平台，推动省际合作交流进一步加强。一是推进珠江—西江经济带建设。会同广西方面推动《珠江—西江经济带发展规划》获国务院批复同意（国函〔2014〕87号）。召开粤桂两省区推进《规划》实施联席会议第一次会议，两省区政府主要领导共同签署《广东广西推进珠江—西江经济带发展规划实施联席会议制度》《两广推进珠江—西江经济带发展规划实施共同行动计划》。二是规划建设合作平台。加快推进粤桂合作特别试验区建设。推动《粤桂合作特别试验区总体发展规划（2013—2030年）》获两省区政府批复同意。按照规划定位，粤桂合作特别试验区将成为珠江—西江经济带新增长极、西江流域生态共建区、省际合作机制创新区和东西部合作示范区，将为更大范围的两省合作探索积累经验和提供实践示范。制订《粤桂合作特别试验区建设实施方案》。规划建设闽粤经济合作区。制订《闽粤经济合作区规划建设工作方案》，推动两省就合作区规划编制、政策支持、运行机制等有关事项达成共识。指导推动

《闽粤经济合作区发展规划》编制工作。推动贵广、南广高铁经济带建设。会同贵州省、广西壮族自治区泛珠办，共同研究起草了《广东、广西、贵州三省区关于建设贵广高铁经济带合作框架协议》《粤桂两省区关于建设南广高铁经济带合作框架协议》，并由三省区行政首长于12月26日在贵阳共同签署。三是配合做好省际高层互访。认真做好2014年贵州、江西、广西和湖南、云南等泛珠省区党政代表团先后来粤考察的相关协调工作，负责完成《广东省人民政府贵州省人民政府深化合作框架协议》《湖南省人民政府广东省人民政府关于加强湘粤合作的协议》文本的修改完善工作。四是推动高层会晤活动。为务实推进广东省与泛珠各方的合作交流，第十届泛珠大会前，广东省加强与泛珠各方沟通衔接，积极开展泛珠大会期间高层会晤各项筹备工作，推动第十届泛珠大会期间成功举办粤闽、粤黔、粤滇、粤赣和粤琼高层会晤，朱小丹省长在大会驻地先后与福建、贵州、云南、江西、海南省省长进行会谈。各方围绕跨境交通基础设施、商贸物流、通关便利化、生态环保、能源、旅游、对口帮扶等领域及珠江—西江经济带、高铁高速经济带、产业合作区建设等分别进行了深入探讨，并达成多项合作共识。

——主动加强沟通协调，务实推进开放交流。密切与泛珠合作各专责小组的沟通联系，应邀参加泛珠内地九省（区）应急管理合作联席会议、泛珠区域打击走私专题磋商会暨2014年联席会议、食品药品监管合作专题磋商会等专项会议，积极参与基础设施、能源、环保、信息化、科技创新等专项合作事务，及时掌握区域内相关领域合作信息和动态。主动加强与长三角、环渤海等区域合作组织间的工作信息交流，推动三大区域互动合作。组织泛珠合作各方日常工作办公室和经贸主管部门相关人员赴澳门参加“建设中国与葡语系国家商贸服务平台”研习班，配合澳门特区政府相关部门召开泛珠三角区域—葡语国家经贸环境专题磋商会，促进泛珠区域与葡语系国家的交流合作。

九、国内经贸合作

——推进广货内销市场。2014 年举办市场开拓及促销活动 146 场，足迹遍及陕西、重庆、云南、湖北、新疆、内蒙古等 10 多个省（区）。组织广东经贸代表团参加第二届中国—南亚博览会、第十届中国新疆喀什·中亚南亚商品交易会、第七届中国绿色食品博览会等重点经贸活动 24 场。2014 年广东社会消费品销售总额 28 471.15 亿元，增长 11.9%；工业品内销达 83 039.9 亿元，增长 11%。占工业销售产值比重达 71.3%，增加 0.5 个百分点。

——国内外商务交流工作。推动省际商务交流工作。2014 年，协助黑龙江、吉林、山西、广西、云南、四川、陕西等 10 多个省区来粤开展对接洽谈和推介会晤 20 多场，先后共组织 1 000 多家企业参与洽谈对接，共达成经贸合作项目 500 多个，签订投资贸易总额 800 多亿元，推动省际商务交流合作不断深化。

——中介平台建设情况。稳步推进广东商会建设，积极发挥其桥梁纽带作用。2014 年 6 月初，推动青海广东商会成立并在西宁市举行揭牌仪式。截至 2014 年年底，驻外省广东商会已基本遍布全国，省级广东商会 27 家，副省级广东商会 3 家，企业会员发展已超过 8 000 家，会员企业注册资本达 3 000多亿元，累计投资超过 10 000 亿元。广东商会积极发挥驻地优势，协助广东省经贸代表团及广东企业参加本省（区）商务交流活动，并组织会员企业回广东考察洽谈。

十、对口支援工作

——援建项目建设加快推进。2014年对口支援全年直接投入财政资金28.91亿元，安排和实施项目235个。其中对口支援西藏林芝资金4.56亿元，安排和实施项目99个；对口支援新疆喀什资金22.55亿元，安排和实施项目98个；对口支援四川甘孜资金1.8亿元，安排项目38个。支援西藏林芝和新疆喀什项目贯彻“双审、双签、双管、双覆盖”的“四双”项目资金管理模式，援受双方共同推进，项目已全部启动，部分项目已实施完成。支援西藏林芝重点项目鲁朗国际旅游小镇项目已完成总工程量的40%以上，支援新疆喀什重点项目兵团草湖广东纺织服装产业园项目抓紧推进。2014年支援四川甘孜项目在2015年实施。

——民族交流、交往、交融进一步深入。一是通过智力援助活动，促进粤藏、粤新人员交流交往。采取“请进来”和“走出去”方式，选派当地干部人才到广东等地跟班学习，组织广东各类专家到西藏、新疆开展支医、支教活动。2014年共选派西藏干部人才到广东等地跟班学习和培训共105批1 925人次，选派新疆干部到广东挂职40人次。组织30名骨干教师和10名音体美专业教师到西藏林芝支教半年至一年，选派65名医疗卫生专家、28名教师和16名公安特警到新疆喀什开展支医、支教和维稳工作。在广东开办西藏、新疆生源学生民族班，2014年共招收西藏生源1 441人，新疆生源4 969人。二是发挥内引外联作用，促进粤藏、粤新经贸合作交流。全年共有70多批100余家单位进藏考察指导工作，招商引资协议资金达40余亿元，并落实了广州到林芝直飞航线，计划在2015年3月正式开通。举办粤新产业合作论坛，大力宣传推介喀什营商环境。组织企业参加第十届喀交会、第四届亚欧博览会和第四届兵团名优地产品展销会等，达成经贸合作项目16个，合计9.1亿元。

——民生建设力度不断加大。按照中央“两个倾斜”的要求，广东省继续坚持“民生为重，富民优先”的原则，坚定不移地把民生援藏、援疆摆在首位，加大农牧区基础设施和各项社会事业建设的投入力度。2014 年安排支援西藏林芝民生项目资金 4.01 亿元，占资金总量的 87.9%；安排支援新疆喀什民生项目资金 18.12 亿元，占资金总量的 80.4%；2014—2015 年两年计划共安排支援四川甘孜民生项目资金 3.24 亿元，占资金总量的 87.73%。民生项目投资重点在于改善农牧区基础设施和农牧民生产生活条件的项目，包括城乡居民安居工程、农牧区基础设施建设、市政基础设施建设、社会事业、生态建设、“农家乐”家庭旅馆建设等项目。

——以产业发展促进就业。在西藏林芝，投入对口支援资金 2.22 亿元，安排产业类项目 32 个，重点发展旅游产业、高原特色农产品和藏医藏药产业，促进当地群众就业。打造以鲁朗国际旅游小镇为核心的藏东南旅游线路，引入企业参与鲁朗开发，招商引资有 30 余亿元。构建“公司 + 基地 + 农户 + 网络”的旅游模式，支持藏家乐家庭旅馆建设。加紧实施察隅农场高原农业生态基地、易贡茶场特色产品及旅游综合服务中心等项目，协议引进企业投资 20 多亿元开发虫草培植、藏药研发、水电开发等。在新疆喀什，重点打造深圳城和深圳产业园“一城一园”，建设完善基础设施及配套设施；创立喀什中国西部电商总部基地，引进品牌电商企业并带动线下物流业发展；成功引进广东思科、嘉纳仕、大运摩托、广新棉纺基地、昊王皮具和深喀现代农业示范园等一批劳动密集型企业。在当地提供就业岗位近万个，并克服当地严峻暴恐形势，在广东建立 10 个劳务输出基地，先后输送近 600 名少数民族劳动力到广东就业。

——启动对口支援四川甘孜工作。根据国务院办公厅《关于印发发达省（市）对口支援四川云南甘肃省藏区经济社会发展工作方案的通知》要求，广东省从 2014 年起新增加对口支援四川省甘孜藏族自治州任务。迅速启动和做好考察对接、资金筹措、项目安排等工作，徐少华同志亲自带队赴甘孜对接工作，组织到已有支援藏区任务的上海、天津和浙江等兄弟省市调研，并积极向国家发展改革委汇报和请示，研究制订《广东省对口支援四川省甘孜藏族自治州经济社会发展工作的实施方案》和《广东省 2014—2015 年对口支援四川省甘孜藏族自治州项目投资计划》，明确对口支援四川甘孜的指导思想、总体目标、基本原则、主要任务、工作机制、保障措施，并确定 2014 年对口支援资金总额为 1.8 亿元，从 2015 年开始每年按 5% 比例递增。

附　录

一、政策文件

（一）国家发展改革委关于印发赣闽粤原中央苏区振兴发展规划的通知

国家发展改革委关于印发赣闽粤原中央苏区振兴发展规划的通知

（发改地区〔2014〕480号）

江西、福建、广东省人民政府，国务院有关部委、直属机构：

经国务院同意，现将《赣闽粤原中央苏区振兴发展规划》（以下简称《规划》）印发你们，并就有关事项通知如下：

一、加快赣闽粤原中央苏区振兴发展，对于探索革命老区扶贫攻坚新路子、推动实现跨越式发展、全国同步实现全面建成小康社会的奋斗目标，具有十分重要的意义。江西、福建、广东省人民政府和国务院有关部门要认真贯彻落实《国务院关于赣闽粤原中央苏区振兴发展规划的批复》（国函〔2014〕32号）精神，大力弘扬苏区精神，奋力攻坚克难，努力把原中央苏区打造成为革命老区扶贫攻坚示范区，全国有色金属产业基地、先进制造业基地和特色农产品深加工基地，重要的区域性综合交通枢纽，我国南方地区重要的生态屏障以及红色文化传承创新区、著名生态和文化旅游目的地。

二、请江西、福建、广东省人民政府切实加强《规划》实施的组织领导，完善工作机制，落实工作责任，扎实推进各项建设任务。要按照《规划》确定的战略定位、发展目标、空间布局和重点任务，有序推进重大项目和工程的实施，积极开展先行先试，探索体制机制创新。《规划》涉及的重大政策和重大项目，在实施中按权限和程序报批。

三、请国务院有关部门按照职能分工，落实工作任务，加强协调指导和信息沟通，在政策实施、项目建设、资金投入、体制创新等方面给予积极支持，帮助解决《规划》实施中遇到的困难和问题，为赣闽粤原中央苏区振兴发展营造良好政策环境。

四、我委将按照国务院批复精神，会同有关部门加强对《规划》实施情况的跟踪分析和督促检查，适时开展评估，协调解决重大问题，推动《规划》的全面贯彻落实。

附件：赣闽粤原中央苏区振兴发展规划

国家发展改革委
2014 年 3 月 20 日

赣闽粤原中央苏区振兴发展规划

2014 年 3 月

前　言

原中央苏区地跨赣闽粤，是土地革命战争时期中国共产党创建的最大最重要的革命根据地，是人民共和国的摇篮和苏区精神的主要发源地，为中国革命作出了重大贡献和巨大牺牲。为贯彻落实《国务院关于支持赣南等原中央苏区振兴发展的若干意见》（国发〔2012〕21 号，以下简称《意见》）精神，进一步细化实化各项政策措施，科学谋划原中央苏区及周边地区振兴发展，特制定本规划。

规划以原中央苏区为核心，统筹考虑有紧密联系的周边县（市、区）发展，规划范围不等同于原中央苏区范围。规划范围包括：江西省赣州市、吉安市、新余市全境及抚州市、上饶市、宜春市、萍乡市、鹰潭市的部分地区，福建省龙岩市、三明市、南平市全境及漳州市、泉州市的部分地区，广东省梅州市全境及河源市、潮州市、韶关市的部分地区①，规划总面积 21.8 万平方公里，2013 年末总人口 4 748 万，地区生产总值 14 650 亿元。

本规划是指导上述区域发展的行动纲领和编制相关专项规划、布局重大项目的重要依据，规划期为 2014—2020 年。

---

① 本规划范围包括江西省赣州市、吉安市、新余市全境，抚州市黎川县、广昌县、乐安县、宜黄县、崇仁县、南丰县、南城县、资溪县、金溪县，上饶市广丰县、铅山县、上饶县、横峰县、弋阳县，宜春市袁州区、樟树市，萍乡市安源区、莲花县、芦溪县，鹰潭市余江县、贵溪市；福建省龙岩市、三明市、南平市全境，漳州市芗城区、龙海市、南靖县、平和县、诏安县、华安县、云霄县、漳浦县，泉州市安溪县、南安市、永春县、德化县；广东省梅州市全境，河源市龙川县、和平县、连平县，潮州市饶平县，韶关市南雄市，共 108 个县（市、区）。

第一章　发展基础

第一节　发展优势

区位条件优越。紧邻东南沿海地区，是珠三角、厦漳泉、长三角地区的直接腹地，区内有京九、向莆铁路，合福、沪昆客专和大广、济广、厦蓉、福银、沪昆、长深、泉南高速公路等交通主干道，是内地通向东南沿海的重要通道。

资源禀赋良好。稀土、钨、钽铌、铅锌、铀、锂、金、铜、高岭土等矿产资源储量位居全国前列。拥有武夷山、龙虎山、龟峰、丹霞（泰宁）、福建土楼等世界自然、文化遗产。

生态地位重要。是赣江、闽江、东江、抚河、信江、九龙江、汀江、梅江等重要河流的源头地区，是我国南方重点林区和重要的生态屏障，其中，南岭、罗霄山是山地森林生物多样性生态区，武夷山、戴云山是中亚热带生物多样性宝库。

产业特色明显。脐橙、茶叶等特色农业和稀土、钨、金、铜、锂等特色矿产品加工业具有较强的竞争力，电子信息、机械制造、轻工纺织、新能源、医药、钢铁、建材化工等产业初具规模。

文化底蕴深厚。是苏区精神的发源地，是全国重要的爱国主义教育基地和红色旅游目的地。客家文化、闽南文化、茶文化源远流长，文化积淀深厚。

第二节　机遇和挑战

随着《意见》全面实施和政策扶持力度进一步加大，原中央苏区进入振兴发展的关键时期，面临前所未有的发展机遇。经济全球化和区域经济一体化深入发展，东部沿海产业向中西部地区加速转移，为该区域振兴发展注入强劲活力。新型工业化、城镇化潜力巨大，扩大内需战略全面实施，重大基础设施日趋完善，为发挥该区域比较优势、实现跨越式发展创造了良好环境。随着 CEPA（内地与香港、澳门《关于建立更紧密经贸关系的安排》）和 ECFA（《海峡两岸经济合作框架协议》）顺利实施，以客家文化、闽南文化为纽带的海内外交流交往更加活跃，为进一步扩大对外开放和吸引客家宗亲、华人华侨回乡投资兴业提供了更便利的条件。

同时，该区域发展中还面临着诸多挑战。集中表现在：发展基础薄弱，有一半的县属于集中连片特困地区和国家级、省级扶贫开发工作重点县；资源型产业比重大，精深加工水平低；缺乏具有较强辐射带动能力的中心城市，县域和小城镇发展滞后，城镇化率明显低于全国平均水平；社会事业发展滞后，民生问题较为突出，城乡公共服务水平差距大；体制机制不活，对外开放程度不高，投资发展环境有待改善。必须牢牢抓住机遇，奋力攻坚克难，努力加快振兴发展。

第二章　总体要求

第一节　指导思想

以邓小平理论、“三个代表”重要思想、科学发展观为指导，深入贯彻党中央、国务院的各项决策部署，全面落实《意见》精神，进一步解放思想、深化改革、扩大开放，着力推动产业结构优化升级，有序承接沿海地区产业转移；着力加快基础设施建设，增强发展的支撑能力；着力加快新型城镇化进程，促进城乡一体化发展；着力推进生态文明建设，提高生态保障能力；着力保障和改善民生，切实提高公共服务能力，努力走出一条欠发达地区实现跨越式发展的新路子，使广大人民早日过上富裕幸福的生活，与全国同步实现全面建成小康社会的奋斗目标。

第二节　战略定位和发展目标

认真贯彻落实《意见》精神，科学确定赣闽粤原中央苏区的发展战略定位，打造革命老区扶贫攻坚示范区，全国有色金属产业基地、先进制造业基地和特色农产品深加工基地，重要的区域性综合交通枢纽，我国南方地区重要的生态屏障以及红色文化传承创新区、著名生态和文化旅游目的地。

到2020年，综合经济实力显著增强，人均主要经济指标接近全国平均水平；基础设施体系趋于完善，现代综合交通运输体系和能源保障体系基本形成；特色优势产业集群进一步壮大，现代产业体系基本建立；中心城市集聚能力不断提升，新型城镇化进程明显加快；生态建设和环境保护取得显著成效，单位生产总值能耗及污染物排放量进一步降低；城乡居民收入增长与经济发展同步，人民生活水平不断提高，努力实现城乡基本公共服务均等化，与全国同步实现全面建成小康社会目标。

专栏1：主要规划指标		
指标	2013 年	2020 年
三次产业比重（%）	15：50.4：34.6	10：50：40
城镇化率（%）	46	54
地方公共财政预算收入（亿元）	1 101	2 400
城镇居民人均可支配收入（元）	21 467	38 000
农村居民人均纯收入（元）	8 925	17 500
城镇年新增就业人数（万人）	57	60
单位生产总值能源消耗降（%）	—	国家和省下达控制目标
主要污染物排放总量减少（%）	—	
水土流失治理面积（平方公里）	2 970	[25 000]

注：1. [ ] 中数据为8年累计数。

2. 地方公共财政预算收入、城镇居民人均可支配收入、农村居民人均纯收入按2013年不变价格计算。

第三章 空间布局

统筹区域空间布局，以赣南、闽西为核心，依托重要交通干线，辐射带动沿线发展，培育壮大赣中、赣东、赣西、闽西北、闽南、粤东北组团，打造“双核六组团”的空间发展格局。

第一节 打造赣南、闽西核心圈

赣南核心圈。包括江西省赣州市和抚州市广昌、黎川、南丰县。以赣州市中心城区为龙头，依托赣州、龙南、瑞金国家级经济技术开发区及赣南承接产业转移示范区、“三南”（全南、龙南、定南）加工贸易重点承接地和瑞（金）兴（国）于（都）经济振兴试验区等平台，大力发展特色农业、矿产品精深加工、生物医药、新能源汽车和现代服务业，对接融入珠三角和海峡西岸经济区，有序承接产业转移，打造区域核心增长极。优化赣州城市功能与布局，加快瑞金、龙南两个次中心城市建设。

闽西核心圈。包括福建省龙岩市、三明市。依托龙岩国家级经济技术开发区等平台，承接沿海地区产业转移，发展壮大机械装备、有色金属、农产品加工、物流、旅游等优势产业，扶持培育光电新材料、节能环保、稀土深加工等新兴产业，构建特色鲜明、配套完善的现代产业体系。加快龙岩、三明中心城区扩容提质，规划布局城际快速通道，重点培育长汀和尤溪，联动发展上杭、永定、永安、沙县等县。

专栏2：主要城市发展定位
赣州市。建设赣粤闽湘四省通衢现代化城市，江西省副中心城市，全国稀有金属产业基地、先进制造业基地、脐橙等特色农产品生产加工基地，红色文化传承创新区，区域性综合交通枢纽和物流、旅游中心。 龙岩市。建设闽粤赣边区域性中心城市和生态经济城市，全国重要的有色金属和先进制造业基地，生态和文化旅游胜地，区域性综合交通枢纽。 三明市。建设福建省区域性中心城市，区域性综合交通枢纽和物流中心，先进制造业基地，生态文化旅游胜地和休闲养生基地。

第二节　发展六大组团

粤东北组团。包括广东省梅州市和河源市龙川县、和平县、连平县，潮州市饶平县，韶关市南雄市。培育壮大新型电子、新能源、新材料、生物医药四大产业集群，促进梅州中心城区扩容提质，把梅州市打造成粤闽赣边区域性中心城市、广东省绿色崛起先行市和文化旅游特色区、生态文明先行示范区。经梅汕高铁、梅河高速，向东经饶平打通出海口，向西联动龙川、和平、连平、南雄等山区县，打造海陆联动的城镇密集带。

赣中组团。包括江西省吉安市。以井冈山国家级经济技术开发区为平台，依托京九铁路、赣粤高速、泉南高速、武吉高速等快速通道，重点建设吉泰走廊，积极发展电子信息、先进装备制造、新能源、新材料、生物医药、绿色食品等产业，建设新型工业化产业（电子信息产业）示范基地。

赣东组团。包括江西省抚州市宜黄县、崇仁县、南城县、资溪县、金溪县和乐安市，上饶市广丰县、铅山县、上饶县、横峰县、弋阳县和鹰潭市余江县、贵溪市。依托抚州中心城区，加强与闽浙合作，主动承接长三角和福建沿海地区产业转移，推进沿向莆产业集聚带、信江河谷经济带、鹰潭（贵溪）铜产业循环经济示范区建设，着力打造具有全国影响力的有色金属加工基地、光学产业基地、精密微型元件基地以及水工产业基地。加快三清山、龙虎山、大觉山、武夷山旅游联动发展，打造重要的生态和文化旅游目的地。

赣西组团。包括江西省新余市和宜春市袁州区、樟树市，萍乡市安源区、莲花县、芦溪县。依托新余、宜春、萍乡中心城区，重点打造新能源、生物医药、新材料、装备制造、节能环保、钢铁等产业板块，鼓励新余统筹城乡发展、袁州低碳发展等平台建设。

闽西北组团。包括福建省南平市。以南平中心城区为核心，依托鹰厦铁路、武夷山机场、闽江内河航道以及城市沿江快速通道等重大交通基础设施，积极承接长三角和福建沿海地区产业转移，培育发展食品加工、竹木加工、机电制造、生物医药、电子信息等产业，打造闽浙赣边区域性中心城市和重要交通枢纽。推动武夷山与泰宁等地旅游联动发展，构建大武夷旅游经济圈。

闽南组团。包括福建省漳州市芗城区、龙海市、南靖县、平和县、诏安县、华安县、云霄县、漳浦县和泉州市安溪县、永春县、德化县、南安市。以漳州芗城区、古雷半岛等为节点，依托沿海港口和快速通道，重点发展装备制造、光电、海洋生物、新材料、新能源、纺织服装、日用陶瓷、建筑建材等制造业和茶叶、花卉等特色农业。加强与台湾地区产业合作，促进闽台产业对接。

第四章　现代产业体系

以优势资源为基础，以科技创新为动力，加快构建特色鲜明、结构合理、具有较强竞争力的现代产业体系。

第一节　积极发展特色农林业

以吉泰盆地、赣抚平原等商品粮基地和产粮大县为重点，加快实施粮食生产重大工程，建设杂交水稻研究中心和一批种子繁育基地，不断提高粮食综合生产能力。做强脐橙、蜜橘、甜（蜜）柚等柑橘产业，加快建设国家脐橙工程技术研究中心，推进标准化有机果园建设，加大柑橘危险性病虫害防控力度，着力打造优质脐橙产业基地和柑橘产业基地。着力发展茶产业，大力提升茶叶品质，建设全国重要的茶产业基地。实施油茶低产林改造，推进高产示范区建设，打造全国重要的油茶深加工基地。积极发展白莲、食用菌、蔬菜、畜禽、水产品、中药材、花卉苗木等特色农产品，积极推动毛竹、油茶示范基地建设。积极发展休闲农业、设施农业，支持研发、推广适宜丘陵山区的中小型农机具，加快培育农业产业化龙头企业、农民合作社和家庭农场。加快海峡两岸农业合作试验区、台湾农民创业园建设。推进农产品出口加工基地建设，扩大特色优势农产品出口。加强农产品注册商标和地理标志保护。支持建设国家现代农业示范区。

专栏3：特色农林业

柑橘。实施标准化果园建设和病虫防控体系建设等工程，重点建设赣南脐橙、南丰—寻乌蜜橘、广丰—井冈山—南康—平和—和平—梅县甜（蜜）柚和尤溪金柑产区。

油茶。实施油茶低产林改造和高产林示范工程，重点建设赣南—赣西、粤东北、闽西—闽北集中产区。

茶叶。实施有机茶园建设和传统茶园改造工程，提升福建乌龙茶和红茶、江西绿茶和白茶品牌影响力，配套建设江西绿茶专业批发综合市场和武夷山、安溪、尤溪茶叶专业批发市场。

中草药。培育推广杜仲、葛根、红豆杉、金线莲、铁皮石斛、草珊瑚、黄精、仙草等特色药材，实施示范药场建设、中药材研发和精深加工工程。

畜禽水产品。实施规模化标准养殖、良种繁育体系和水产品健康养殖示范基地建设工程，规划布局一批畜禽规模化养殖重点区，支持国家级水产种质资源保护区建设。

果蔬及花卉。加快建设标准化设施蔬菜、优质白莲、特色林木、林下蔬菜（菌类）、花卉苗木种植基地，培育龙头企业和交易市场。

第二节 提升发展优势矿产业

稀土产业。以赣州为核心，建设具有较强国际竞争力的稀土产业基地，大力发展稀土磁性材料、发光材料、储氢材料及其应用产业链。建设稀土产学研合作创新示范基地和南方离子型稀土资源高效开发利用工程技术研究中心，加强稀土标准化技术研究。按照国家稀土产业总体布局，积极推动资源整合重组，在赣州组建大型稀土企业集团，建设南方离子型稀土战略资源储备基地。

有色金属产业。在控制钨精矿生产总量的基础上，着重发展高性能钨硬质合金材料及配套工具，打造具有国际竞争力的钨产业基地。大力发展铜材精深加工，建设鹰潭（贵溪）铜基新材料产业基地。提升锂资源开发利用技术，打造碳酸锂生产基地。提升锡矿、锰矿、钼矿、金银、铅锌、铝矿开采和深加工水平。

非金属矿产业。发挥萤石、岩盐、石英砂、高岭土、石灰石、硅灰石、膨润土、石墨储量优势，大力发展非金属材料产业，建设全国重要的盐化工、氟化工、硅化工、陶瓷等产业基地。

专栏4：优势矿业基地
稀土产业基地。赣州、三明、龙岩、梅州。 有色金属产业基地。章贡、崇义、大余、全南、定南、新罗、连平钨，贵溪、上饶、横峰、广丰、赣县、上杭、梅县铜，上杭、德化金，武平白银，南平、将乐铝，上犹、寻乌、于都、尤溪、大田、永春银锌，安远、寻乌、五华钼，南康、会昌、饶平锡，袁州、宁都、新余锂，蕉岭铷矿产业基地。 非金属矿产业基地。会昌、上杭氟盐化工，瑞金、兴国、全南、三元、明溪氟化工，新干、樟树盐化工，上犹玻纤，贵溪硫磷化工，安源、龙岩特种玻璃，芦溪电瓷，黎川、德化、新罗陶瓷，安远电气石，金溪、永安石墨，广丰、永丰、弋阳黑滑石，遂川、崇义、石城硅石，漳平硅化物产业基地。

第三节　加快制造业升级

电子信息。加快关键技术研发、引进及成果转化和应用示范，培育引进龙头企业，重点发展电子元器件、计算机、通讯终端、数字视听、安防安保设备、车载电子、半导体照明等产品，建设全国重要的电子信息产业基地。

汽车产业。积极引进大型企业集团，加快形成汽车零部件产业集群，支持国内整车企业在赣州设立分厂。依托新能源汽车驱动电机、锂电动力电池和专用永磁材料等产业基础，培育建设新能源汽车生产基地。

机械制造。重点提升工程机械、运输机械和环保设备制造水平，促进数控机床、发配电设备、特种电机、水族机电、精密基础件等产业集群化发展，培育高铁材料及设备、通用航空装备、应急装备制造等产业。

轻工纺织。大力发展智能家电、模具、家具制造、食品加工、纺织服装、眼镜、玩具等产业，打造优势品牌，强化产业配套和专业化市场建设，壮大一批轻工产业集群。

医药产业。加快中成药、西药、保健食品及化学原料药、医药化工等企业集聚，培育和引进医疗器械研发生产企业，努力形成以创新药物研发和先进医疗设备制造为主体的产业链。

新能源产业。培育壮大光伏太阳能、风电设备制造、绿色照明等产业，加速产业链延伸，加快核心技术自主创新，支持新能源产品推广综合利用。

专栏5：制造业基地
电子信息。吉泰走廊、赣州、龙岩、梅州、南平。 汽车产业。赣州、梅州、新余、宜春新能源汽车及零部件，赣州、龙岩汽车整车及零部件，抚州汽车零部件。 机械制造。赣州、吉安数控机床，龙岩、宜春工程机械、环保设备及应急设备，三明大型机械装备，萍乡重型机械，南平、兴宁水电装备，崇仁变电设备，石城矿山机械，全南针织机械，余江精密元器件，南靖、梅县精密机械，饶平水族机电，南雄电气机械。 轻工纺织。漳州智能家电，南康家具服装，龙南玩具，宁都防火门，吉安、漳平高级无纺布，永春老醋，新干、永新箱包，抚州轻纺，宜黄塑料，金溪香料，余江雕刻和眼镜，崇义活性炭，会昌藤制品，龙岩家纺，顺昌造纸，尤溪革基布，遂川、平远木制品，五华、梅县工艺品。 医药产业。抚州、赣州、吉安、三明、南平、龙岩、梅州、宜春（袁州、樟树）。 新能源产业。赣州、龙岩、梅州、鹰潭、南安、莲花绿色节能照明，新余、龙岩、上饶、石城、清流光伏太阳能，赣州、吉安风电设备。

第四节　大力发展服务业

旅游业。实施革命遗址保护规划，加大革命遗址保护和修缮力度，保护好中央苏区烈士陵园、东固革命烈士陵园等红色文化教育基地。运用管理好瑞金中央革命根据地纪念馆、永新三湾改编旧址、古田会议纪念馆、闽西革命历史纪念馆等全国爱国主义教育示范基地。以井冈山、瑞金、兴国、上杭、长汀为核心，高起点建设一批红色旅游精品景区和经典线路，构建原中央苏区红色旅游圈。发挥武夷山、南岭山、罗霄山等生态优势，深入挖掘历史文化资源，加强旅游资源整合，加大国家级风景名胜区建设投入力度，建设国际知名的生态文化旅游目的地。加快赣州、吉安国家旅游扶贫试验区建设。推动龙岩、三明与赣州、抚州，南平与鹰潭、上饶建立旅游产业经济协作示范区。支持梅州加快建设生态文化旅游特色区。

专栏6：重点旅游项目

重点红色旅游地。瑞金叶坪、沙洲坝革命遗址，井冈山茅坪景区，永新三湾改编旧址，宁都中央苏区反“围剿”旧址，大余南方红军三年游击战旧址，广昌驿前红三军团宿营景区，吉安东固革命根据地，横峰闽浙皖赣革命根据地旧址群，上杭古田会议旧址，连城红四军司令部与政治部旧址，长汀福建省苏维埃旧址，明溪红军战地医院遗址，梅县叶剑英元帅纪念馆。

重点生态旅游区。武夷山、罗霄山、井冈山、三清山、龙虎山、三百山、仙女湖、武功山、戴云山、冠豸山、桃源洞—鳞隐石林、南岭。

重点文化旅游区。福建土楼、赣南客家围屋、赣州宋城文化历史街区、吉安庐陵文化园、崇义上堡梯田、大余梅关古道、宁都东龙古村、石城南庐屋古村落、乐安流坑古村、金溪明清古建筑群、广昌驿前莲花古镇、峡江花门楼、龙虎山道教祖庭、袁州禅宗文化旅游区、莲花路口古名居、连城培田古村落、漳平奇和洞遗址、三明万寿岩古人类文化遗址、尤溪朱子文化园、泰宁明清尚书第古建筑群、长汀店头古街、南雄珠玑古巷。

金融业。引导境内外银行、保险、证券、信托、金融租赁等金融机构设立经营性分支机构，推动后台服务中心、金融外包服务企业进驻。按照“总量控制、合理布局、审慎审批”的原则，有序建设各类要素市场和多层次资本市场，鼓励民间资本发起设立民营银行、金融租赁公司和消费金融公司，支持符合条件的小额贷款公司转为村镇银行。创新金融服务县域经济业务模式，鼓励县域法人金融机构将新增存款一定比例用于当地贷款，提供普惠性金融创新服务。鼓励发起设立新型农村金融机构，加快具备条件的农村信用社改制成以县（市）为法人的农村商业银行。探索社会资本多样化融资模式，设立创业投资基金和特色产业基金，支持符合条件的企业上市。支持电子商务企业开展网络小额贷款创新试点。积极开发新的保险品种，支持保险资金投资基础设施和重点产业项目。推动国内期货交易所在条件成熟时设立相关期货交割仓库。

物流业。以区域交通枢纽城市为节点，依托交通基础设施网络和沿海重点港口，建立多种运输方式紧密衔接配套的综合物流体系。完善陆地港口岸服务功能，促进区域通关资源共享，加快发展公铁海空联运。推动建设物流园区、物流通道、枢纽场站等物流基础设施，打造一批区域性物流中心。引导制造业和商贸企业开展物流业务外包，提升第三方物流发展水平。依托“万村千乡市场工程”农家店，发展农村连锁经营、物流配送等现代流通方式，构建农村市场流通服务网络。支持有条件的城市建设共同配送网络。

文化产业。充分挖掘红色文化、客家文化、闽南文化、茶文化等特色文化资源，大力发展广播影视、演艺娱乐、数字出版、数字绿色印刷复制、动漫游戏、工艺美术等文化产业，培养创意人才，开发具有核心竞争力的特色文化产品和服务，做大做强一批骨干文化企业。支持建设国家级客家文化生态保护实验区和赣州、吉安印刷包装产业基地。推动建设海峡两岸客家文化（赣州）交流基地、黎川和上犹油画创意产业园、安溪铁观音茶文化主题园区、梅州麓湖山文化产业园等。

新兴服务业。大力发展信息服务业，推动赣州、龙岩、梅州、吉安、新余、三明等市创建国家电子商务示范城市。鼓励发展科技研发、工业设计等高技术服务业，规范发展法律咨询、信用评估、广告会展、培训认证等商务服务业。积极发展会展业，培育知名会展品牌。培育发展健康服务业及相关支撑产业。

传统服务业。优化城乡商业网点结构和布局，推动传统商贸、餐饮和休闲娱乐融合发展。建立完善城市家庭服务体系，积极发展社区养老、家政服务、社区照料和病患陪护服务等服务业态，推动创建一批居民服务示范社区。

第五章　基础设施建设

按照统筹规划、合理布局、适度超前的原则，推进交通、能源、水利和信息等基础设施项目，加快建设功能完善、安全高效、保障有力的现代化基础设施体系，增强区域发展支撑能力。

第一节　构建现代交通运输网络

铁路。加强对外铁路通道建设，密切与周边城市和沿海港口城市的高效连接，形成纵贯南北、连接东西的铁路网络。建设昌（南昌）吉（安）赣（州）铁路客运专线、赣（州）龙（岩）铁路扩能、南（平）三（明）龙（岩）、岳（阳）吉（安）等铁路项目，抓紧开展鹰（潭）瑞（金）梅（州）、浦（城）梅（州）、赣（州）井（冈山）、梅（州）汕（头）等铁路项目前期工作，规划研究赣（州）深（圳）铁路客运专线、赣（州）韶（关）铁路复线、吉（安）建（宁）铁路等项目。

专栏7：铁路建设重点项目
新建项目。昌（南昌）吉（安）赣（州）、合（肥）福（州）、赣（州）龙（岩）铁路扩能改造，岳（阳）吉（安）铁路、新（余）宜（春）萍（乡）轻轨、樟树盐化铁路延伸线，漳州港尾铁路。 研究建设。鹰（潭）瑞（金）梅（州）、浦（城）梅（州）、梅（州）汕（头）、赣（州）井（冈山）、长（汀）泉（州）、吉（安）建（宁）、赣（州）郴（州）、梅（州）惠（州）、衢（州）宁（德）铁路，赣（州）深（圳）客运专线，赣（州）韶（关）铁路复线，分（宜）文（竹）铁路改造。

公路。推进国家高速公路拥挤路段扩容改造，加强国省道改扩建，提高重大通道通行能力。积极推进通县二级公路建设和红色旅游景区公路建设。加快国家公路运输枢纽建设，提高运输集散能力。

专栏8：公路建设重点项目
大广高速赣州、吉安繁忙路段扩容，厦蓉高速漳州天宝至龙岩蛟洋段扩容，新建济广高速平远至兴宁段、湄渝高速莆田至建宁段、汕昆高速龙川至英德段及南昌至韶关等国家高速公路。G105、G205 等国道和重要省道改造。

水运。加快赣江、信江、闽江、九龙江、汀江、北江、韩江、梅江等重要航道建设，建设一批客货运码头。改善抚河通航条件。推进闽江航运整治工程。完善赣州港功能。提升潮州港、漳州港客货运水平，加快建设疏港铁路。

专栏9：航运建设重点项目
航道。建设赣州—吉安—峡江三级航道、新干航电枢纽。实施信江、樟树赣江综合治理，袁河航道治理，闽江水口电站枢纽坝下水位治理，沙溪口坝下航道整治，重阳溪生态航道建设，韩江、梅江、石窟河航道整治工程。 港口。建设赣江、闽江、梅江、汀江、韩江沿线客货运码头，赣州陡水湖码头，漳州古雷港大型液体化工码头，潮州港客货运码头。

航空。积极推进赣州黄金机场、吉安井冈山机场扩建，加快上饶、三明、漳州等新机场建设。做好武夷山、梅县机场迁建，抚州、鹰潭机场新建前期工作，研究建设瑞金等通勤机场和一批通用机场。

第二节　提高能源保障能力

有序发展火电，研究论证瑞金电厂二期，建设抚州电厂、粤电大埔电厂“上大压小”工程等电源点项目。合理开发赣江、闽江、九龙江水能资源，开工建设井冈山等水电站。大力发展风能、太阳能、生物质能等新能源开发利用。继续加强电网建设，加快特高压输电通道和500千伏、220千伏输变电工程建设，加强城乡电网升级改造，推进电网智能化和输配协调发展。实施西气东输三线、新疆煤制气外输管道等工程，加快推进天然气储备设施建设，实现县县用上天然气。建设樟树—吉安—赣州、泉州—赣州、惠来—梅州—赣州成品油管道，提高成品油供应保障能力。积极推动创建国家新能源示范城市和国家绿色能源示范县。

专栏10：重点能源建设项目
电源点项目。抚州电厂，井冈山水电站，赣县抽水蓄能电站，粤电大埔电厂，梅州抽水蓄能电站；龙岩、漳浦、平和、泰和、遂川、广昌、莲花、横峰、安远、全南、寻乌、石城、宁都、梅州等风电项目，永新、会昌、武平、光泽、延平等生物质发电项目。 成品油项目。樟树—吉安—赣州、泉州—赣州、惠来—梅州—赣州成品油管道，赣州、梅县、潮州港成品油仓储基地，寻乌、于都、兴国、横峰成品油库，古雷成品油储运基地。 天然气管网。西气东输三线、新疆煤制气外输管道工程，海西天然气管网二期工程，江西省天然气管网一期工程抚州—南城—黎川段支线项目，江西省天然气管网二期工程，广东省天然气管网三期工程，赣州天然气应急调峰仓储基地。

第三节　加快水利设施建设

实施城镇防洪、江河治理和山洪灾害防治工程，加快推进重点水利枢纽建设，进一步完善山洪灾害防治体系，提高赣州、龙岩、梅州等城市和县城、重点乡镇防洪能力与供水保障能力。支持赣江、抚河、汀江、九龙江、闽江、梅江上游防洪工程建设，加快实施中小河流治理。实施上犹江引水、引韩济饶供水等水资源配置工程，加强城市和县城应急备用水源地建设。开工建设一批大中型水库，“十二五”期间全面完成规划内中型及小型病险水库除险加固，加快实施规划内大中型病险水闸除险加固。加快章江等灌区续建配套与节水改造，支持抚州廖坊节约环保型生态农业示范区建设，开展中小型灌溉排涝泵站更新改造，加快推进“五小”水利工程。支持深山地区建设小微型农田水利设施。

专栏11：水利重点建设项目
水资源配置工程。赣州上犹江引水，寻乌引太入文，南丰引潭入琴，横峰引伦入横，峡江引水入渝，白云山、武功湖引水，樟树店下水库，袁州飞剑潭引水，潮州引韩济饶，龙岩产业集中区、三明生态工贸区水资源配置，漳平永福后盂蓄水，长汀水土流失区引调水等工程。 水库工程。信丰龙井、于都上蕉和岭下、兴国洋池口、寻乌太湖、莲花寒山、宜春四方井、永新铁镜山、黎川长滩、铅山伦潭、芦溪山口岩、光泽茶富、安溪白濑、德化彭村、尤溪兴头、平远凤池、丰顺龙峡、浦城王家洲、新罗坪坑、长汀荣丰、漳浦朝阳等水库新建。 水利枢纽工程。韩江（高陂）大型水利枢纽，峡江、新余白梅、梅州梅南水利枢纽。 灌区工程。章江、廖坊、万安、雷公坝、长岗、长龙、团结、袁北、南浦、朝阳、龙岩、梅州、宁化石壁、饶平东溪等大中型灌区。

第四节　提升信息化水平

实施数字城市、智慧城市等重大工程，建设数字化城市管理平台。推进光纤宽带网络建设，实现“十二五”末所有乡镇都有互联网宽带接口和学校等社会公益机构宽带网络接入，城市和农村家庭宽带接入能力基本达到20Mbps和4Mbps。实施移动通信网络升级工程，实现3G移动通信网络覆盖城乡、4G移动通信网络建设稳步推进。全面推进电信网、互联网和广播电视网“三网融合”，推动创建国家信息消费试点示范市和下一代互联网示范城市。加快公共信息服务平台和业务应用平台建设。

第六章　生态环境保护

按照建设生态文明的要求，以江河源头保护为重点，加大生态建设与环境整治力度，提高资源集约节约利用水平，着力构建生态安全屏障。

第一节　加强生态建设

开展东江源、抚河源、赣江源、闽江源、九龙江源、新丰江源生态补偿试点，建立东江、汀江跨省流域生态补偿机制。加强天然林资源保护，加大防护林、公益林建设和森林管护投入力度，严格执行林地保护利用规划，大力推进中幼龄林抚育，推广种植乡土阔叶树，发展楠木、红豆杉等珍贵树种。实施低质低效林改造并在赣州市、万安县开展试点。支持各级自然保护区、森林公园、湿地公园建设，加大野生动植物保护力度。支持福建加快建设国家生态文明先行示范区，支持有条件的市（县）积极创建生态文明示范工程试点市（县）。探索建立南方草原生态保护补偿机制。加大水土流失综合治理力度，继续实施崩岗侵蚀防治等水土保持重点建设工程，推动抚州、梅州和有条件的县创建水土保持生态文明示范市（县），总结推广“长汀经验”。加快生态移民搬迁、地质灾害移民搬迁步伐，尽快完成“渔民上岸”工程。研究将贡江、抚河、北江、东江、闽江、九龙江、汀江（韩江）、信江源头和以武夷山、罗霄山、玳瑁山山脉为核心的区域中部分县（市）补充纳入国家重点生态功能区范围。

第二节　强化环境综合整治

加强赣江、闽江等重点流域水环境综合整治，推进跨流域、跨区域生态环境协同保护。大力推进矿山生态环境保护与恢复治理，完成赣州、龙岩、梅州等市历史遗留矿山环境综合治理，加快龙南等稀土矿区、崇义等钨矿矿山、安源等采煤沉陷区和上杭紫金山金铜矿区生态环境保护与恢复治理，积极推动重点区域重金属污染防治。加强大气污染防治，加大工业锅炉、窑炉整治力度，加强对石化、钢铁产业和有色金属加工等行业布局的环境保护论证。加快污水处理设施和污泥处理处置工程建设。加强城乡饮用水水源保护以及陡水湖、万安、仙女湖、棉花滩、飞剑潭、延平湖等水库生态环境保护与治理。加快城市生活垃圾处理设施建设，提高城市生活垃圾无害化水平。推进清洁农村工程、测土配方施肥和土壤有机化提升工程，支持发展农村沼气，加大农村环境综合整治、农业面源污染防治力度。

第三节　提高资源集约节约利用水平

建立和完善节能减排统计、监测和考核体系，强化固定资产投资项目节能评估审查、环境影响评价、水资源论证。推动赣州等市开展工业园区冷热电多联供、分布式清洁能源中心试点，鼓励发展节能服务产业。将赣州、宜春、龙岩列为国家“新能源汽车推广应用城市”。实行最严格水资源管理制度，加强水源地保护和用水总量管理，深入开展节水型企业创建，确保区域发展与水资源承载能力相协调。积极发展循环经济，推动国家级开发区和重点产业园区实施循环化改造，支持创建国家循环经济示范城市（县）。推进土地资源节约利用，建设绿色矿山、发展绿色矿业，建立和完善再生资源回收体系，深入开展共伴生矿、尾矿和大宗工业固体废弃物综合利用，加快建设赣州稀土、钨矿资源综合利用示范基地，促进城市生活垃圾和建筑垃圾资源化利用。推进赣州、南平全国低碳城市试点和萍乡、新余、大余等资源枯竭城市经济转型。支持新余推进发展环保服务业试点。

第七章　社会事业发展

大力发展社会事业，加大扶贫开发力度，加快建立健全覆盖城乡的基本公共服务体系。

第一节　优先发展教育事业

加快发展学前教育，实施学前教育三年行动计划。推进城区义务教育学校扩容和标准化、农村义务教育薄弱学校改造和边远艰苦地区农村学校教师周转宿舍建设，到2015年基本解决小学、初中大班额和寄宿生住宿问题。加快普及高中阶段教育，改善普通高中办学条件。加快发展现代职业教育，实施职业教育能力建设工程，办好职业院校，打造职业培训实训基地。提高高等教育办学水平，推动与国内外知名高等学校合作办学，扶持优势特色学科专业建设。继续实施重点高校面向农村贫困地区定向招生专项计划。鼓励赣州、吉安等地探索开展教育改革发展试验。

第二节　提升卫生计生服务水平

加强公共卫生服务体系和医疗服务体系建设。加强市、县级医院建设，支持有条件的地市建设具有区域影响的综合医院，支持有条件的中心城区设立儿童、妇产、老年病、肿瘤等专科医院，允许80万人口以上、具备三级医疗设置基本标准的县（市）建设三级医院，支持有条件的县（市）建设专业特色医院，提升重大传染病、地方病、职业病等重大疾病防治能力和水平。加强医疗卫生人才队伍建设，加大对全科医生培养基地建设投入。加强基本药物临床应用指南和处方集培训，促进基本药物合理使用。积极推进公立医院改革和基层医疗卫生机构综合改革，鼓励和引导社会资本举办医疗机构。加快基层医疗卫生机构建设，提升乡镇卫生院、村卫生室和社区卫生服务中心医疗装备水平和服务能力。强化赣州食品药品检验检测能力，建设瑞金、龙南等区域性食品药品检验检测机构。推动于都建设卫生计生医药产业聚集区域。推进人口计生服务体系建设。

第三节　加强就业和社会保障

加大就业和社会保障服务设施建设力度，2015年前实现县级就业和社会保障服务平台基本覆盖，2020年前实现市、县、乡三级公共就业和社会保障服务平台全覆盖。大力发展农村特色产业和小微企业，努力增加就业岗位。大力开展就业援助，帮助就业困难人员和零就业家庭解决就业。对企业吸纳就业困难人员就业的，按规定给予相应的社会保险补贴。加大农村劳动力转移培训力度，有序组织劳动力输出。支持农民工返乡创业，落实创业小额担保贷款贴息支持。加大抚恤补助资金支持力度，有效保障优抚对象等人员各项抚恤待遇落实。建立完善统筹城乡的社会保障体系，实现基本养老保险、基本医疗保险制度全覆盖，逐步实现社会保障一卡通。完善城乡低保制度，实现应保尽保，合理提高低保标准和补助水平，健全残疾人社会保障和服务体系。完善城乡居民大病保险和城乡医疗救助制度。加快社会福利体系建设，实现每个县建设一所综合性社会福利中心，每个乡镇建设一所敬老院。推进赣州残疾人集中康复安居“康乐”工程和养老服务、社会救助、城乡社区综合服务平台建设。加强保障性安居工程建设，加大棚户区改造投入力度，扩大利用住房公积金贷款支持保障性住房建设试点范围。

第四节　加快文化体育事业发展

支持市县图书馆、文化馆（艺术馆）、博物馆及乡镇街道综合文化站、村及社区文化室、农家书屋等文化基础设施建设。加快建设城乡阅报栏（屏）。鼓励社会力量捐助和兴办公益性文化事业。加快实施广播电视村村通等文化惠民工程，支持高山无线发射台站建设，统筹有线电视、直播卫星、地面数字电视等多种覆盖方式，提高广播电视覆盖水平和入户率，争取到2020年实现户户通广播电视。重点做好各级文物单位的保护工作。加强国家和省级历史文化名城、名镇、名村及历史文化传统街区保护，保护具有历史文化价值的传统村落、文物古迹和非物质文化遗产，加大对采茶戏、赣剧、汉剧等地方剧种的扶持力度。支持城乡公共体育设施建设，支持有条件的地区发展特色体育产业。

第五节　加大扶贫开发力度

全面实施罗霄山片区区域发展和扶贫攻坚规划（2011—2020年），加大扶贫资金投入。指导福建、广东省加大对闽西北、粤东北等贫困地区支持力度。鼓励长（汀）连（城）武（平）等地开展扶贫开发试验。实施教育扶贫工程，开展以职业教育实现就业脱贫试点，每年选送一批贫困山区学生接受免费职业教育。加大以工代赈、易地扶贫搬迁、整村推进等工程投入力度，加快改善贫困农村生产生活条件。加大行业扶贫力度。启动返贫救助计划，对因灾、因病返贫的困难群众给予救助。实施扶贫小额贷款，积极发展贫困村互助资金组织，开展农村贫困户劳动力就业技能培训。创新支农资金管理体制机制，整合各类扶贫资金，引导民间组织和企业参与扶贫开发。

第八章　城乡统筹发展

实施中心城市带动战略，加快新型城镇化进程，加强县域发展和新农村建设，构建城乡经济社会一体化发展新格局。

第一节　做大做强区域中心城市

推动赣州科学定位城市功能，依法依规适时启动行政区划调整，增设市辖区，提升中心城区综合服务功能。培育发展龙岩、梅州、吉安、抚州、三明、南平等城市，适当扩大城市规模，强化辐射带动作用。加强城市公共交通、供电、供排水、供气、园林绿化、污水垃圾处理等市政基础设施建设，完善教育、卫生计生、文化等公共服务设施，提升综合服务功能。推进产城融合，强化产业集聚区生活服务功能。编制实施城市环境总体规划，加强城市环境管理。

第二节　促进县域加快发展

发挥比较优势，积极参与区域产业分工，壮大主导产业，加快培育特色鲜明的县域经济。提升开发区发展水平，培育壮大一批骨干企业和产业集群。开展省直管县和扩权强县改革试点，赋予县级更大的发展自主权，建立县级财政稳定增长机制，具备条件的可依法依规适时适度增设县级市。支持宁都、会昌、永定开展县域经济科学发展体制创新试验。按照城市规划建设标准推进县城建设，引导公共资源配置向县城倾斜，完善城镇服务功能，培育形成一批各具特色的小城市。实施小城镇建设示范工程，支持条件较好的重点镇加快发展，打造一批工业强镇、商贸特色镇、旅游名镇和美丽宜居小镇。深化小城镇综合改革建设试点，探索对吸纳人口多、经济实力强的镇赋予同人口和经济规模相适应的管理权。

第三节　建设美丽宜居乡村

加强村庄规划建设，加大空心村整治力度，完成农村危旧土坯房改造，优化居住点布局。大力实施农村饮水安全工程，“十二五”末全面完成规划确定的农村饮水安全任务，支持有条件的农村地区发展规模化集中供水。加强农村电网建设与改造，加快解决农村供电设施过负荷、电压低等突出问题。继续推进农村公路建设，加强县乡道改造和连通工程，注重安保工程和危桥改造，加大农村公路养护力度。加快推进农村人居环境整治，全面改善农村生产生活条件，因地制宜开展垃圾集中处理和生活污水处理设施建设。实施农村河道治理。积极推进农村社区建设。鼓励赣州开展美丽宜居乡村建设试点。

第四节　加快城乡一体化

建立城乡规划协调机制，统筹县域城镇、农村村落、基本农田保护布局。

推动城镇公共设施网络向乡村延伸，规划建设城乡统一的就业服务、社会保障、社会救助等公共服务设施，促进城乡基础设施共建共享。加快建设覆盖城乡、方便快捷的公交客运网络，推进农村客运网络化和线路公交化，逐步实现城乡公交体系有效衔接。统一城乡户口登记制度，促进城乡居民在就业、就学、就医等方面享受同等待遇。加快推进赣州市统筹城乡发展试验区建设。

第九章　开放合作和区域联动发展

建立完善区域内和区域间更加紧密的合作机制，探索区域联动发展新模式，打造高水平开放合作平台，建立内陆开放型经济体系。

第一节　优化区域内分工合作

完善产业分工协作体系，实现产业对接、错位发展。探索跨行政区域产业合作发展新模式，推动赣州与龙岩共建赣闽产业合作区，积极探索政策共用、利益共享、风险共担机制。加快赣粤、闽粤产业合作区建设步伐，促进定南—和平、诏安—饶平等跨省县县经济合作。推进建立统一市场，加快发展区域性商品、产权交易和人力资源市场，加强科技资源、信用体系、市场准入、质量互认、社会保险等对接。加强跨省重大基础设施的统筹规划、协同建设，开展区域内高速公路等收费项目联网结算。在区域专项规划编制、政策协调、生态环境联防联治、联合执法等领域探索建立合作新机制。进一步发挥赣闽粤跨省区域协作组织的作用，完善市长联席会议机制。加快重点地区一体化进程，推动中心城区与周边地区同城化发展。鼓励区域内开展干部交流活动，加强民间交流力度，积极推动共建招商平台。

第二节　扩大对内对外开放

强化与珠三角、厦漳泉、长三角等沿海地区的经贸联系，加紧打造以赣州经济技术开发区为核心，以赣州“三南”至广东河源、瑞金兴国至福建龙岩产业走廊为两翼的“一核两翼”开放合作新格局。全面深化与台港澳地区在农业、环保、电子信息及服务贸易等领域的合作交流，大力推进产业对接专业园区建设。研究建设赣州航空口岸，提升梅州航空口岸对外开放水平。

鼓励潮州港、诏安港与相关沿海地区加强区域合作，全面深化区域通关业务改革，提升对外开放水平。支持符合条件的地区按程序申请设立综合保税区，推进电子口岸建设，实现“一站式”通关服务。支持符合条件的省级开发区按程序申请升级为国家级。加快建设赣南承接产业转移示范区，推动赣州“三南”（全南、龙南、定南）、龙岩、吉泰走廊加工贸易重点承接地和三明沙溪流域、梅州—河源、上饶信江河谷产业承接集中区建设。

第三节　促进与周边地区联动发展

支持与湖南平江、浏阳、醴陵、攸县、茶陵、炎陵、安仁、永兴、资兴、桂东、汝城、北湖、苏仙、宜章、桂阳、嘉禾、耒阳、临武等县联动发展，研究支持湖南原苏区发展的有关政策措施，研究设立湘赣经贸合作试验区。加快跨省市铁路和高速公路、省际连接线等重大基础设施建设，推动城际客运公交化建设。加强旅游合作，合作打造红色旅游精品线路。全面加强扶贫开发合作共建，推进实施罗霄山片区区域发展与扶贫攻坚规划。

加强与浙江开化、庆元、龙泉等县（市）产业合作，推进赣东开放合作创新。实施旅游联动发展战略，做强区域生态文化旅游品牌，形成著名的生态旅游目的地。进一步完善铁路、公路、航空设施，发展商贸物流产业。

推动与福建宁德等原闽东苏区联动发展，完善落实支持原闽东苏区发展的政策措施，加快铁路、高速公路、深水港口等重大基础设施建设，合作建设内陆无水港和产业园区，合力打造生态旅游精品线路，构建闽浙赣边界出海重要通道。

第十章　保障措施

第一节　创新体制机制

深化行政审批制度改革，推进行政审批事项公开化、透明化、标准化和信息化。支持发展非公有制经济和中小企业，鼓励民间资本参与基础设施、公用事业和社会事业等领域建设。探索非上市公司股权转让的有效途径。加快推进农村集体建设用地使用权确权登记发证工作，完善农村集体经营性建设用地流转机制。加快建设农村土地承包经营权流转服务体系，全面完成农村土地承包经营权确权登记颁证。深化集体林权制度改革，推进林权抵押贷款，健全林业要素市场，加快林木、林地规范有序流转。推动三明南方林区综合配套改革。开展生态公益林林木蓄积量增长激励机制试点，对重点水土流失区新增蓄积量予以奖励。积极开展节能量、碳排放权、水权交易试点，支持有条件的地方建设跨区域碳交易市场。建立绿色经济核算体系，推动开展环境保护费改税试点。加快推进金融改革创新，指导赣州开展互联网金融创新。加快改革户籍制度，全面放开小城市和建制镇落户限制，有序放开中等城市落户限制，逐步把符合条件的农业转移人口转为城镇居民。支持赣州建设赣台经贸文化创新试验区。加快建设瑞兴于经济振兴试验区和吉泰走廊。

第二节　加大政策支持

全面贯彻落实《意见》提出的赣州市执行西部大开发政策，用好用足对赣南等原中央苏区的各项扶持政策。在安排中央预算内投资和国外优惠贷款等资金时，参照执行西部地区政策。进一步加大对公路、铁路、水路、民航、水利等建设项目的投入力度。推动组建股权基金，重点支持产业园区、中心城区及新区的基础设施建设。适当调整地方法人金融机构宏观审慎政策参数，合理满足其信贷投放需求。加大中央地质勘查基金、国土资源调查评价工程的资金投入。矿业权所得价款地方分成部分由省市县国有地勘单位按一定比例分配，县分成部分要充分照顾矿业权所在地镇村利益。实行土地差别化政策，对新建高速公路、国省道干线公路升级改造给予用地指标支持。国内汽车企业到赣州设立分厂生产整车不受兼并现有汽车生产企业的政策限制。支持开展土地利用总体规划评估修改，合理调整各类用地规模、结构和布局。加快推进中央国家机关和有关单位对口支援赣南等原中央苏区有关县（市、区）工作，加大力度推动中央企业帮扶赣州产业发展。福建、广东省要继续完善省内对口支援机制，进一步加大对省内原中央苏区支持力度。

第三节　加强组织实施

江西省、福建省、广东省人民政府要加强对本规划实施的组织领导，有关市、县要按照本规划确定的功能定位、空间布局和发展重点，切实把规划目标任务落到实处。国务院有关部门要结合各自职能，制定具体政策措施，做好与相关专项规划的衔接和协调，在政策实施、项目建设、资金投入、体制创新等方面给予积极支持。国家发展改革委要加强对本规划实施情况的跟踪分析和督促检查，会同江西省、福建省、广东省人民政府适时开展规划实施情况的评估工作，重大问题及时向国务院报告。涉及的重大政策和重大项目，在实施中按权限和程序报批。完善规划实施的公众参与和监督机制，推动规划顺利实施。

（二）国家发展改革委关于印发珠江—西江经济带发展规划的通知

国家发展改革委关于印发珠江—西江经济带发展规划的通知

（发改地区〔2014〕1729号）

广东省、广西自治区人民政府，国务院有关部委、直属机构：

根据《国务院关于珠江—西江经济带发展规划的批复》（国函〔2014〕87号），现将《珠江—西江经济带发展规划》（以下简称《规划》）印发你们，并就有关事项通知如下：

一、珠江—西江经济带连接我国东部发达地区与西部欠发达地区，是珠江三角洲地区转型发展的战略腹地，是西南地区重要的出海大通道，在全国区域协调发展和面向东盟开放合作中具有重要战略地位。要认真贯彻落实国务院批复精神，提高认识、紧密合作、开拓创新、扎实工作，努力把珠江—西江经济带建设成为西南中南开放发展战略支撑带、东西部合作发展示范区、流域生态文明建设试验区和海上丝绸之路桥头堡，为区域协调发展和流域生态文明建设提供示范。

二、请广东省、广西自治区人民政府切实加强组织领导，密切协调配合，明确分工，落实责任，完善机制，制定实施方案，推动《规划》实施；加强地方总体规划、专项规划、区域规划与《规划》的衔接，依法落实《规划》明确的主要目标和重点任务。《规划》实施中涉及的重大事项、重大政策和重大项目按规定程序报批。

三、请国务院有关部门按照职能分工，在规划编制、政策实施、项目安排、资金投入和体制创新等方面给予积极支持，指导和帮助解决《规划》实施中遇到的问题。

四、我委将按照国务院批复精神，会同有关部门加强对《规划》实施的跟踪分析和督促检查，重大问题及时向国务院报告；会同广东、广西两省区人民政府适时开展《规划》实施评估。

附件：珠江—西江经济带发展规划

国家发展改革委

2014 年 7 月 28 日

珠江—西江经济带发展规划

2014 年 7 月

前 言

珠江—西江经济带（以下简称经济带）横贯广东、广西，上联云南、贵州，下通香港、澳门，在全国区域协调发展和面向东盟开放合作中具有重要战略地位。为推动经济带持续健康发展，促进广东、广西经济一体化，探索我国跨省区流域经济合作发展新模式，按照党的十八大和十八届三中全会精神，依据《国务院关于进一步促进广西经济社会发展的若干意见》（国发〔2009〕42 号）、《国务院关于珠江三角洲地区改革发展规划纲要（2008—2020 年）的批复》（国函〔2008〕129 号）等文件，制定本规划。

规划范围包括广东省的广州、佛山、肇庆、云浮 4 市和广西壮族自治区的南宁、柳州、梧州、贵港、百色、来宾、崇左 7 市，区域面积 16.5 万平方公里，2013 年末常住人口 5 228 万人。同时，根据流域特点，将广西桂林、玉林、贺州、河池等市以及西江上游贵州黔东南、黔南、黔西南、安顺，云南文山、曲靖的沿江部分地区作为规划延伸区。本规划是指导经济带开放发展的纲领性文件和编制相关规划的重要依据。

规划期为2014年至2020年，展望到2030年。

第一章　发展背景

第一节　发展条件

珠江—西江经济带连接我国东部发达地区与西部欠发达地区，是珠江三角洲地区转型发展的战略腹地，是西南地区重要的出海大通道，是面向港澳和东盟开放合作的前沿地带；自然禀赋优良、航运条件优越、产业基础较好、合作前景广阔，发展潜力巨大。

当前，我国发展仍处于可以大有作为的重要战略机遇期，中央要求广东成为发展中国特色社会主义的排头兵，广西成为我国西南中南地区开放发展新的战略支点，为加快经济带开放发展指出了明确的方向；深化与东盟国家合作，推进海上丝绸之路建设，为经济带进一步扩大开放合作带来了新的机遇；广东、广西加快战略合作步伐，泛珠三角区域经济合作不断深入，为经济带协同发展创造了良好环境。

目前，加快经济带开放发展仍面临诸多困难和挑战。主要是流域比较优势未能充分发挥，交通等重大基础设施互联互通不完善，资源环境约束加剧，产业结构和布局不尽合理，城乡区域发展不平衡问题仍较突出，城乡公共服务水平差距仍然较大，全方位开放还不够充分，推进协同发展仍面临不少体制机制障碍，区域整体竞争力有待提升。

第二节　重大意义

在新形势下，加快经济带开放发展，有利于加快转变经济发展方式，完善区域发展整体布局，促进经济提质增效升级；有利于优化生产力布局，构建我国西南中南地区开放发展新的战略支点，培育我国新的区域经济带；有利于促进东西互动、优势互补，带动少数民族地区和贫困地区加快发展，缩小区域发展差距；有利于发挥面向港澳、连接东盟的区位优势，扩大西南中南地区对外开放，完善我国全方位开放格局；有利于加强全流域生态建设和环境保护，推动流域可持续发展，探索跨省区流域生态建设新模式。

第二章 总体要求

第一节 指导思想

高举中国特色社会主义伟大旗帜，以邓小平理论、“三个代表”重要思想、科学发展观为指导，深入贯彻党的十八大和十八届三中全会精神，全面落实党中央和国务院的各项决策部署，以推进协同发展为主线，以生态环境保护为前提，以全面深化改革开放为动力，坚持基础设施先行，着力打造综合交通大通道；坚持绿色发展，着力建设珠江—西江生态廊道；坚持优化升级，着力构建现代产业体系；坚持统筹协调，着力推进新型城镇化；坚持民生优先，着力提高公共服务水平；坚持开放引领，着力构筑开放合作新高地，努力把经济带打造成为我国西南中南地区开放发展新的增长极，为区域协调发展和流域生态文明建设提供示范。

第二节 战略定位

西南中南开放发展战略支撑带。发挥连接西南中南、面向东盟和港澳的区位优势，加快通道基础设施建设，扩大对内对外开放合作，提升发展层次，为促进广西打造西南中南地区开放发展战略支点、推动形成我国区域发展新格局提供有力支撑。

东西部合作发展示范区。发挥东西部地区毗邻优势，突破行政藩篱，创新体制机制，促进资源跨区域合理流动和优化配置，在基础设施对接、产业承接转移、合作平台共建、基本公共服务共享等方面探索有益经验。

流域生态文明建设试验区。坚持绿色循环低碳发展，统筹开发建设与环境保护、兼顾上下游地区发展需求，在生态环境联保联防联控、资源有偿使用、区域生态补偿机制、岸线资源集约利用等方面积极探索、先行先试。

海上丝绸之路桥头堡。实施更加积极主动的开放战略，发挥广州、南宁对外开放辐射带动作用，加快海陆通道和对外门户建设，促进海洋经济发展，深化与东盟在经贸、产业、金融、生态环境、海上合作等重点领域务实合作，在外接东盟国家、内联西南中南腹地中发挥枢纽作用。

第三节　基本原则

统筹规划、协同发展。强化规划引领，发挥市场的决定性作用，促进资源整合和要素集聚，在基础设施互联互通、产业分工协作、生态环保、基本公共服务均等化、体制机制创新等方面率先推进一体化发展，实现优势互补、合作共赢。

生态优先、绿色发展。按照主体功能区定位，优化国土开发格局，严格实施环境功能区划，构建生态保护红线体系，保障流域饮用水安全，探索跨省区流域生态环保共建共享新模式，促进经济发展与生态环境相协调，实现可持续发展。

转型升级、创新发展。把创新作为经济发展的根本动力，加大重点领域和关键环节改革力度，加快创新体制机制，大力提高自主创新能力，积极推进产业转型升级，培育现代产业体系，优化经济结构，提升区域整体竞争力。

深化合作、开放发展。深化与港澳、东盟合作，扩大全方位对外开放，统筹国内区域经济一体化与国际区域经济合作，推动对内对外开放相互促进，加快培育参与和引领国际经济合作竞争新优势。

第四节　发展目标

到 2020 年，综合实力显著增强，区域一体化发展水平明显提升，支撑西南、中南地区开放发展的能力显著提高，成为我国西南、中南地区的重要增长极。内河港口布局和功能进一步完善，交通基础设施支撑保障能力明显提升，以珠江—西江干线航道为核心的综合交通运输体系基本形成；生态环境质量进一步提高，资源节约集约利用水平大幅提升，区域可持续发展能力明显增强；产业分工合作更趋紧密，产业结构进一步优化，综合竞争力和自主创新能力显著提升；沿江城镇体系进一步完善，基本公共服务趋于均等，城乡区域协调发展格局初步形成；与港澳、东盟合作深化拓展，全方位、宽领域的开放合作迈上新台阶，开放型经济水平显著提高。

展望2030年，经济持续健康发展，引领西南、中南地区开放发展作用充分发挥，开放型经济体系进一步健全，区域一体化发展格局基本形成，生态环境宜居优美，为加快实现社会主义现代化宏伟目标奠定坚实基础。

专栏1：发展目标

指　标	2013年	2020年	
		绝对值	年均增长
人均地区生产总值（元、%）	63 100	>115 300	9.0
进出口总额（亿美元、%）	2 117	>4 980	13.0
常住人口城镇化率（%）	61.5	66	—
户籍人口城镇化率（%）	37	46左右	—
城镇居民人均可支配收入（元、%）	30 010	>54 860	9.0
农民人均纯收入（元、%）	12 050	>22 740	9.5
森林覆盖率（%）	56	>60	—
水功能区水质达标率（%）	80	90	—
城镇生活污水处理率（%）	80	>90	—
城镇垃圾无害化处理率（%）	85.6	>95	—

注：人均地区生产总值和城乡居民收入绝对数按2013年价格计算，增长速度按可比价格计算。

第三章　构建协调联动空间格局

根据经济带资源环境承载力和发展基础，以及港口交通条件，统筹空间布局，明确重点，强化功能，形成协调有序、高效集约、联动发展的空间格局。

第一节　空间布局

一轴。以珠江—西江主干流区域为轴带，包括广州、佛山、肇庆、云浮、梧州、贵港、南宁7市，加快通道基础设施建设，加强流域环境保护，形成特色鲜明、分工有序、互动发展的多层次增长中心。

两核。强化广州和南宁作为经济带的双核作用，依托现有综合优势，发挥连接港澳、面向东盟、服务周边的作用，成为引领经济带开放发展和辐射带动西南中南腹地的战略高地。

四组团。以区域内中心城市为核心，按照流域特点和区域联系，重点建设广州—佛山、肇庆—云浮—梧州—贵港、柳州—来宾、南宁—崇左—百色等四组团，引导产业和人口集聚，形成各有特色、优势互补、分工协作的区域发展板块。

延伸区。统筹考虑珠江—西江上下游关系，推进西江上游沿江地区在重点领域加快发展，形成流域协调联动发展新格局。

第二节 功能分区

按照经济带空间结构，明确发展导向，形成若干布局合理、联动发展、各具特色的功能区。

广州、佛山都市区。发挥广州作为我国重要中心城市和国际交通枢纽作用，推进广州、佛山同城化建设，加快结构调整和转型升级步伐，创新对外开放体制机制，打造成为珠三角一体化发展先行区、我国重要综合性门户区域和具有国际竞争力的“广佛都市圈”，实现经济圈、生活圈和生态圈协同发展。

肇庆、云浮、梧州、贵港产业承接区。发挥承东启西的区位优势和中转港口的枢纽作用，依托桂东承接产业转移示范区建设，统筹玉林、贺州产业发展，加强与珠三角及港澳地区的合作联动、配套发展，高起点承接产业转移，引导产业集聚，促进粤桂毗邻地区港口、产业、城镇融合发展。

柳州、来宾转型发展区。强化柳州西南地区工业重镇和综合交通枢纽地位，发挥来宾新兴工业城市的后发优势，加快结构调整和转型升级，促进柳州、来宾、河池一体化发展，建设成为区域性先进制造业中心和现代服务业基地。

南宁、崇左、百色开放门户区。发挥南宁面向东盟、通江达海、内陆开放型经济战略高地的作用，以及崇左、百色连接东盟和资源富集优势，加强海陆统筹、江海联动，扩大沿边开放，转变优势资源开发模式，促进与北部湾经济区开放发展互动，提升开放型经济发展水平。

延伸协调联动发展区。发挥西江上游沿江地区资源生态优势，加强生态环境保护、基础设施互联互通、打造旅游线路、承接产业转移等方面合作，提升区域整体发展水平。

第四章　协同推进重大基础设施建设

推进跨区域重大基础设施一体化建设，以珠江—西江干线航道为主通道，构建互通两广、连接东盟、通达港澳、辐射云贵、江海联运的综合交通运输大通道，提升能源、水利等基础设施的共建共享和互联互通水平，增强区域发展支撑能力。

第一节　打造互联互通大通道

水运建设。加快建设黄金水道，以干线航道为重点，加强干支流航道建设，完善和扩大高等级航道网络，拓展港口规模和功能，提高船舶标准化和现代化水平。

港口群。按照规模化、专业化要求，加快建设广州、佛山、肇庆、梧州、贵港、南宁六大主要港口，积极发展云浮、柳州、来宾、百色、崇左五个重要港口，形成分工合理、功能完善的现代港口体系。鼓励发展公共码头，有序建设专用码头，适度建设旅游码头。加快港口与产业集聚区联络线以及港口物流工程建设，提升港口集疏运能力。加强与珠三角地区、北部湾经济区和香港主要港口合作，形成优势互补、利益共享、共同发展的局面。到2020年，干线内河港口吞吐能力超过3亿吨，集装箱吞吐量达到1 000万标箱。

航道网络。加强航道资源保护和利用，加大西江干线航道扩能改造，推动柳黔江、左江、右江、南盘江、北盘江、红水河、桂江、绣江、北江等重要干支流航道和支持保障系统建设，提升西江出海航道通过能力和通达范围，提高航道等级，构建干支通达顺畅的高等级航道网络。加快建设广州出海航道拓宽工程和珠江口公共锚地工程。到2020年，III级及以上航道超过2 017公里，其中I级航道502公里，II级航道696公里，III级航道819公里。

过船设施。按照梯级开发、扩能改造与新建过船设施并举原则，加快建设龙滩、百色等枢纽过船设施，促进珠江水运连通云贵，形成与高等级航道相适应的枢纽过船设施。改善流域过船设施建设与管理体制。

铁路建设。构建连接两广铁路运输大通道，优化网络结构，尽快形成西南地区与珠三角区域快速铁路网。完善货运铁路网，实施既有铁路扩能改造，提高铁路通道运输能力。

公路建设。加快推进国家高速公路“断头路”建设，加强国省干线公路改扩建，推进农村公路升级改造，形成完善的高速公路、干线公路和农村公路网络。

机场建设。优化机场布局，提升干线机场服务功能，加强支线机场建设，形成干支衔接、功能完善的航空体系。推进南宁机场军民航分离。支持通用航空发展。

专栏 2：交通建设重点工程
水运。加快建设广州至梧州段Ⅰ级航道，柳黔江柳州、来宾以下Ⅱ级航道，右江百色—南宁段、左江宋村三江口—崇左段Ⅲ级航道。规划研究进一步提高梧州至贵港、贵港至南宁段等航道标准。建设大藤峡枢纽船闸，扩建长洲、贵港、西津、红花船闸。加快建设百色水利枢纽、龙滩水电站通航设施。 铁路。推进柳州至肇庆、河池至南宁、黔桂铁路增二线、南宁至凭祥、黄桶至百色、靖西至龙邦铁路建设。加快建设南宁至广州、贵阳至广州、云桂、广州—佛山—肇庆城际、岑溪至罗定铁路。实施湘桂、益阳至湛江、焦作至柳州、黎塘至湛江铁路扩能改造工程。 公路。推进广州—佛山—肇庆、江门—罗定、龙川—怀集等跨区域高速公路，以及乐业—百色—龙邦、贵港—隆安、汕头—湛江、三江—柳州—武宣—贵港—合浦、荔浦—玉林、河池—百色、贺州—来宾高速公路建设。改扩建柳州—南宁、南宁—钦州—防城港（北海）高速公路。 机场。加快建设南宁机场新航站区和第二跑道，实施梧州机场迁建，规划建设玉林、贺州支线机场，研究建设广州第二机场，研究迁建柳州、百色机场。

综合交通枢纽建设。强化规划引导，加强铁路、公路、水路、机场等各种运输方式衔接，推进综合交通枢纽站场建设。完善提升广州、南宁全国性综合交通枢纽功能，加快柳州、梧州等沿江区域性综合交通枢纽建设。支持贵港建设区域性航运枢纽，研究设立西江航运交易所。

第二节　建立安全清洁的能源保障体系

优化发展火电，重点推进华润云浮西江“上大压小”新建、国电永福“上大压小”热电扩建、国电肇庆大旺“上大压小”热电新建等火电和热电联产重点工程建设。做好平南白沙、肇庆德庆、云浮古丰核电项目厂址论证工作。加快肇庆、梧州、贵港、柳州、百色等市沿江煤炭储运配送设施建设，完善煤炭供应储备、应急保障体系。有序开发风力、光伏、天然气和垃圾发电等新能源，因地制宜、合理布局发展生物质能。支持分布式能源发展，提高新能源在能源消费中的比重。加快推进天然气县县通工程，稳步实施“煤改气”“油改气”。支持贵州建设西江上游重要能源基地。推进云南金沙江中游电站送电广西直流输电工程及其他“西电东送”项目建设。加强省际电网互联，提高互济能力，完善输供电配套网络。根据电力发展需要开展抽水蓄能选点规划工作。

第三节　提高水利保障能力

加大干支流和重点中小河流整治，加强沿江重点城市和城镇防洪堤工程建设，沿江城市、县城达到国家防洪标准。开展大藤峡、落久、洋溪水利枢纽、桂中治旱乐滩水库引水灌区二期、驮英水库等工程，以及大藤峡灌区、驮英水库灌区、下六甲灌区、百色灌区工程、桂西北旱片综合治理等项目前期工作。加快病险水库（水闸）除险加固、大中型灌区续建配套及节水改造，加强石漠化区水土流失综合治理和崩岗治理。加快农村饮水安全工程建设，提高乡村自来水普及率。加快农村水电、小型农田水利建设，大力发展节水灌溉，扩大有效灌溉面积。加快设区市、重点城镇备用水源及配套管网工程建设，提高城镇供水安全保障能力。建立健全全流域防汛抗旱应急体系。

第五章　共建珠江—西江生态廊道

加强生态建设和环境保护，走绿色循环低碳发展之路，创新生态环保合作机制，做好重大项目建设生态环境评估工作，携手共建生态安全屏障，把经济带建设成为千里绿色生态走廊。

第一节 构建生态安全格局

打造生态屏障。构建以重点生态功能区为主体，山区生态林为支撑，沿江绿化防护林为廊道，自然保护区、森林公园、湿地公园等禁止开发区域为重要组成的生态安全格局。加强国家级和省级重点生态功能区建设，控制开发强度，恢复和稳定生态系统，增强生态产品供给能力。强化自然保护区、湿地公园、森林公园、地质公园和风景名胜区等保护与管理，严禁开展不符合主体功能定位的各类开发活动，增强生态修复功能。加强生物多样性保护和检测，有效防范外来物种入侵。加强自然保护区建设，提升保护区综合能力，支持符合条件的保护区、森林公园、湿地公园升级。

专栏3：重点生态功能区、自然保护区、风景名胜区、森林公园、地质公园、湿地公园
国家重点生态功能区。南岭山地森林及生物多样性生态功能区、桂黔滇喀斯特石漠化防治生态功能区 国家级自然保护区。广西花坪、弄岗、木论、大瑶山、大明山、猫儿山、千家洞、岑王老山、九万山、金钟山黑颈长尾雉、雅长兰科植物、崇左白头叶猴、大桂山鳄蜥、邦亮长臂猿、恩城、元宝山，广东鼎湖山 国家级风景名胜区。广西桂林漓江、桂平西山、花山，广东白云山、西樵山、肇庆星湖 国家森林公园。广西桂林、良凤江、三门江、龙潭、大桂山、元宝山、龙胜温泉、八角寨、姑婆山、大瑶山、黄猄洞天坑、大容山、飞龙湖、太平狮山、阳朔、九龙瀑布群、平天山、红茶沟、龙滩大峡谷，广东流溪河、石门、西樵山、广宁竹海、万有、大王山 世界地质公园。广西乐山—凤山 国家地质公园。广西资源、鹿寨香桥岩溶、大化七百弄、桂平，广东佛山西樵山、封开 国家矿山公园。广西合山、全州雷公岭 国家湿地公园（含试点）。广西会仙喀斯特、横县西津、富川龟石、都安澄江、靖西龙潭，广东星湖、海珠湖、怀集燕都

建设珠江防护林。加快实施第三期珠江防护林工程，从云南、贵州、广西等珠江—西江上游地区入手，以水源涵养林、水土保持林、江河护岸林、水库防护林、农田防护林为主体，加强生态公益林建设，切实加大工程区低质低效林改造力度，加快退化防护林更新改造步伐，大力提升珠江流域防护林生态防护功能。稳定和扩大退耕还林，实施天然林资源保护，推进石漠化综合治理，大力构建生态经济型防护林体系，提高森林涵养水源功能，遏制水土流失和石漠化。

严守生态保护红线。划定林地和森林、湿地、物种等生态保护红线。将自然保护区、江河湖库周边地区、城镇饮用水水源地等划定为重要生态地区，实施严格的生态保护和管控，实现生态环境的休养生息。科学划定生态公益林和经济林界限，严格保护生态公益林，实施严格的林地用途管制，严禁在生态公益林范围内发展经济林，依法实施强制性保护。开展河道和水利工程确权划界工作，推进水域岸线确权登记。

加强沿岸生态保护。在西江干支流沿岸两侧划出一定范围，规划建设绿色生态走廊，严格控制与生态保护建设无关的各类建筑及产业布局，加强生态修复和林草植被覆盖，打造“魅力两岸·美丽西江”。

第二节　加强岸线保护与利用

按照科学规划、保护优先、集约开发、持续利用、预留空间的原则，统筹沿江产业布局、城镇建设和生态环境保护，划定生产、生活、生态空间开发管制界限。编制实施岸线资源开发利用与保护规划，落实水域岸线用途管制，合理设置港口码头区、产业集中区、城镇建设区、旅游休闲区，以及城镇饮用水水源区、水利防洪区和生态保护区，统筹岸线保护利用和项目建设。按照不同岸线、沿岸和流域的功能定位，采取合理的开发节奏和开发强度。强化岸线监管，加强涉河建设项目和活动管理、河道采砂管理，有效整治岸线开发秩序。

第三节　节约集约利用资源

强化水资源合理利用。加强水资源开发利用总量控制，强化水资源统一调度，加快制定江河水量分配方案，建立上下游地区取用水总量控制指标体系，做好产业集中区、城镇建设区等各类开发区、专项规划及建设项目的水资源论证。加强用水定额和计划用水管理，统筹利用雨洪资源和再生水、淡化海水、矿井水等非常规水源，加快推广先进适用的节水工艺、技术和装备，积极推进节水型社会建设。加强区域协调，探索建立水价改革模式和水权交易机制，保障河流适宜生态水量和粤港澳地区的压咸补淡等用水需求。

节约集约利用土地资源。实施最严格的耕地保护制度和土地节约集约利用制度。建立和完善节约集约用地引导机制，创新土地管理方式。建立城乡统一的建设用地市场，依法推进农村集体经营性建设用地流转，建立兼顾国家、集体、个人的土地增值收益分配机制。在经国家批准的试点范围内，稳妥有序开展低丘缓坡荒滩等未利用地开发利用。加大坡耕地水土流失综合治理。严格划定和永久保护基本农田，加大土地整治力度，落实耕地占补平衡，确保耕地数量不减少、质量有提高。积极开展城乡建设用地增减挂钩，促进城乡建设用地集约高效利用。

推进节能降耗。大幅度降低单位地区生产总值能耗，控制能源消费总量，提高非化石能源比重，积极推进工业、建筑、交通、商业、民用等领域节能改造。严格控制高耗能、高排放行业新增产能，坚决淘汰落后产能，逐步化解产能严重过剩矛盾。积极推广节能产品和技术，大力推进绿色社区建设。加强合同能源管理，发展节能服务业。支持建设一批资源节约型、环境友好型企业，引导行业转变发展方式。

发展循环经济。鼓励符合条件的地区创建国家循环经济示范城市（县）。引导企业执行环境管理标准，提升清洁生产水平。完善再生资源回收体系，推进大宗工业废物、建筑和道路废弃物综合利用，提高生活垃圾资源化利用率。推广农业循环经济模式，提高农业废弃物资源化利用水平。支持园区循环化改造工程，推进循环经济产业园区建设。加强国家循环经济教育示范基地建设。

专栏 4：循环经济产业基地
梧州再生资源循环利用园区国家“城市矿产”示范基地、贵港国家生态工业（制糖）示范园区、崇左糖业循环经济示范基地、贺州循环经济产业示范区、玉林再生资源循环利用示范园区、广西蚕桑茧丝绸产业循环经济（宜州）示范基地、肇庆亚洲金属资源再生产业园、肇庆华南再生资源基地、云浮循环经济工业园、云浮（罗定）循环经济工业园

第四节　加强环境保护

加强水功能区监督管理。实施最严格的水环境监管和水资源管理制度，建立水功能区达标评价和考核体系，加强江河源头区、水源涵养区、重要江河湖区、城市饮用水水源地等重要水功能区达标建设，确保西江干流水质达到国家标准，跨省界（市界）河流交接断面水质达标率不低于 90%，城镇集中式饮用水水源地水质达标率不低于 95%。

强化水污染防治。加大干支流和大中型水库水污染防治力度，建立水资源保护与水污染防治协作机制，推进跨界河流水污染联防联治。加强流域水污染治理设施建设，强化沿岸城镇污水处理设施运行监管，切实提高运行负荷。积极开展重要水源地生态清洁型小流域建设，加大农田控磷减氮、畜禽养殖废弃物综合处理与利用工作力度，切实加强面源污染防治。加大沿岸重点村镇污水处理设施及配套管网建设工程实施力度，提高截污率。加强港口污水、垃圾处理等环保设施建设，强化船舶流动源污染防控，加强船舶流动源环境风险防控，建设区域风险防控体系，推进船舶污水垃圾集中处理系统建设。严格控制网箱养鱼、水上作业，切实减少对水体的污染。研究编制珠江—西江流域水污染防治规划，建立珠江—西江流域水污染防治考核机制。

加强大气污染防治。开展大气污染区域联防联控，推进实施大气污染防治行动计划，加强环境监测能力建设，完善区域空气质量评价体系，推进有毒有害气体预警防控体系建设。实施可吸入颗粒物（PM10）、细颗粒物（PM2.5）协同治理，强化对二氧化硫、氮氧化物、烟粉尘和挥发性有机物排放总量控制，推进火电、冶金、水泥、建筑陶瓷、石化等重点行业清洁生产技术改造，减排二氧化硫和氮氧化物，控制煤烟型污染。加强机动车环保管理，推进油品品质升级，按期完成加油站、储油库和油罐车油气回收治理。发展水电、风能、太阳能、海洋能等清洁能源和清洁燃煤技术，逐步推广船舶“油改气”。

加强重金属污染综合防治。建立健全流域重金属污染监控和防治机制，严格重金属项目环境准入，禁止在珠江—西江上游地区、重要湖库地区、城镇饮用水水源保护区等建设矿产资源采掘、洗选、冶炼等项目。加强土壤污染治理。严格执行重金属项目环境影响评价和后评估制度。加大重点区域重点行业重金属污染整治力度，积极推动企业实施清洁生产，实施重金属污染分区防控的环境管理政策。

加强固体废弃物安全处置。推进危险废物安全处置体系建设，实现危险废物产生、转移、经营、处理和处置全过程信息化管理。加强污水处理厂污泥处置。加快生活垃圾无害化处理设施的规划建设，探索建立城乡生活垃圾收运处理系统。加强医疗卫生机构和医疗废物集中处置单位管理，到2015年，设市城市医疗废物处理处置率达到100%。到2020年，危险废物处理处置率达到100%，沿岸所有乡镇及以上城镇生活垃圾无害化处理率达到100%。

加强化学品风险防控。完善化学品风险防控机制，开展化学品环境管理登记，推进化工园区的规范化发展，加强汞、持久性有机污染物等重点化学品污染防治，实现化学品全过程环境管理。

第五节　健全流域生态环境保护管理体制

建立流域生态激励和约束机制。加大对重点生态功能区转移支付力度，加大对各类自然保护区、风景名胜区和珠江防护林、生态公益林建设的投入力度。支持地方研究开展珠江—西江水环境补偿试点，建立建设项目占用水域补偿制度。探索建立生态补偿、碳排放权交易、排污权有偿使用和交易、水权交易等机制，建立吸引社会资本投入生态环境保护的市场化机制，推行环境污染第三方治理。积极推进环境污染责任保险试点。鼓励社会各界积极参与保护珠江—西江行动。

建立健全生态环境保护联防联控机制。建立健全滇黔桂粤四省区环保协调工作机制和流域突发环境事件应急协调处理机制，制定实施流域联防联控管理办法。加强区域环境风险防控，完善区域突发环境事件应急预案。建立资源环境承载能力监测预警机制，对水土资源、外来物种入侵、环境容量超载区域实行限制性措施。协商建立珠江口海域海洋污染防治合作机制。共同推进跨区域重大生态环保工程建设，维护区域生态安全。

第六章　促进产业协同发展

充分发挥经济带通道和纽带作用，以产业园区为载体，强化产业合作对接，推进产业集聚和转型升级，提高自主创新能力，构建优势互补、协同配套、联动发展的现代产业集聚带。

第一节　加快工业转型升级

提升发展特色优势产业。加强科技支撑和产业合作，加快产业转型升级，重点发展汽车、装备制造、食品、电子信息、化工、有色金属产业，提升发展质量和水平。发挥广州、柳州、玉林汽车工业优势，加强产业分工和配套协作，提升汽车产业整车发展和关键零部件配套能力。依托现有装备制造产业基础，培育壮大柳州、玉林工程机械产业集群，大力发展广州、佛山海洋工程装备、桂林数控机床产业，支持贵港、梧州发展内河修造船产业。利用农产品资源优势，大力发展特色食品、绿色食品和健康食品，重点提升崇左、来宾、贵港、南宁等地糖业精深加工和综合利用水平。积极承接珠三角等东部地区电子信息产业转移，加快发展南宁电子产品制造、柳州汽车电子、梧州掌上多媒体移动设备、肇庆电子元器件、云浮电池新材料等产业。提升化工产业发展水平，促进柳州化肥、南宁、百色氯碱精细化工、梧州林产化工等产业结构调整。推动有色金属产业转型发展，加快广西百色生态型铝产业示范基地建设，支持肇庆、河池生态环保型有色金属产业发展。

培育发展战略性新兴产业。加强创新能力和创新体系建设，用好创业投资等市场化手段，集聚创新资源，重点发展生物、新一代信息技术、新材料、新能源汽车、轨道交通装备等战略性新兴产业。大力支持南宁生物产业和梧州、桂林、玉林、云浮生物制药发展。充分发挥南海海洋生物资源优势，重点发展海洋药物和生物制品。积极推动北斗导航、物联网、云计算等新一代信息技术研发和产业化，大力支持广州信息产业发展。重点支持柳州、河池有色金属新材料，以及贺州、崇左稀土新材料发展。支持广州、柳州、梧州发展新能源汽车产业。推进广州、南宁、佛山城市轨道车辆组装等项目建设。支持合作共建重大科技创新平台、公共检验监测技术服务平台，支持广西创建锡多金属矿物加工、亚热带蚕桑育种与种养技术等国家工程研究中心。

加快产业承接转移。坚持政府引导和企业主体相结合，强化分类指导，因地制宜，严格执行环境影响评价制度，依托桂东承接产业转移示范区，有针对性地促进产业集群、全产业链整体转移，积极承接加工贸易型、劳动密集型企业。强化统筹协调，引导转移产业向园区集中，鼓励多种形式合作共建产业园区。创新政务服务方式，推动相关行政许可跨区域互认，完善促进产业承接转移的支持政策。

第二节 大力发展现代服务业

发挥港澳和广州现代服务业的辐射带动作用，加快培育发展优势特色服务业，促进生产性服务业与先进制造业融合发展、生产性与生活性服务业联动发展。

推进现代物流业发展。依托内陆沿海通道优势，深化拓展面向东盟和港澳的现代物流业合作。推广应用智能化管理等物流新技术，大力发展航运要素交易和港口散货交易等服务功能。推进重要物流通道、物流园区、储运设施和信息化平台建设，深化口岸通关、检验检疫、电子口岸等方面合作。支持物流企业探索创新合作模式，促进企业联盟发展。加快建设和完善保税物流体系，大力拓展国际物流和保税物流。推动广州、南宁、佛山、柳州、贵港、玉林等城市科学规划、合理布局物流园区，完善城市物流配送体系，带动周边区域物流业发展，推进形成联通西南中南、对接港澳、面向东盟的现代物流体系。

推动高技术服务业加快发展。依托区域内中心城市，大力发展检验检测、研发设计、知识产权、科技成果转化等高技术服务业。加快发展研发设计服务，建设一批工业设计服务中心，促进当地贴牌加工制造业向自有品牌发展。拓宽融资渠道，引导社会资本支持高技术服务企业发展。鼓励地方政府将可外包的信息技术服务、检验检测服务、知识产权服务等业务发包给专业服务企业。

促进金融业合作发展。强化广州、南宁区域性金融中心功能，深化与港澳、东盟的金融合作。支持广州构建多层次的资金市场体系和金融综合服务体系。支持符合条件的企业上市融资，建设中国—东盟股权转让市场和面向东盟的大宗商品交易场所，发挥南宁在建设沿边金融综合改革试验区中的核心作用，支持符合条件的外资金融机构按规定设立分支机构、国际性或区域性管理总部、业务运营总部、后援服务中心和培训基地。支持佛山依托广东金融高新技术服务区加快建设现代金融产业后援服务基地。在加强监管的前提下，鼓励具备条件的民间资本依法发起设立中小型银行等金融机构。联合开展业务合作与创新，推进区域信用体系建设。

构建统一的信息服务平台。推进信息通信基础设施一体化发展，完善区域信息基础设施网络，促进“三网融合”和网络资源共享。以自主创新和产业升级催生新产品、新应用，推动新一代信息技术集成化、融合化发展，提升软件服务、移动电子商务等信息服务能力。深入推进广州、南宁、桂林等国家电子商务示范城市建设。完善提升南方现代物流公共信息平台。构建服务中国—东盟自由贸易区的国际通讯网络体系和信息服务枢纽。建设珠江—西江流域航运公共信息服务平台。

共同推进旅游业发展。依托民族风情、红色历史、自然风光等旅游资源，建立旅游战略联盟，整合旅游资源，合作开发优势特色旅游项目，培育一批有区域影响力的风景名胜区、特色景点和精品旅游线路。深入推进桂林国际旅游胜地、北部湾旅游度假区建设。建设广州、南宁、肇庆、柳州、梧州、百色旅游目的地和游客集散地，规范发展巴马长寿养生旅游业，支持设立崇左中越国际旅游合作区和河池生态旅游基地。健全旅游公共服务体系，加强旅游市场监管，形成旅游人才交流引进和培养使用机制，加强旅游标准化合作，建立经济带旅游联盟，提高区域旅游竞争力。

专栏5：特色旅游精品线路
1. 都市风情江河生态游：南宁—梧州—广州—深圳—港澳
2. 峡谷风光和宗教文化游：云浮—梧州—贵港（桂平）—柳州—来宾
3. 左江山水生态和边关风情游：南宁—崇左
4. 右江红色文化和生态休闲旅游：南宁—百色—兴义
5. 岭南文化和山水生态休闲旅游：桂林—贺州—梧州—云浮—肇庆—佛山—广州—港澳
6. 滇黔桂粤山水生态游：昆明—曲靖—安顺—贵阳—都匀—榕江—从江—三江—桂林—阳朔—贺州—肇庆—广州
7. 长寿养生健康生态游：巴马—桂林—肇庆
8. 民族风情体验游：文山—百色—南宁—肇庆—广州、河池—荔波—黄果树

大力发展健康服务业。加快发展健康养老服务，统筹区域内医疗服务与养老服务资源，积极构建健康养老服务网络。充分发挥中医药和壮医、苗医、瑶医等民族医药优势，开发特色药品、保健产品和服务。支持数字化医疗产品和可穿戴式设备等适用于家庭的健康产品研发与应用。支持研制、推广适应广大乡镇和农村地区需求的低成本医疗检查和健康设备。支持发展第三方医学检验和影像中心、医疗服务评价和健康管理服务评价，以及健康市场调查和咨询服务。鼓励社会资本举办医疗机构，支持社会办医（国家）联系点南宁市加大改革创新力度。

联手发展会展服务业。建立会展业联盟，共同推动现有品牌展会向规模化、国际化、专业化发展。提升中国进出口商品交易会、中国—东盟博览会开放发展“助推器”作用，主动对接东盟、港澳和国内知名会展，吸引更多的国内外知名展览品牌、会展企业和配套服务业落户，培育一批具有行业和地方特色的会展品牌。整合会展资源，加强互助合作，共享会展信息、项目和市场，联手打造会展新亮点，提升展会层次和水平。

第三节　积极发展现代农业

做大做强特色农业。在稳定发展粮食生产的基础上，着力发展优势种植业、优质畜牧水产业、特色林果业，建设面向珠三角和港澳地区的优质农副产品供应基地。大力发展甘蔗、热带水果等产业，继续支持“南菜北运”基地建设，加大“东桑西移”实施力度。大力发展糖业循环经济，研究制定支持糖料主产区的政策措施。鼓励发展林业和林下产业，因地制宜发展生态农业。积极支持农业产业化经营，做大做强龙头企业。鼓励和引导工商资本到农村发展适合企业化经营的现代种养业。推进农业标准化建设，建立健全农产品质量安全监督管理体系及农产品可追溯制度。研究将流域特色农产品保险纳入政策性农业保险范围，扩大农业保险覆盖面。

加强与东盟国家的农业国际合作。鼓励具备资金技术优势的企业到东盟国家开展农产品种植加工和水产品养殖加工等方面的合作，支持到东盟国家建立农产品加工基地。深化与大湄公河次区域、泛北部湾区域的农业科技交流合作，支持在东盟国家合作建设农业科技示范基地，建设面向东盟的农业技术推广中心，加快推进中国—东盟（南宁）现代农业科技合作园区建设。加强进出口食品农产品质量安全管理协作，建立外来有害生物防御体系和国境卫生检验防御体系。

第七章　建设特色多元沿江城镇体系

坚持走新型城镇化发展道路，充分发挥核心城市辐射带动作用，加强沿江城市间的分工合作，优化城市空间结构和管理格局，推动大中小城市和小城镇协调发展、产业和城镇融合发展，形成功能完善、集约高效、绿色低碳、亲水宜居的沿江城镇体系。

第一节　提升城市功能

强化广州、南宁核心城市辐射带动作用。突出广州作为我国重要中心城市和综合性门户城市地位，加快建设我国南方国际商贸中心、对外交往中心、科教文化创新基地和综合交通枢纽，携手整个珠三角地区建设与港澳地区错位发展的国际航运中心，打造成为国家先进制造业基地、服务外包基地、高技术产业基地和自主创新研发基地，在经济带发展中发挥龙头带动作用。充分发挥南宁面向中国与东盟合作的区域性国际城市、综合交通枢纽作用，推动更多的中国—东盟合作机制和平台落户南宁，加快建设面向东盟的区域性现代商贸物流基地、先进制造业基地和区域性金融中心、信息交流中心，强化服务西南中南地区开放发展新的战略支点核心功能，建设成为我国内陆开放型经济战略高地。

做强区域性中心城市。支持佛山、肇庆、云浮、柳州、梧州、贵港、百色、来宾、崇左等区域性中心城市发展，大力发展先进制造业和战略性新兴产业，增强产业支撑和服务功能，加大城市基础设施和配套公共服务设施建设力度，完善城市间综合交通网络，改善中小城市和小城镇的交通条件，带动周边地区加快发展。按照节约集约、产城融合、集聚人口的要求，规范城市新区建设，优化城市环境，积极吸纳就业和人口集聚，提高城市承载力。明确各城市的生态安全边界和城市间的最小生态安全距离，推进创新城市、绿色城市、智慧城市和人文城市等新型城市建设。

积极发展特色城镇。发挥滨江城镇特色，科学规划城区岸线功能，塑造“河畅、水清、岸绿、景美”的亲水宜居、富有活力的现代化城镇。扶持区位条件好、发展潜力大的县城，以及具有一定规模的重点镇，培育成为小城市。推进美丽宜居乡镇、生态乡镇、绿色乡镇和特色名镇建设，培育壮大重点镇。依托产业基础，培育一批工贸型小城镇；依托交通要道，发展一批交通节点型小城镇；依托特色旅游资源，打造一批旅游型小城镇。积极发展县域经济，引导小城镇向专业化、集约化、特色化方向发展，壮大县城和小城镇经济实力。

第二节　推动城乡发展一体化

协调推进新型城镇化与新农村建设。加快破除城乡二元结构，让广大农民平等参与现代化进程，共同分享现代化成果。完善城乡发展一体化体制机制，着力推进城乡规划、基础设施、公共服务一体化，促进城乡要素平等交换和公共资源均衡配置，加快推进城乡统筹发展试点。加快城乡户籍制度改革，逐步把符合条件的农业转移人口转为城镇居民，稳步推进城镇基本公共服务常住人口全覆盖。积极运用商业保险机制为新市民提供长期均衡的养老、医疗等保障。

提高新农村建设水平。加强规划引导，统筹推进农村水、电、路、气、房和通信等基础设施建设，提高农村教育、卫生、文化等公共服务水平。以清洁家园、清洁水源、清洁田园为重点，实施农村环境综合整治，改善农村人居环境。完善扶贫开发长效机制，探索流域生态保护与扶贫开发统筹推进的新模式，支持在流域生态脆弱地区开展生态移民，发展特色生态产业，在国家重点扶贫地区加大整村推进、劳动力转移、产业扶贫、以工代赈、易地扶贫搬迁、教育扶贫等工作力度。继续做好社会扶贫和对口帮扶工作。

第八章　推进公共服务一体化

以改善民生为重点，推进教育文化、科技创新、医疗卫生、食品药品安全、就业社保、社会治理等领域一体化建设，让广大人民更多更公平享受改革发展成果。

第一节　促进教育文化协同发展

加强教育合作发展。加快发展现代职业教育，完善投入机制，着力改善职业院校基本办学条件，加强重点中等职业学校、技工院校和职业培训机构建设，发展特色高等职业教育。充分发挥广州、南宁、柳州、桂林等高校优势，提升基础能力，加强师资培训、课程改革、实训基地建设、毕业生就业等方面合作，探索区域高等院校合作模式，联合培养高层次人才。完善进城务工人员随迁子女就学政策，确保平等接受学前教育、义务教育，确保符合条件的顺利在流入地参加中高考。建立教育人才交流平台，开展师资交流和合作培养，广东高等院校适当增加对广西招生计划，鼓励各级各类学校教育交流和合作办学。建立区域优质教育资源互联互通、共建共享机制，扩大优质教育资源覆盖面。

加强文化建设。加快文化改革发展和开放合作，依托岭南文化、禅宗文化和壮族等少数民族文化特色，增强区域文化软实力。构建现代公共文化服务体系，加快城乡区域文化一体化发展，加强文化惠民工程建设，建设基层综合性文化服务中心，推动公共文化服务社会化发展。充分挖掘和弘扬珠江流域传统生态文化，推进生态文化创新、传播和载体建设。整合新闻媒体资源，推动传统媒体和新兴媒体融合发展。深化文化遗产保护合作，联合开展海上丝绸之路始发港和重要节点、沿海水下考古调查以及大型文化遗址考古等合作研究。建立健全现代文化市场体系，建设多层次文化产品和要素市场，推动文化企业跨地区、跨行业、跨所有制兼并重组，共同培育一批拥有自主知识产权和文化创新能力的文化企业集团。支持城市之间开展文化交流合作，联合开展中越青年大联欢活动，将“粤港澳青年文化之旅”活动延伸至广西，共同开展对外特别是东南亚、港澳台的文化交流活动。

第二节　推动科技协同创新

探索技术创新市场导向机制，整合科技创新资源，加快区域技术创新体系建设。加强科技创新资源的共享共建，推进科技基础资源开放共享，合作共建创新平台。加强珠江—西江水域动植物资源保护与利用、金属尾矿资源高效利用和安全处置、亚热带农业生物资源保护与利用、壮瑶民族医药新产品创制、非粮生物质能源等领域重大科研项目的联合攻关，共享研发成果。依托南沙新区丰富的海洋科技资源，吸引内地与港澳各类涉海科研资源在南沙集聚，加强海洋科技的重点攻关，推进海洋生物资源综合开发技术研发和产业化。推动广州、南宁、柳州等国家高新技术产业开发区以及企业间的科技合作，发展技术市场，健全技术转移机制，加快技术成果的转移转化。健全科技人才流动机制，鼓励科研院所、高等学校和企业创新人才在区域内双向流动和兼职。

第三节　加强医疗卫生能力建设

推进医疗卫生交流与合作，促进卫生资源均衡发展。支持地级市医院能力和疾病防控能力建设，加强艾滋病等重大传染病防治，提高重大疾病诊疗服务能力和重大传染病防控水平。发挥区域市场、技术、资金和药用植物资源优势，共同开展中医药、民族医药科学研究，加强在鼻咽癌、肝癌等地方高发性重大疾病方面课题研究的协作，合作建设医疗卫生优势（重点）学科，打造中医民族医创新集聚区。加快建设中国—东盟传统医药交流合作中心。促进区域公共卫生服务资源合作共享，推动流动人口卫生和计划生育基本公共服务均等化，建立突发公共卫生事件和重大传染病信息通报、监测预警、应急控制和技术资源共享机制，提高新发传染病防治研发能力，强化区域重大传染病联防联控机制建设，完善地中海贫血出生缺陷防控合作机制。加强食品安全风险监测体系建设，强化食源性疾病监测与管理工作。合作开展全科医生人才、急需紧缺专科型人才、中医药民族医药传承人等卫生人才培养。建立医疗机构检查结果互认制度。

第四节　提升食品药品安全保障能力

改革完善食品药品监管体制，建立区域内食品药品安全检验检测、信息监控、风险监测、技术标准和认证审评等技术支撑体系，加强南宁、贵港、来宾、崇左、肇庆等市食品药品检验检测机构建设。建立区域食品原产地可追溯制度和质量标识制度，完善食品药品安全信息平台、电子信息追溯和应急指挥平台，推进监管信息共享、互联互通。加强食品药品安全防控协作，建立健全大案要案查处联动机制和跨区域重大安全事故应急联动机制，开展跨区域监管执法和打击食品药品安全违法犯罪合作。

第五节　提高就业社保服务水平

扩大就业交流。完善城乡区域均等的公共就业创业服务体系，推进人力资源市场的信息互联互通，完善人力资源信息网络平台，定期开展企业劳务交流对接活动。大力开展有针对性的劳动者技能培训，实现输出地与输入地就业对接，确保参加技能培训的农民工按规定享受职业培训补贴政策。鼓励和引导劳动密集型企业向劳动力输出地有序转移。创新劳动关系协调机制，共同维护劳动者合法权益。

完善社会保障统筹机制。建立统一的社会保障信息交流共享平台。落实养老保险关系转移接续政策，实现企业职工基本养老保险关系省（区）际顺畅转移。建立统一的城乡居民基本养老保险制度，建立健全缴费激励、风险防范机制，完善与城镇职工养老保险衔接办法。整合城乡居民基本医疗保险制度。支持保险业经办城乡居民基本养老、医疗保险和大病保险。加强医疗保险管理，做好异地就医医保费用结算管理服务。

第六节 统筹推进社会治理协作互助

创新社会治理，加强社会治安信息交流合作，建立矛盾纠纷排查预警和案件应急处置机制，以及紧密的交通管理协作机制。健全突发事件应急体系，制定实施区域安全生产、重大事故、卫生应急、社会救助和灾害救助等突发事件应急预案，提升联合处置能力。建立流动人口和特殊人群信息网上协查协助平台，完善流动人口治安管理协作机制，加强流动人口卫生和计划生育管理与服务。

第九章 共创开放合作新高地

立足珠江—西江，衔接北部湾，面向港澳和东盟，实施更加积极主动的开放合作战略，扩大内陆沿边开放，深化泛珠三角区域经济合作，提升服务我国西南中南地区开放发展的能力和水平，打造国际区域经济合作新高地。

第一节 推进粤桂合作特别试验区建设

打造广东广西一体化发展、东西部合作发展、流域可持续发展的先行示范平台，突破行政分割，在肇庆与梧州毗邻区域划出一定范围，共建粤桂合作特别试验区，统一规划、统一布局，探索建立利益共享、责任共担的合作新机制。吸引社会资本参与试验区开发建设、管理运作，探索建立试验区开发建设的市场化利益机制。支持试验区在重点领域和关键环节大胆探索、先行先试。广东、广西两省区在管理权限范围内共同赋予试验区同等的支持政策和先行先试政策。支持试验区按有关规定在城镇低效用地再开发、征地制度改革、用地审批、用地计划管理等方面探索开展先行先试。研究设立粤桂合作特别试验区发展股权基金。

第二节 构建开放合作支撑平台

鼓励粤桂毗邻的肇庆、云浮、梧州、贺州、玉林开展跨区域产业合作，探索共建产业园区新模式。深化广州、百色对口帮扶机制，鼓励共建资源型城市转型升级合作平台。鼓励西南中南省份、港澳与沿江地区合作共建产业园区。加快建设桂东承接产业转移示范区。支持符合条件的省级开发区升级为国家级开发区。支持培育建设加工贸易梯度转移重点承接地。加强国际产业合作，加快建设中新广州知识城，支持建设佛山中德工业服务区、广州国家现代服务业国际创新园。

第三节　加强对内对外开放合作

深化与港澳台合作。深入落实内地与港澳建立更紧密经贸关系的安排，深化与港澳在投资、金融、贸易、会展、农业、旅游、科技、文教、卫生等领域的合作。加强内陆和沿海港口物流合作，打造江海联运国际物流通道。鼓励企业和产品以港澳为平台“走出去”，拓展国际市场。积极承接港澳产业转移，推进先进制造业、战略性新兴产业和现代服务业合作发展，共同开拓东盟市场。拓展与台湾经贸合作与文化交流。

深化拓展国际区域合作。积极参与中国—东盟自由贸易区升级版建设，进一步提升中国进出口商品交易会、中国国际中小企业博览会、中国—东盟博览会、中国—东盟商务与投资峰会等展览展会功能，拓展服务范围。大力推进泛北部湾经济合作、大湄公河次区域经济合作。依托南宁—崇左、百色—龙邦国际陆路通道，加强高速公路、高速铁路与东盟的互联互通，打造南宁—新加坡经济走廊。积极研究凭祥等主要口岸城市出入境便利措施。推进与东盟投资贸易、工程承包、资源开发、金融、旅游文化、科技教育等深度合作，全方位、多领域拓展合作空间。加强国内科技优势省市的联合，加快建设中国—东盟技术转移中心。发挥中国扶贫软实力，强化与东盟国家的减贫发展合作关系。推进中越“两廊一圈”合作，加快中越边境口岸基础设施和配套设施互联互通建设。加快口岸大通关建设，推动区域通关一体化改革，拓展海关“属地申报，口岸验放”通关模式适用范围，逐步实行“属地申报，属地验放”。支持参与海上丝绸之路建设，加强中国—东盟海洋经济合作，加强与广东海洋经济综合试验区的联动融合，利用中国—东盟海上合作基金等，在“中国—东盟海上合作”总体框架下探索推进海洋综合开发和海洋多领域合作。加强与欧美日韩、拉美等国家和地区的经贸合作。

深入推进国内区域合作。加大泛珠三角区域经济合作力度，加强与西南中南地区的互动，打造西南中南地区开放发展新的战略支点。密切与深圳的联系，充分利用深圳作为我国改革开放窗口和毗邻港澳、辐射内地的独特优势，增强区域龙头带动作用。加强与珠三角地区的海洋经济合作，依托珠三角地区丰富的岸线资源，培育壮大海洋新兴产业，发展高端临海产业，实现陆海统筹和区域联动。深化与长三角、环渤海地区的合作交流。加强与上游地区在生态环保、扶贫开发等方面的合作，合作共建内河港口和产业园区。

第十章 保障措施

切实加强规划的实施保障，全面深化改革，加大支持力度，形成创新性、试验性的政策优势，引导市场主体积极参与，确保规划目标顺利实现。

第一节 强化政策支持

流域可持续发展政策。坚持谁受益、谁补偿原则，推动建立省际横向生态补偿制度。逐步提高生态公益林补偿标准。广东、广西两省区统筹中央有关补助资金和自有财力，共同做好经济带生态建设和环境保护工作。加大对城市防洪工程、水利骨干工程、重点水源工程的中央投资支持力度。大力推进珠江—西江水运发展，加强船闸、枢纽、航道、信息平台等公益性项目建设。

对外开放政策。依托广西沿边有条件的口岸研究设立中越跨境经济合作区。加快沿边开放步伐，允许沿边重点口岸、边境城市、经济合作区在人员往来、加工物流、旅游等方面实行特殊方式和政策。整合优化现有海关特殊监管区域，支持符合条件的地区设立综合保税区。

产业转型升级政策。支持地方研究制定区域性产业转移指导目录。支持符合条件的地区创建国家新型工业化产业示范基地、国家级信息化和工业化融合试验区。鼓励符合条件的城市创建国家电子商务示范城市。加大对资源型城市产业转型升级的扶持力度。对老工业基地城市的国有企业，在处置不良资产、技术改造升级方面比照实施振兴东北地区等老工业基地政策。在条件成熟时，把港澳与广东在 CEPA 框架下的先行先试政策适用范围逐步扩大到经济带。

金融政策。大力推进珠江三角洲金融改革创新综合试验区建设，支持广州开展融资租赁业务，在香港人民币市场融资。大力推进广西沿边金融综合改革试验区建设，研究通过个人本外币兑换特许业务支持边境贸易发展。支持现有商品期货交易所在满足市场资源配置需求的前提下，研究设立交割仓库的可行性，鼓励保险资金参与重点项目建设。研究设立珠江—西江产业投资基金。

土地政策。在坚持和完善最严格的耕地保护制度前提下，支持开展节约集约用地试点，将符合条件的地区列入全国土地管理综合改革试点。建立城镇低效用地开发激励机制。稳妥有序推进农村集体建设用地管理制度改革，探索新增耕地指标、新增建设用地计划指标有偿调剂使用制度。

第二节　加强组织协调

广东、广西两省区人民政府要切实加强对规划实施的组织领导，制定实施方案，明确分工，落实责任，完善机制，推动规划实施。创新合作协调机制，建立由省区人民政府主要负责人牵头的联席会议制度，协调解决规划实施过程中的重大问题，加强地方总体规划、专项规划、区域规划与本规划的衔接，依法落实规划明确的重大事项、重大政策和重大项目。充分发挥市场在资源配置中的决定性作用，建立健全规划实施的市场主体参与机制。

国务院有关部门要按照职能分工，加大改革创新力度，在规划编制、政策实施、项目安排、资金投入和体制创新等方面给予积极支持，指导和帮助解决规划实施中遇到的问题。发展改革委要会同有关部门加强对本规划实施情况的跟踪分析和督促检查，及时向国务院报告重大问题，会同广东、广西两省区人民政府适时开展规划实施评估。

加快经济带开放发展，事关国家改革开放和区域协调发展大局。两省区和国务院有关部门要抓住机遇、开拓创新、加强合作、狠抓落实，推动经济带科学发展，为全面建成小康社会、实现中华民族伟大复兴的中国梦作出贡献。

二、2014 年广东区域经济发展大事记

1 月

1 月 6 日，经省政府同意，省发展改革委印发《广东潮州新区发展总体规划（2013—2030 年）》和《广东河源江东新区发展总体规划（2013—2030 年）》。

1 月 8 日，省政府常务会议审议通过《韶关市资源枯竭城市转型发展规划》。

1 月 10 日，中共广东省委十一届三次全会在广州召开。

1 月 11 日，经省政府同意，省发展改革委印发《广东汕头海湾新区发展总体规划（2013—2030 年）》和《广东清远燕湖新区发展总体规划（2013—2030 年）》。

1 月 13 日，经省政府同意，省发展改革委印发《广佛肇（怀集）经济合作区发展总体规划（2013—2030 年）》。

1 月 14 日，粤东西北地区地级市中心城区扩容提质现场会在清远召开。

1 月 15 日，省政府颁布实施《广东省碳排放管理试行办法》。

1 月 16 日，省十二届人大二次会议开幕。

1 月 16 日，国家发展改革委在北京召开珠海横琴新区封关验收工作协调会。财政部、海关总署、税务总局、质检总局及广东省有关部门参加会议。

1 月 20 日，国务院办公厅印发《关于同意建立促进广东前海南沙横琴建设部际联席会议制度的函》。

2 月

2 月 11 日，省政府常务会议审议通过《广东（人保）粤东西北振兴发展股权基金设立方案》，同意设立 121 亿元的广东（人保）粤东西北振兴发展股

权基金。

2 月 14 日，经省政府同意，省发展改革委印发《江门大广海湾经济区发展总体规划（2013—2030 年）》《广东揭阳新区发展总体规划（2013—2030 年）》和《阳江滨海新区发展总体规划（2013—2030 年）》。

2 月 14 日，省长朱小丹在广州会见了中德金属生态城项目的德国合作伙伴鲁道夫沙尔平一行。

2 月 17 日，省政府印发《推动粤东西北地区地级市中心城区扩容提质工作方案》。

2 月 17 日，经省政府同意，省发展改革委印发《惠州环大亚湾新区发展总体规划（2013—2030 年）》。

2 月 25 日，经省政府同意，省发展改革委印发《关于加快推进汕潮揭同城化发展建设粤东城市群工作方案》。

2 月 27 日，广东省实施珠三角规划纲要领导小组会议在广州召开。

2 月 27 日，2014 年广州国际旅游展览会在中国进出口商品交易会展馆（琶洲展馆）举行。

3 月

3 月 8 日，人保资本投资管理有限公司、广东粤财投资控股有限公司、中国建设银行广东省分行在北京共同签署了《广东（人保）粤东西北振兴发展股权基金投资框架协议》。

3 月 10 日，粤港合作联席会议第十九次工作会议在香港举行。

3 月 11 日，国务院印发《国务院关于赣闽粤原中央苏区振兴发展规划的批复》，原则同意《赣闽粤原中央苏区振兴发展规划》。

3 月 12 日，省政府印发《实施〈粤港合作框架协议〉2014 年重点工作》。

3 月 13 日，经省政府同意，省发展改革委印发《韶关市资源枯竭城市转型发展规划》。

3 月 18 日，经省政府同意，省发展改革委印发《广东汕尾新区发展总体规划（2013—2030 年）》。

3 月 20 日，经国务院同意，国家发展改革委印发《赣闽粤原中央苏区振兴发展规划》，广东省大埔县等13个县（市、区）纳入规划范围。

3月20日，省发展改革委印发《广东省碳排放配额管理实施细则（试行）》。

3月31日，国家发展改革委下发《关于做好城区老工业区搬迁改造试点工作的通知》，将茂名市河西老工业区纳入全国首批城区老工业区搬迁改造试点。

4月

4月2日，省政府召开省促进粤东西北地区振兴发展协调领导小组会议，省长朱小丹出席会议并讲话。

4月2日，省长朱小丹在广州会见了欧盟驻港澳办事处主任文森特·皮克特及欧洲12国驻港总领事，就进一步加强粤欧合作交换意见。

4月11日，经省政府同意，省发展改革委、省经济和信息化委联合印发《广东省主体功能区产业发展指导目录（2014年本）》。

4月15日，第115届中国进出口商品交易会在广州开幕。

4月15日，中国（广东）—越南经贸合作交流会在河内举行。

4月17日，省政府办公厅印发《实施珠三角规划纲要2014年重点工作任务》。

4月17日，《粤桂合作特别试验区总体发展规划（2013—2030年）》获广东、广西两省区政府批复同意。

4月18日，中国（广东）—马来西亚经贸合作交流会在吉隆坡举行。

4月21日，中国（广东）—新加坡经贸合作交流会在新加坡举行。

5月

5月5日，省政府办公厅印发《促进粤东西北振兴发展2014年重点工作任务》。

5月15日，第十届中国（深圳）国际文化产业博览交易会在深圳会展中心开幕。

5月18日，省委、省政府召开推进珠三角“九年大跨越”工作会议。

5月26日，省政府在广州召开珠三角全域规划工作专家研讨会。

6 月

6 月 3 日，省委常委、常务副省长徐少华组织省有关部门召开落实推进珠三角“九年大跨越”工作会议重点事项协调会。

6 月 18 日，中国加工贸易产品博览会在东莞广东现代国际展览中心举行。

6 月 26 日，省政府在广州召开重大项目面向民间投资招标推介会。省委常委、常务副省长徐少华出席会议并讲话。

7 月

7 月 1 日，省发展改革委联合人民银行广州分行召开金融机构支持粤东西北振兴发展股权基金项目对接会议。会上签订授信协议项目 108 个，融资金额近 1200 亿元。

7 月 7 日，经省政府领导同意，省发展改革委印发汕潮揭同城化发展专项规划，包括《汕潮揭交通运输同城化发展规划（2013—2020 年）》《汕潮揭同城化重点项目建设规划（2013—2020 年）》《汕潮揭同城化产业园区建设规划（2013—2020 年）》《汕潮揭基本公共服务同城化发展规划（2013—2020 年）》和《汕潮揭同城化水资源保护与利用规划（2013—2020 年）》。

7 月 8 日，国务院批复同意《珠江—西江经济带发展规划》。

7 月 17 日，省政府召开《珠江三角洲全域规划》动员会议。

7 月 28 日，经国务院同意，国家发展改革委印发《珠江一西江经济带发展规划》。

7 月 28 日，全省进一步促进粤东西北地区振兴发展工作会议在广州召开。

7 月 28 日，珠中江区域紧密合作第九次党政联席会议暨“蓝色崛起”海洋经济论坛在江门市举行。

8 月

8 月 1 日，省政府在广州召开推进重大交通基础设施项目建设现场办公会，专题研究推动珠三角区域交通基础设施一体化发展有关工作，省委常委、常务副省长徐少华主持会议并讲话。

8 月 1 日，首次广东（人保）粤东西北振兴发展股权基金合伙人大会召开，基金正式设立并运作。

8 月 5 日，省政府办公厅印发《珠海西部生态新区建设工作方案》。

8 月 12 日，省发展改革委印发《广东（人保）粤东西北振兴发展股权基金投资指引（试行)》。

8 月 12 日，省发展改革委召开粤东西北新区规划建设工作座谈会，听取粤东西北地区各市新区规划建设进展情况，研究新区节约集约用地等问题。

8 月 26 日，海峡两岸海洋经济合作交流会在汕头举行，省长朱小丹出席会议并致辞。

8 月 29 日，省委常委、常务副省长徐少华主持召开省贯彻落实《赣闽粤原中央苏区振兴发展规划》工作会议。

9 月

9 月 1 日，省长朱小丹率省有关部门负责同志到广州市调研中新广州知识城、LG 面板项目规划建设进展情况。

9 月 3 日，省委常委、常务副省长徐少华率省有关部门负责同志到东莞市调研深莞惠经济圈产业转型升级情况。

9 月 9 日，省委常委、常务副省长徐少华率省有关部门负责同志到中山市调研珠中江经济圈产业转型升级情况。

9 月 15 日，国务院印发《关于支持汕头经济特区建设华侨经济文化合作试验区有关政策的批复》，同意在汕头经济特区设立华侨经济文化合作试验区。

9 月 30 日，赣韶铁路正式通车。

10 月

10 月 8 日，省政府办公厅印发《推进珠三角一体化 2014—2015 年工作要点》。

10 月 11 日，第十一届中国国际中小企业博览会在广州开幕。

10 月 12 日，第十届泛珠三角区域合作与发展论坛暨经贸洽谈会在广州开幕。

10 月 15 日，第 116 届中国进出口商品交易会在广州开幕。

10 月 21 日，省委常委、常务副省长徐少华在惠州市主持召开珠三角片区推进改革工作座谈会。

10月22日，省委常委、常务副省长徐少华率省有关部门负责同志在广州调研中新广州知识城建设情况。

10月28日，经省政府同意，省发展改革委印发《关于广东省主体功能区规划配套应对气候变化政策的指导意见》。

10月30日，省长朱小丹赴广佛肇、广佛环城际轨道交通建设现场调研并召开加快珠三角城际轨道交通项目建设工作座谈会。

10月31日，2014广东21世纪海上丝绸之路国际博览会在东莞广东现代国际展览中心开幕。

11月

11月13日，省政府常务会议审议通过《深汕（尾）特别合作区发展总体规划（2015—2030年）》。

11月16日，第十六届中国国际高新技术成果交易会在深圳开幕。

11月20日，第十二届中国（广州）国际汽车展览会正式拉开帷幕。

11月24日，省委、省政府在广州召开珠三角地区对口帮扶粤东西北地区工作会议。省委书记胡春华、省长朱小丹出席会议。

11月25日，国家发展改革委在北京组织召开促进广东前海南沙横琴建设部际联席会议。省委常委、常务副省长徐少华参加会议。

11月27日，国家发展改革委在北京组织召开支持赣南等原中央苏区振兴发展部际联席会议第二次会议。省委常委、常务副省长徐少华参加会议。

11月28日，省政府召开汕头华侨经济文化合作试验区海外知名侨领侨商座谈会。省长朱小丹主持会议，36位知名侨领侨商参加。

12月

12月2日，2014中国海洋经济博览会在广东湛江开幕。

12月8日，省长朱小丹在汕头为汕头华侨经济文化合作试验区党工委、管委会揭牌。

12月8日，省委常委、常务副省长徐少华在汕头主持召开汕头华侨经济文化合作试验区发展规划编制工作座谈会。

12月8日，2014广东（国际）电子商务大会在广州举行。

12月18日，商务部与香港、澳门特区政府分别签署CEPA内地在广东与港澳率先基本实现服务贸易自由的协议。

12月19日，经省政府同意，省发展改革委印发《深汕（尾）特别合作区发展总体规划（2015—2030年）》。

12月26日，南广高铁正式开通运行，南宁到广州最快3小时19分。

12月26日，贵广高铁正式开通运行，贵阳至广州的列车运行时间缩至4小时左右。

12月31日，广东（人保）粤东西北振兴发展股权基金累计实现投资放款58.37亿元。